新时代〈管理〉新思维

保险代理人
职业精进之道

裴冬梅　著

清华大学出版社

北京

内 容 简 介

如果你是小白，想了解保险职业规则；如果你是新人，不知道怎么建队伍；如果你是组经理，在为留存率低而焦虑；如果你是刚晋升的部经理，在发愁如何提升主管能力；如果你是团队总监，不知道如何激发伙伴发展意愿，提升产能；如果你是管理者，不知道怎么用"保险基本法"带队伍……欢迎你阅读这本书。

本书以"保险基本法"为核心，围绕保险代理人"6+1"职业发展路径，为你绘制了一张全新的职业地图，让你彻底搞懂门道，少走弯路，实现关键跃升。

图书在版编目（CIP）数据

保险代理人职业精进之道 / 裴冬梅著. -- 北京 : 清华大学出版社, 2025. 8.
(新时代·管理新思维). --ISBN 978-7-302-70136-1

Ⅰ. F840.45

中国国家版本馆 CIP 数据核字第 2025P0X792 号

责任编辑：刘　洋
封面设计：方加青
版式设计：张　姿
责任校对：王荣静
责任印制：刘海龙

出版发行：清华大学出版社
　　　网　　　址：https://www.tup.com.cn，https://www.wqxuetang.com
　　　地　　　址：北京清华大学学研大厦 A 座　　　邮　　编：100084
　　　社 总 机：010-83470000　　　　　　　　邮　　购：010-62786544
　　　投稿与读者服务：010-62776969, c-service@tup.tsinghua.edu.cn
　　　质 量 反 馈：010-62772015, zhiliang@tup.tsinghua.edu.cn
印 装 者：小森印刷（天津）有限公司
经　　销：全国新华书店
开　　本：170mm×240mm　　印　张：17.75　　字　数：298 千字
版　　次：2025 年 10 月第 1 版　　　　　印　次：2025 年 10 月第 1 次印刷
定　　价：79.00 元

产品编号：102399-01

前言

亲爱的伙伴，感谢你打开这本书。

今天你我因保险结缘，我们就是朋友了。多认识一位志同道合的保险从业者，就给我多注入了一份前行的动力，让我们一起加油。

1. 为什么写这本书?

从我 1993 年就读保险学专业开始，到 2024 年，已经有 31 个年头了。在 30 多年中，我见证了几万名保险代理人的成长和发展。

一路走来，我深知保险代理人这个职业的机遇和挑战。我亲眼见过大量的新伙伴因为对这份工作的迷茫和不确定，最后匆匆地离开了；一些工作多年的老伙伴，因为遇到了瓶颈而销声匿迹；一些老主管，因团队始终就几个人，一直没有实现职业赛道的转换……这些人的经历不断地触痛着我的内心。

保险代理人如何突破职业瓶颈? 如何降低试错成本，少走或者不走弯路? 有没有清晰的职业地图，能够指引职业成长之路?

我试图在市面上找到关于保险代理人职业发展的书，结果发现，与销售类、技能类和客户经营类相关的书有很多，但保险代理人职业规划类的书很少。为此，从 2022 年 10 月开始，我边讲课，边着手撰写本书。

两年的时间里：一方面，我对 30 多年工作中带团队的经验进行思考、提炼，最后形成了"6+1"方法论；另一方面，在市场上以咨询顾问的身份对自己的这套方法论不断验证、完善和实践，该方法论得到了广泛认可。现在，这本书终于呈现在你面前。

在这里，我有三点愿望：一是希望你带上它，勇敢出发，一路前行；二是三到五年后，希望你已用书里的方法成功实现了自己的梦想；三是希望十年后，当你再读这本书时，依然能体会到它的价值和指导意义。

2. 书里讲了哪些具体内容？

接下来聊聊本书的内容，主要围绕一主线、两辅线来展开。

（1）一条主线——章节内容

本书以保险代理人职业精进路线为主线，展开后就是一幅职业发展路径地图，共分为七个章节。前六个章节就像6级台阶一样，助你一步一步拾级而上，从高绩效个人到高绩效团队，再到高绩效生态型组织；最后1个台阶是系统实践，助你顺利实现关键跃升。如图I-1所示。

图I-1 "6+1"保险代理人职业精进路线图

第一～三章分别是对齐信息、搞懂规则和组建团队。这三章主要是帮助你建立正确的心态和认知，理解保险行业的规则和机制，并指导你如何从0到1组建一支高效、协作的团队。

第四～六章侧重于组织能力的匹配，包括晋升管理者、自主经营和高效面谈，帮助你掌握团队建设和管理的技能，助力你的组织从高绩效团队向高绩效生态型组织转型。

第七章是系统实践，讲述如何用系统化的方法进行实践，让流程落地，让效果呈现。

（2）两条辅线——技术线 + 效果线

① 技术线

除了面谈技术外，我还会提到萃取和复盘的技术，这3个技术是你在工作中必不可少的技能，如图I-2所示。对于萃取和复盘技术，除了本书提到的内容，你还可以借助相关的书籍更深入地去学习，在提升自己能力的同时助力团队发展。

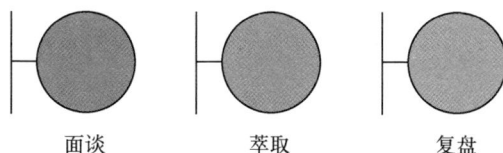

图I-2 保险代理人职业精进的3个技术

② 效果线

书里还会围绕架构倍增、业绩倍增、效率倍增和收入倍增这4个方面展开，最终实现利润倍增，如图I-3所示。

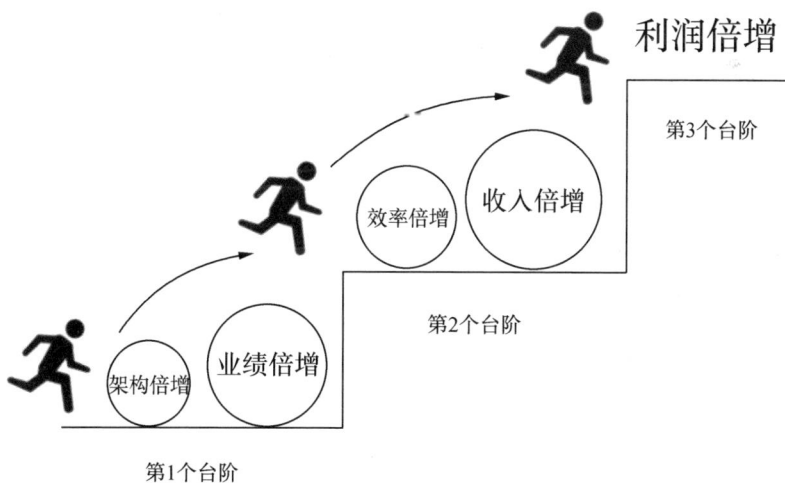

图I-3 保险代理人职业精进的3个台阶、5个倍增

3. 为什么是由我来写？

（1）书里的内容来源于31年一手实战经验总结

引用罗振宇老师《文明》这个节目的口号："经历过，解决过"，31年的时间里，我就专注做一件事——保险工作。在学校里的学习让我掌握了专业保险理论；办公室、财务、运营等内勤岗位培养了我的全局思维、财务思维和经营思维；个险、团险、银保等不同的业务渠道锻炼了我在一线建团队、带团队、管团队的综合能力；管理2家500强公司、7家机构、超2万多名保险代理人的一线实战经历，让我在不同地域、不同文化、不同规模的团队中，积累和沉淀了宝贵的一手经验。

从理论到实践，再从实践到理论不断升维的过程中，我经历着，思考着，摸索着，总结着。在这个过程中，我始终没有离开"保险基本法"这一"武林秘籍"，而这正是你急需的。你业务能力强，我管理能力强，我愿意用我多年来形成的以"保险基本法"为核心的团队管理工作方法论，为你保驾护航，助力你和你的伙伴走得更远。

（2）身份转换更具全局视角

为了拥有更全视角、更高维度，2022年底，我辞职创业，到更大的舞台上去践行我的方法论。走出公司站在行业，走出地市站在全国，走出过去站在未来，当重新看整个保险行业的时候，我有了全新的视角。

两年来，我接触了不同保险公司50多家机构的队伍，身份由内勤管理者转换为保险创业者。这个时候，再去跟队伍接触时，管理者和伙伴们对"保险基本法"的欢迎程度超乎了我的想象。市场的反馈让我又多了一份使命感，同时，更坚定了我写这本书的决心和信念。

同时，这两年来，我深深明白了创业的艰辛和挑战，我自己也正在经历保险创业的过程。我亲身体验了从零开始拓展业务和建立队伍的艰辛。对于你正在面临的各种问题和困惑，以及你对于职业发展的渴望和追求，我感同身受。

正是基于这些独特的经历和视角，我把我工作中的所做所得总结出来，一方面是希望分享给更多的伙伴，另一方面也是对自己人生上半场的职业生涯有个交代。

4. 最后，做三点说明。

（1）在一些表述上，为了便于你理解，我做了精简，比如，对于主管的职级，我用组经理和部经理来分别表示初级主管和中级主管，如图 I-4 所示。初级主管指的就是最基层的主管，团队里没有架构，人力在 10 人以下；中级主管指的是初级主管的上级主管，团队有架构。你可以对照你所在机构的职级来理解。

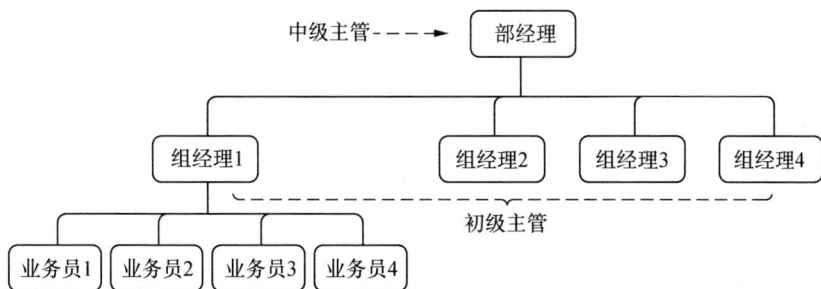

图 I-4　简化的架构图和对应的称呼

（2）每章后面都有一个思维导图，便于你对该章内容进行全面了解和重点抓取。

（3）每个人的职业道路都是独一无二的，你在阅读本书的时候，不仅要关注其中的理论知识和技巧，还要将其与实际工作相结合，加以灵活运用。同时，你也要根据自己的情况和目标，适度调整学到的内容，以适应不断变化的市场和行业需求。

我衷心希望这本书能够成为你职业发展的指南，帮助你解决困惑、提供灵感，并激发你的潜能，让你在这个充满挑战和机遇的行业中取得更大的成功。

最后，我要感谢，在我的职业生涯中给予我支持和帮助的领导、同事、员工和伙伴们，以及在保险领域取得卓越成就的行业标杆们。正是因为你们的存在和榜样力量，我才能有机会汇集这些宝贵的经验和知识，与更多的人分享。同时，期待读者们多提宝贵意见，跟我交流。

人生下半场才刚刚开启，下一个 30 年，我还在保险这个赛道上等你！

裴冬梅

目录
CONTENTS

关于本书书名的副标题中出现的概念、术语，我想还是先在本节表述清楚，因为这些关键的词语同时也是本书的核心，比如："保险代理人""保险基本法""高绩效""生态型组织"等。

1. 为什么用"保险代理人"这个称呼？

因为保险代理人是正式名称，不容易混淆。在《中华人民共和国保险法》（2015 年 4 月 24 日第十二届全国人民代表大会常务委员会第十四次会议《关于修改〈中华人民共和国计量法〉等五部法律的规定》第三次修正，简称《保险法》）中，第五章第一百一十七条，对"保险代理人"这样定义：保险代理人是根据保险人的委托，向保险人收取佣金，并在保险人授权的范围内代为办理保险业务的机构或个人。

本书所提及的保险代理人是指，在保险代理人管理办法（业内简称"保险基本法"）中的个人代理人。在书中，我有时也会亲切地称"保险代理人"为"伙伴"，表达的都是一个意思。

当然，保险经纪人也有自己的"保险基本法"，底层逻辑是一样的，对你们也适用，也同样有帮助。

2. 为什么要以"保险基本法"为核心？

1）回到"保险基本法"，享受组织红利是大势所趋

我们正处在保险业的转型期，享受的不再是"增员"红利，而是组织红利。什么是"增员"红利？是由人的数量增加带来的红利，是过去人口红利大背景下的产物。什么是组织红利？是由组织的健康发展而带来的红利，是当今人才红利背景下的产物。"增员"红利带来的是人数和收入的增加，而组织红利带来的是人效和利润的增加，如图 II-1 所示。

人效和利润在哪里？在"保险基本法"里。"保险基本法"里不但有"黄金"，更有你的未来。

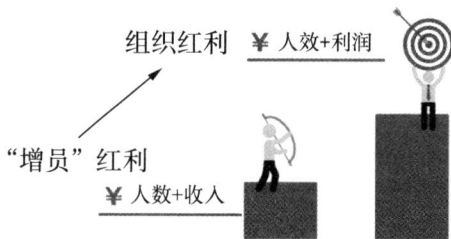

图 II-1 "增员"红利变成组织红利

2）"保险基本法"才是团队发展的根

企业发展追求的是5个"最"：最小的成本、最高的效率、最短的时间、最清晰的路径、最快的通道（如图 II-2 所示），并以此来满足用户需求，为社会创造价值。而这5个"最"也是"保险基本法"所具备的核心价值。为此，伙伴们才更愿意以长期发展为导向，聚焦"法内"长期利益的获取，避免"法外"短期利益使用不当带来的副作用。

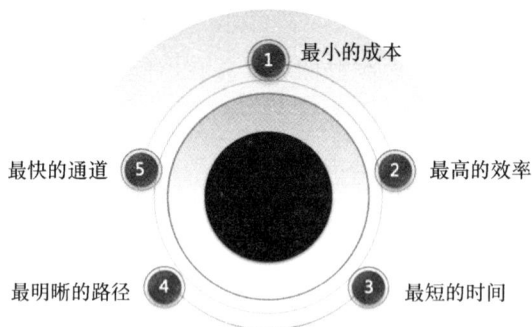

图 II-2 企业追求的5个"最"

但是，不容乐观的是，很多伙伴对"保险基本法"不重视，或者有着这样或那样的看法，具体表现在以下4个方面：知之甚少、片面理解、方法不对、纸上谈兵。如图 II-3 所示。

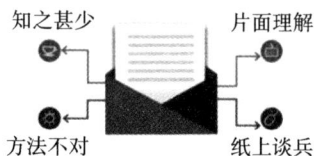

图 II-3 对"保险基本法"的4个片面看法

（1）知之甚少

有的伙伴觉得"保险基本法"太复杂，既然看不懂就不看，反正有业绩就有钱，没有业绩就没钱。他们说："保险基本法"就在那摆着呢，不可能少给我发佣金。

（2）片面理解

比如，有的伙伴认为"保险基本法"只是用来计算收入，没有别的用处。

（3）纸上谈兵

有的伙伴对"保险基本法"了如指掌，说起来头头是道，但是真遇到实际问题时，却不会用"保险基本法"去解决。

（4）方法不对

有的伙伴天天关注维持考核的标准，把自己变成了"保险基本法"的奴隶；有的伙伴认为"保险基本法"就是用来助力晋升的，不惜一切代价升上来之后，却把晋升当成了终点，结果没有经过几个考核期就掉了下来；还有的伙伴一直升升升，导致地基不牢，又回到了原点。凭运气赚来的钱，凭实力亏光，忽视了冒进的风险。

为什么会出现这种情况呢？这就跟盲人摸象一样，你站在使用者的角度，只看到了"保险基本法"的一角，没有看到全貌，很容易以偏概全。

只有从学习者、制定者、实践者3个维度来思考（如图Ⅱ-4所示），才能了解"保险基本法"的魅力，让"保险基本法"为你所用。比如，你可以亲自去手抄几遍"保险基本法"，画画架构图，全面了解一下"保险基本法"；你可以站在"保险基本法"制定者的角度去思考，做到知其然也知其所以然；你还可以用"保险基本法"亲自去带队伍、拿到结果。这样，你才会成为"保险基本法"的最大受益者。

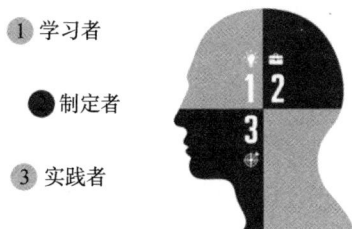

1 学习者
制定者
3 实践者

图Ⅱ-4　思考"保险基本法"的3个维度

3）"保险基本法"是职业地图

职业地图简单来说，就是一份保险代理人职业成长路线图。逐渐掌握"保险基本法"的过程就跟登山一样：起点在哪儿？如何走？多少个台阶？山顶在哪儿？需要多长时间到达山顶？上山前需要做哪些准备？在行进途中有哪些风景？需要哪些补给？一目了然，心知肚明。

无限风光在险峰，保险职业有着巨大的潜力和机会，就等着你这个攀登者拿着地图来征服呢。我一直深信，只要你走在正确的路上，总有一天能登顶。

3. 为什么要以"高绩效"为目标？

先来看几个概念：高业绩、高首年佣金（First Year Commisson，FYC）、高收入、高绩效，它们有什么区别？如图Ⅱ-5所示。

图Ⅱ-5　书中涉及的4个概念

举个例子：小王是一个做了10年的老主管，小李是刚入职半年的业务员，两人这个月都上了100万元保费，险种一样，只不过交费年期不一样，小王是3年交，小李是5年交。

一个月上100万元保费，按照保险行业的标准来讲，简直太高了，2个人都属于高业绩。你肯定猜到了，高业绩说的就是高保费嘛。咱们明白了这一层，接着往下看。

小王和小李同样的业绩，FYC一样吗？这个问题肯定难不倒你，一定是小李的FYC高于小王啊，因为FYC=保费收入 × 计提比例，5年交比3年交的计提比例高。是的，这个时候咱们就说小李是高FYC，也可以理解成高人效。

到了这儿，你可能会想，高FYC一定意味着高收入吧？先不着急，咱们先来看收入构成，"保险基本法"中的收入由多项构成：有佣金类的，有津贴类的，有奖励类的，有福利类的，等等。小王是主管职级且入司时间长，收入除了FYC外，还有续期佣金、管理收入等，小李是销售职级且入司时间不足1年，比小王收入项少且利润低，最后加到一起之后，小王的收入却比小李高。这个时候，咱们就说，小王是高收入。高收入除了跟FYC有关外，跟工作时间、职级、过往表现等影响因素也有关，所以，高FYC不一定有高收入。

高绩效呢？不绕弯子，直接上答案：高绩效指的是高利润。利润是什么？为了方便理解，不考虑其他因素，咱们上一个不太严谨的公式：利润 = 税后收入－支出。税后收入是指佣金表里对应的实发收入，也就是到手的收入。支出是伙伴们日常经营客户、经营团队、提升自己能力等花出去的各项费用的总和。这部分费用不在佣金表里体现，需要自己登记好，也是伙伴们最容易忽略的部分。

还是回到上面那个例子。假定小王和小李收入一样，利润一样吗？不一定。这要看小王和小李的支出情况。如果，小王支出的比小李多，那么，小王的利润就比小李少。这个时候，小李就是高利润，也就是高绩效。

好了，咱们来总结下：高业绩不一定是高 FYC，高 FYC 不一定是高收入，高收入不一定是高利润。高利润才是高绩效，这才是你最该关注的点。

咱们接着深挖一层。高业绩背后是什么？是销售思维，以销售额来考量；高 FYC 背后是什么？挣钱思维，以高人效来考量；高收入背后是什么？是创业思维，以利益最大化来考量；高绩效背后是什么？是企业家思维，以长期盈利来考量。如图 II-6 所示。

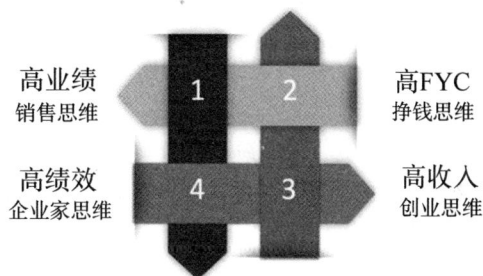

图 II-6　4 个概念对应着 4 种思维

而且，你一旦加入利润这个维度，就由原来关注单一的静态指标——业绩、FYC、收入，变成了关注动态指标——利润，也就是投产比。你的关注点就从当下拉到了更长的时间维度，你会从关注一个月的利润到关注一年的利润，再到关注 5 年的利润，10 年的利润，甚至是终身利润，从而真正回到保险代理人职业的本质——长期主义、时间的朋友。

那么，问题又来了，利润到底从哪里来？

是靠勤奋吗？还是靠资源？

靠勤奋？除非身体是钢铁之躯，才能保证有持续的利润，而且生命只有一次，不能传承。靠资源？不是不行，只是当你不能驾驭资源的时候，有资源也挖掘不出来。即使挖掘出来了，如果不会持续经营，也是有限的，几年后，也枯竭了。

靠勤奋和靠资源都不能保证有持久的利润，那么靠什么？靠手艺。什么是手艺? 就是赚钱的能力。一个人拥有赚钱的能力比他赚多少钱更重要。利润从手艺中来，只有手艺可以跨越时间，持续产生价值且能够不断传承。

所以说，勤奋只是基本功，有资源不是手艺，怎么让资源为我所用才是手艺，只有手艺才能让自己越来越值钱。

那么，保险代理人职业生涯中要学会哪些手艺？ 3个手艺：销售手艺、打造标准组手艺、复制标准组手艺。如图 II-7 所示。

图 II-7　保险职业生涯需要学会的 3 个手艺

销售手艺是做高绩效个人，是自己赚钱的能力；打造标准组手艺是复制销售手艺，做高绩效团队，是教别人赚钱的能力；复制标准组手艺是复制经营模式，做高绩效生态型组织，是教组织赚钱的能力。这3个手艺需要在你的职业生涯中不断去修炼。

4. 什么是生态型组织?

在《组织罗盘》一书中，作者王秀梅提出：组织正从纵向型向横向型、从机械型向生态型发展。她给出了生态型组织的3个特点：分布式自驱组织、高效运作的系统、自我管理的个体。如图 II-8 所示。

图 II-8　生态型组织的 3 个特点

"保险基本法"本身就是生态型组织，也符合上面3个特点。

（1）分布式自驱组织

分布式就是非集中、去中心化，由更小的单元构成，每个单元各自发挥主观能动性。在"保险基本法"里，每位伙伴都是一个独立单元，都有各自向前努力的方向，都像一颗种子，生生不息，自我生长。

（2）高效运作的系统

这指的是通过规划共同愿景来牵引组织，通过自发涌现形成决策，不依赖自上而下的指挥来实现协同。以"保险基本法"为核心的团队，同样也是在团队的共同愿景下，通过伙伴间的高效协同，实现组织的自动运转。

（3）自我管理的个体

王秀梅说，生态型组织需要的是成人，不是巨婴。每个人要自主决定自己的行为，充分发挥自己的潜力，与生态一起发展。"保险基本法"需要的正是为自己负责的创业者，而不是被动的打工者。

好了，了解了以上预备知识，你就可以进入正式的内容了。

第一章

跃迁，从对齐信息开始

无论你现在是一位保险业的老伙伴，还是一个准备加入保险行业的新人，现在都把自己当作一个准备翻山越岭的新人小梅，我就是你的导游，如果你准备好了，就跟着我来一次紧张又兴奋的保险职业之旅吧！

本章，我们从 3 个方面来对齐信息，初探保险。这 3 个方面分别是了解保险行业、保险和保险代理人制度；做好自己的定位；弄懂"保险基本法"。如图 1-1 所示。

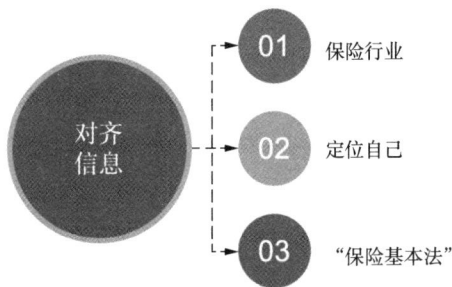

图 1-1　对齐信息的 3 个方面

第一节　保险行业被低估了

一、迎接保险行业的黄金时代，别再说行业不好混

1. 保险，不是年轻的小伙儿，而是 670 多岁的智者

我："咱们先从认识保险开始。"如图 1-2 所示。

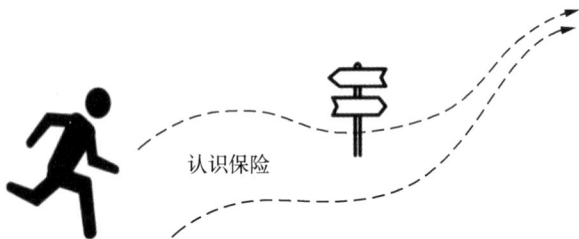

图 1-2　保险职业之旅——认识保险

小梅："我很好奇，保险是怎么诞生的？"

我："如果把'保险'比作一位智者，他可比我们年长多了。其实，人类的发展一直都与风险同在，人们在与风险抗争的过程中，为了应对生活中的不确定性，早就有了保险的意识。"

比如，春秋时期，孔子就提倡将收获的粮食的 1/3 积存起来，来抵御意外风险；古埃及的石匠互助组织，用交付会员费的方式来解决丧葬费的问题；古罗马帝国时期的士兵组织，以集资的形式为阵亡将士的遗属提供生活费等；这些保险的智慧不断地融进了人们的生产经营和经济生活中。

直到 1347 年，在意大利，一位商人签发了第一张船舶航程保单，保险才真正拥有了具体的形式和实质。从此，保险进入了一个新的发展阶段，也成为了人们应对风险的有效工具之一。

如果将第一张保单的签发算作是保险的出生日期的话，那么，保险已经有670 多年的历史了。他已经不是年轻的小伙儿，而是一个 670 多岁的智者。他一直陪在我们身边，与我们息息相关。

2. 保险是风险管理的有效工具，是现代社会的标配

小梅："看来，有保险的陪伴确实让人感觉很踏实。那么，保险到底能解决什么风险呢？是不是所有的风险都管？"

我："要回答这两个问题，就会涉及风险和风险管理这两个概念。"

先来看风险。为了更好地识别风险，把风险按照发生的可能性和损失大小分为 4 类，如图 1-3 所示：可能性小、损失大，比如癌症；可能性大、损失大，比如金融风险；可能性大、损失小，比如感冒；可能性小、损失小，比如快递退货。

什么是风险管理？借用刘润老师的话：风险管理就是用最小的成本获取最大的安全保障。针对以上 4 类风险怎么做好风险管理呢？来看下面的风险管理矩阵图，如图 1-4 所示。

图 1-3 风险分类表

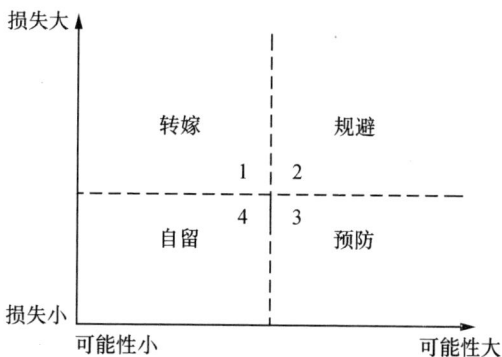

图 1-4 风险管理矩阵图

第 1 象限：对于可能性小、损失大的风险，要转嫁出去；第 2 象限：对于可能性大、损失大的风险，要规避；第 3 象限：对于可能性大、损失小的风险，要提前预防；第 4 象限：对于可能性小、损失小的风险，可以提前预留储备金进行应对。

那么，商业保险针对哪部分风险进行管理呢？你可能已经猜到了，针对的是第 1 象限：可能性小、损失大的风险，可以用商业保险来转嫁风险。比如重

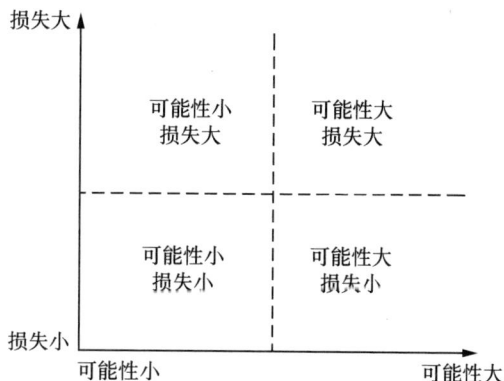

大疾病，发生的概率不高，但是一旦发生，就会花很多钱。这个时候，就可以用小的保费支出换重大疾病带来的损失。

在《与天为敌》这本书中，作者彼得·伯恩斯坦说：管理风险就是管理未来，人类对风险的量化以及风险管理工具的创造，是现代社会的重要标志。我们要享受现代文明成果，善于用保险等金融工具来转嫁人生中的风险。

在这本书中，他从 3 个角度给出了中肯的建议。一是可以花很少的代价，在发生事故时获得巨大的补偿。二是把保险看作我们人生中的防守工具。三是在人生的不同阶段，可以配置不同的保险。

彼得·伯恩斯坦的话确实很中肯，尤其在当下更具指导意义。社会越发达，保险的需求越大。一方面，随着人们生活水平和财富状况不断提升，人们更加注重自身的安全和保障，越来越离不开保险；另一方面，社会的繁荣和进步不但不能消除风险和意外，相反，它更多地暴露了人们面临的各种挑战和风险，人们更需要保险保驾护航。

3. 从保险密度和保险深度看保险行业的发展空间

小梅："哦，明白了，看来，每个人都要提升风险管理意识。那中国的保险行业发展到哪种程度了？处于什么发展阶段？我感觉这些年，大家都有保险意识了。一般家里生娃，第一时间都会给孩子买个保险。"

我："的确，近些年来，我国老百姓保险意识的提升，咱们有目共睹。不过，要了解整个保险行业的发展趋势和潜力，还要了解两个专业指标——保险密度和保险深度。"如图 1-5 所示。

图 1-5　认识保险的两个重要概念

（1）什么是保险密度？

先看公式：保险密度 = 某地区保费收入 / 某地区总人口数。简单说就是人均保费。举个例子，假定爪哇国一共有 1 万人口，去年全国保费收入是 5000 万美元，人均保费 =5000 万美元 /1 万人 =5000 美元 / 人，也就是说爪哇国去年的保险密度是 5000 美元。

影响保险密度高低的因素有哪些？保险密度跟经济发展程度和人们的风险意识息息相关。经济越发达，保险密度越大；人们风险意识越强，保险密度越大。

（2）什么是保险深度？

还是先看公式：保险深度 = 某地区保费收入 / 某地区国内生产总值，也就是保费收入对国内生产总值的贡献占比是多少。保险深度反映了保险行业在国民经济中的地位。保险深度越高，在国民经济中的地位越重要。

搞懂了这两个概念之后，怎么进行评估呢？咱们把保险密度和保险深度放到全球来作个比较。这里用中南财经政法大学风险管理研究中心发布的《2024中国保险发展报告》中的数据来举例。

2023 年，保险密度：中国为 516 美元 / 人（人民币 3635 元），全球平均为882 美元 / 人；保险深度：中国为 4.1%，全球平均为 6.83%。如图 1-6 所示。

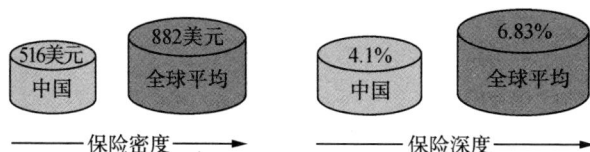

图 1-6　2023 年中国和全球平均的保险密度和保险深度对比

可以看出，一方面，目前我国的保险密度和保险深度仍处于较低水平，相比于全球平均水平还有一定的差距；另一方面，也意味着中国保险市场具有巨大的发展潜力和广阔的市场空间，等着咱们一起去开拓。

二、掌握事物的底层逻辑，保险工作其实很简单

小梅听得心花怒放，感慨保险原来涉及这么多知识。不过，小梅有个担忧："在当下，我国的保险市场发展空间的确很大，但是，如果让我来加入这个行业，我还是担心干不了这份工作。我身边很多人没干几个月就不干了，我感觉保险太难干了，我觉得自己就不是干保险的料儿。"

我："你的担忧很正常，这也代表了大多数人的想法，认为保险不是'人'干的，是'人才'干的。咱们先不说干不干的问题，先来了解下保险工作到底是个什么工作？"如图 1-7 所示。

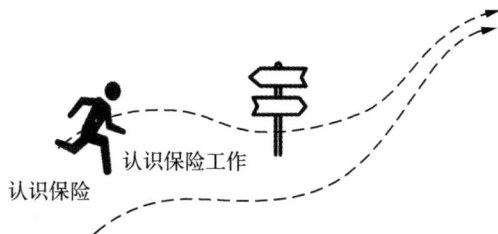

图 1-7　保险职业之旅——认识保险工作

1. 不是保险越来越不好干了，而是保险市场越来越规范

海尔集团创始人张瑞敏在《永恒的活火》这本书里有这么一句话：没有成功的企业，只有时代的企业。企业是时代的产物，个体的成功也离不开所处的时代。那么，保险市场正在发生哪些新的变化？对保险代理人这份工作有哪些影响？

2023 年，对保险行业来讲还真有一件大事必须关注：5 月 18 日，国家金融监督管理总局正式挂牌，标志着金融监管机构改革迈出了重要一步。这种统一框架下的监管环境，对保险行业来说，意味着两大利好：一是保险市场会越来越成熟规范、透明有序；二是保险企业会越来越合规健康、稳健发展。

下面，咱们就从市场、行业、职业这 3 个层面，如图 1-8 所示，分别来聊一聊。

（1）提供更稳定的市场环境

信任是最大的成本。市场监管越规范，市场环境就越稳定，老百姓对咱们保险行业的整体信任度就会越高，无形之中就会降低伙伴跟客户之间的信任成本，保险工作当然就更容易开展。

（2）释放更广阔的发展机会

市场规范会倒逼整个保险行业向高质量发展转型。随着保险产品种类的不断丰富，以及保险服务

图 1-8　市场规范化给保险
代理人带来的 3 个影响

的更多样化，保险代理人的发展机遇就会越大。伙伴们可以个性化地选择适合自己的产品领域和职业发展赛道进行专注和深耕，并不断提升自己的差异化和辨识度。

（3）更能彰显保险代理人的职业价值

规范的保险市场让价值销售成为主流，也就是说，保险代理人和客户的双向奔赴会变成现实。一方面，保险代理人通过提供优质的服务、专业的咨询和精准的保险方案，为客户提供价值；另一方面，客户更愿意选择可靠的保险代理人与其建立长期合作关系，并为其介绍客户。这样，就形成了良性的供需态势——保险代理人因职业价值更愿意终身从事这份职业；客户也能随时找到优秀的保险代理人为自己和家族进行终身服务。

目前，我国已成为全球第二大保险市场。不论从市场规范、行业趋势、客户需求还是职业价值来看，保险行业都面临着前所未有的发展机遇。不要再说保险业不好混了，抓住时代的红利，给自己一个机会，静待花开。

2. 保险工作跟其他销售工作的底层逻辑是一样的

《全新销售》的作者丹尼尔·平克说，在当今时代，不管你用什么方式谋生，都是在销售。所以说，这是个人人都是销售的时代，销售无处不在。

保险工作首先是销售工作，跟其他销售工作的逻辑是一样的，就拿我买彩电举例。

小张（销售人员）："姐，你家几口人？是想放在卧室还是客厅？"（了解需求）

我："客厅。"

小张："这是咱家最新的款式，有×××功能，正好符合你的要求。"（介绍产品）

我："它有××功能吗？"

小张："你是觉得它缺少××功能是吧？我们来看这一款，它正好有这个功能，也很有特点，跟你的气质很配。"（异议处理）

小张："我给你演示一下，你体验下效果。"（现场演示）

我："这个看上去不错。"

小张："如果你看上了这台，正好有现货，明天就可以给你送到家。"（销售促成1）

"而且这台是咱家性价比最高的一款，卖得最好。你来之前，刚有一位大哥买走了一台。"（销售促成2）

"现在正好赶上'618'的活动，也非常划算，明天就不是这个价格了，至少要涨500元。"（销售促成3）

…………

这个场景你是不是很熟悉？小张在销售的过程中，是有销售流程的：她先是了解客户的需求，然后推荐适合的产品，并解决客户的疑虑和担忧，最后不断地去促成交易。保险产品也是一种商品，它跟卖彩电的销售逻辑是一样的，并不复杂。

3. 为什么我们觉得卖彩电容易，而觉得"卖保险"难？

小梅："在现实生活中，很多人觉得'卖保险'太难了，到底是什么原因呢？"

我："保险跟其他销售工作的底层逻辑是一样的，不过，因为保险产品的特殊性，又有不一样的地方。咱们回到卖彩电的案例中，分别从需求分析、客户心理预期、产品特性、决策周期、认知成本、客户关系这6个维度来拆解下，看看有什么不同。"如图1-9所示。

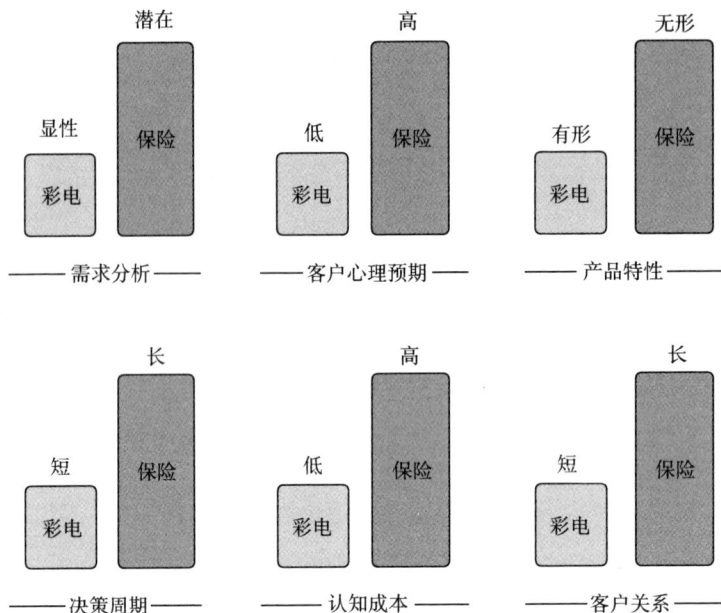

图 1-9 卖彩电和卖保险 6 个维度的区别

（1）需求分析

家里需要换台彩电，我就去买了，买彩电的需求是显性的。对于小张来讲，解决的不是我买与不买的问题，而是我买哪款彩电而已。

对于保险来讲，客户对保险大多不太了解，很少上门主动去买保险，或者压根就不知道自己需要什么保险。这个时候买保险的需求就是潜在的。潜在的需求，就比显性的需求多了一个步骤：挖掘保险需求，告诉客户需要什么保险、为什么需要。也就是先解决买与不买的问题，然后再解决买哪个险种的问题，销售难度增加一次。

（2）客户心理预期

我买彩电，看重的是性价比，小张只需要把彩电给我简单介绍一下，售后服务也不需要她，我直接找厂家就行，没有后顾之忧。而且，我今天买了一台彩电，一次性交易之后，还不知道多少年以后再买呢。在这个销售过程中，我更看重的是产品本身，而不是小张。

而买保险就不一样了，因为保险产品专业性强，保险期长，客户在买保险的时候，既要买到合适的保险产品计划，还要选择专业性强、信任度高的人进行服务，多了一个心理预期，销售难度又增加一次。

（3）产品特性

彩电属于看得见、能体验的产品，买回家就可以看，可感知性强。

而保险属于无形的产品，在购买时看到的只是一纸合同，冷冰冰的产品条款需要保险代理人用案例、故事和数据进行描述和说明，销售难度第三次增加。

（4）决策周期

我从决定买彩电到下单购买，前后用了半个月。这期间，影响我购买彩电的因素较少，只是在思考买哪款产品上花的时间比较多，我的决策周期相对较短。

而买保险的时候，影响因素就会很多，比如身体状况、交费能力、交费年期、给谁投保、保额多少、保费多少、哪个公司、哪个类别、哪款产品、哪个保险代理人等，都需要充分考虑，决策周期相对较长，销售难度第四次增加。

（5）认知成本

相对于彩电，保险产品的专业性和复杂性更强。对于客户来讲，这种巨大的信息差加大了客户的认知成本。客户在不了解的前提下，相对比较谨慎，不会轻易做购买决定，销售难度第五次增加。

（6）客户关系

我买彩电，根本就不问销售人员是谁，也就意味着，在购买这个动作结束后，我跟小张的关系也就结束了。

而购买保险只是合同的起点，是保险责任的开始，而不是终点。保险合同年期有的较短，有的很长，尤其是人寿保险合同，有的是终身合同。所以，保险代理人跟客户之间的合作关系维持时间相对很长，甚至需要维持一辈子，销售难度第六次增加。

保险销售本身是有其自身的特点的，之所以你感觉保险工作相对较难，可能是忽略了保险自身的特殊属性。当你了解了这些不同点之后，在销售这个大逻辑下，你就能更加自如地驾驭它。

实际上，无论什么销售，背后都有心理学做支撑。社会心理学家罗伯特·西奥迪尼在他的《影响力》一书中，就讲到了影响力的6个武器：互惠、承诺和一致、社会认同、喜好、权威、稀缺。在卖彩电的案例中，就可以看到它们的身影，保险也是一样。

4. 保险销售不是一个动作，更像是一段旅程

小梅："说来说去，不还是'卖保险'的吗？"

我："保险是一份销售工作，但是你只把自己当作'卖保险'的，很容易陷入只关注业绩而急功近利的境况。"

打个比方，如果你把保险代理人看作一位训练有素、拥有专业知识和技能的探险家，那么，保险销售的过程更像是一个探险的过程。这个探险过程有 4 个关键步骤：了解地形、提供导航、一路陪伴、抵达目的地。如图 1-10 所示。

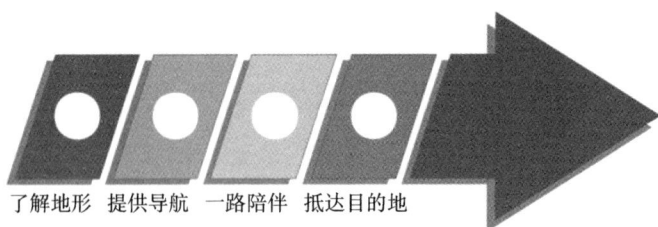

了解地形　提供导航　一路陪伴　抵达目的地

图 1-10　保险销售旅程的 4 个步骤

（1）了解地形

在出发前，你需要做市场分析、研究产品、知晓服务、了解客户需求等，这跟探险家了解地形是一样的：目的地在哪儿？路况如何？需要做哪些准备？

（2）提供导航

接着，你根据客户的风险承受能力、财务状况和保障需求量身定制保险解决方案。这个解决方案，就是客户的人生风险规划导航仪，为客户提供与生命周期等长的导航。

（3）一路陪伴

陪伴，就是你与客户建立长期的合作关系，持续为客户提供服务，确保客户在保险旅程中始终得到保护和关怀。

（4）抵达目的地

最终，客户因为保险获得安全和保障，全家幸福无忧。

所以你看，保险销售不是"卖"的动作，而是跨越从为客户提供方案到后期服务的全生命周期的过程。保险更像是一段旅程，需要保险代理人保持积极的心态和持久的耐力，与客户一起共担风雨，共见彩虹。这段旅程虽然充满挑战，但乐趣无穷，这也是保险销售工作的最大魅力。

三、做个靠谱的保险代理人，只会越来越吃香

前面咱们认识了保险，了解了保险工作，这一节来聊聊保险代理人制度和代理人这个个体本身。如图 1-11 所示。

1. 保险代理人制度有 230 多年的历史

1792 年，英国的威斯敏斯特寿险公司率先使用保险代理人来展业。这样算

下来，保险代理人的展业制度，距今已经有 230 多年的历史了，可见其旺盛的生命力。不过在那个时候，保险公司雇用的代理人主要是银行家、律师和商人，并不是什么职业的人都可以干。

图 1-11 保险职业之旅——认识保险代理人制度

咱们国内是从什么时候开始有的保险代理人制度呢？

新中国成立前，中国民族保险业也是靠代理人开展业务。比如，仁济和保险公司就委托轮船招商局代理该公司的业务。1949 年，中国人民保险公司伴随着新中国的成立而成立，代理人制度也蓬勃发展起来。

但是，个人代理人制度发展则较晚，直到 1992 年，由美国友邦保险公司首次引入中国，至今已经 30 多年。目前，个人代理人制度已经成为各家保险公司的重要制度。

2. 抓住保险代理人的两个新机遇，未来可期

当下，随着保险代理人制度越来越成熟和完善，更多优秀的人正在加入保险代理人这个赛道。这些优秀的人看到了市场发展的哪些机遇？外部需求和内部需求是什么？如图 1-12 所示。

（1）外部需求——每个客户身边都需要一个专业靠谱的保险代理人

首先，客户需要的是个性化的保险解决方案，而不是单一的产品和人情保单。客户更需要选择一位专业靠谱的保险代理人为他们服务。

同时，客户需要的不仅是在购

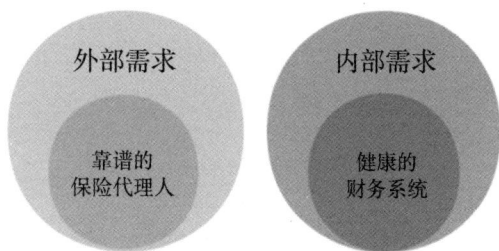

图 1-12 保险代理人的两个新机遇

买保险时提供帮助，还希望和保险代理人保持密切关系，以便保险代理人能够定期来评估保险需求，及时调整和更新保险计划，因此，客户更需要一位长期的合作伙伴。

（2）内部需求——每个家庭都要建立健康的财务系统

在我的印象里，父母那一辈人都是在为了生计而奔波。我刚开始工作的时候，大部分的时间也是在赚钱，也不懂什么是健康的财务系统。好在，因为在保险公司工作的原因，我给自己和家人配备了足够的保险。工作多年后，生活得到改善，多少有了财务结余后，我才真正意识到一个健康的财务系统不仅可以帮助我避免经济上的困境，实现自己的目标，而且可以减轻焦虑和压力，为未来打下坚实的基础。

在《重复做对的事》一书中，作者蒂芙妮·艾莉希给出了建立完整财务系统的 10 个步骤：编制预算、积极储蓄、摆脱债务、提高信用分数、赚钱增收、为退休和财富目标投资、合理投保、增加资产净值、打造专业财务团队、遗产规划。其中，合理投保就是专门讲解保险的章节。

保险代理人就像是一个经验丰富的建筑师，在每个家庭构建牢固财务系统的过程中都是不可或缺的。

小梅："你让我对保险、保险工作、保险代理人制度有了清晰的了解，同时也颠覆了我原来对保险的片面理解，打消了心中的顾虑，重新建立了对保险行业的认知。"

我："大多数误解来自不了解。咱们的旅程才刚刚开始，继续出发吧。"

第二节　定位你自己，别从一开始就错了

一、建立老板思维，底薪真没那么重要

做保险代理人需要具备什么样的思维？直接上答案：老板思维。如图 1-13 所示。

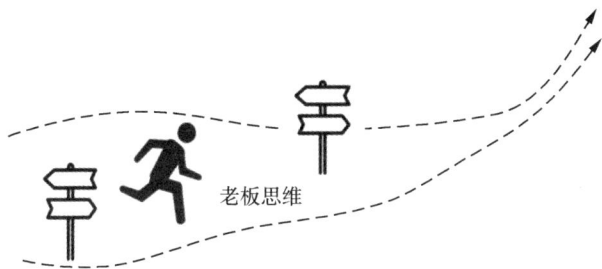

老板思维

图 1-13　保险职业之旅——具备老板思维

1. 人与人之间的差距，不是能力，而是思维

我们先看小华和小王两个新人的故事。小华和小王都是刚入司 6 个月的新伙伴。小华每个月能完成 2 单，属于新人绩优，业绩很稳定，经常受表彰。小王前 3 个月业绩不如小华好，但是每个月都有新的突破。6 个月下来，小王的收入却是小华的 2 倍，而且晋升为主管。

两个人同一时间入司，为什么会有这么大的差距呢？咱们看看他们两个人分别是怎么想的。

小华：

"我这个月达到津贴标准了，这一单业务就放在下个月。"

"这个阶段的奖励方案我达标了，月底前我就不干活了。"

"我这个月出勤天数够了，月底前就不来了，下个月 1 号再见。"

"这个阶段没有奖励方案，等什么时候方案大了再增人。"

"什么时候公司组织活动了，我再找客户。"

…………

小王：

"我这个月要实现原来收入的 2 倍，我得多面见 10 个客户。"

"我这个月要新增 10 个客户，我要在 20 号自己举办一场 20 人的读书会。"

"我要有自己的团队，每天至少跟一位比我优秀的人聊天。"

"为了更好地服务客户，我准备每年投入 2 万元付费学习。"

"我准备把我这半年的收入全部用于专业提升和客户经营上。"

…………

我："小梅，你觉得小华比小王收入少，是什么原因呢？"

小梅："看上去小华比小王聪明，会算计。但是，他没有小王有智慧。"

我："是的，因为两个人思维方式不一样。小华明显是打工思维，看重的是性价比；小王是老板思维，有投入意识，看的是投产比。"如图 1-14 所示。

打工思维的小华，更注重保底收入，也就是性价比要高。性价比强调的是当下的付出与收获成正比。一旦不成正比，就不付出了。

而老板思维的小王，更看重投产比，关注的是投资回报率，即小投入小收益，大投入大收益。前提不是不投入，而是怎么投入来获得高收益。

小华和小王两个人哪种思维更好？对于保险行业来讲，明显是小王。因为保险代理人本质上是代理合同，不是干好干坏一个样，而是要有老板思维，把

结果掌握在自己手里，人人都是自己的 CEO。

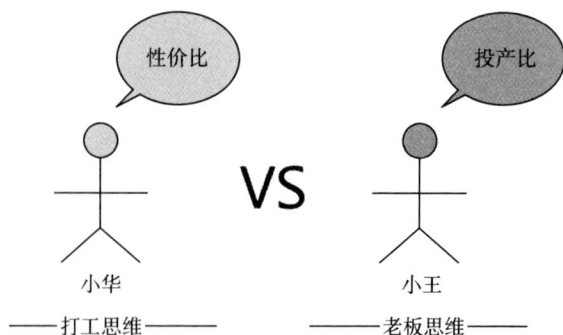

图 1-14　打工思维和老板思维的不同

什么是老板思维？从 3 个维度来理解：独立主体、经营意识、自担风险。如图 1-15 所示。

1）独立主体

不是公司说了算，不是团队说了算，也不是客户说了算，而是自己说了算。更不是等、靠、要，不是被人推着才能往前走，而是自己想要做，自己对结果负责，这才是独立主体。

2）经营意识

既然是独立主体了，你就要有自己的发展策略、发展目标和发展计划，以及落实到年、季、月、周、日的动作和路径，真正把自己当成老板，像经营企业一样经营自己。并在工作的过程中，要随时关注自己的盈亏状况，要确保健康经营。不是小富即安，也不是大胆冒进，而是要有计划、有步骤地按照当初的发展目标稳步推进。

3）自担风险

保险代理人这份职业，很多人认为是最没风险的工作，属于轻创业，新人入司后，反正也没什么投入，即使没赚多少钱，也不会亏钱。听着确实是这么回事，不过这里隐藏着两个风险，如图 1-16 所示。

图 1-15　老板思维的 3 个维度　　图 1-16　保险代理人职业的两个风险

（1）收入不稳定风险

新人在一年内属于学习成长期，收入不稳定，是否坚持得住？《顾客为什么购买》的作者菲尔·巴登说：钱不是唯一的成本。除了金钱，还有另一种成本：时间。所以，新人在积累期还要充分考虑自己的时间成本。

（2）时间成本风险

保险职业前期有个积累的阶段：一方面是知识的积累，比如保险知识、金融知识、销售知识、管理知识、法律知识、信托知识、医疗知识等；另一方面是客户的积累。真想做好这份职业，就要提前评估一下自己是否有耐心并愿意长期来做这件事。

2. 老板思维以服务为导向，聚焦长期发展

小梅："伙伴有了老板思维之后，工作会有什么变化吗？"

我："变化还是蛮大的，我们来具体聊一聊。"

保险代理人的身份从单纯"卖保险"的业务员，转向了经营保险事业的老板之后，会有两个方面的变化。如图 1-17 所示：一方面，从看重眼前的利益，变成了更关注长期发展；另一方面，从单纯的保险产品导向，转向了需求服务导向。

（1）什么是长期发展？

保险代理人这份职业不是急功近利的工作，而是时间的朋友。这里说的长期发展指的是多长时间？难道是一辈子吗？对，就是一辈子。

图 1-17 老板思维下的两个转变

身边这样的例子比比皆是：张姐是我原来所在机构的伙伴，今年 63 岁，干了 20 多年保险工作，虽然年龄大了，还依然坚守在这个行业。难道是钱没赚够吗？不是，她说："如果我不干了，对不起客户！现在还能动，就干着，实在干不动了再说。"她觉得保险是陪伴客户一生的职业，值得付出一辈子。

怎么做到长期发展？

"有人、有业绩才能成为保险行业的常青树，才能在这个行业长期做下去。"小梅抢答道。我立即竖起大拇指给小梅点赞。确实是，因为长期业绩的背后是客户的认可，更是客户的成功。

《客户成功的力量》这本书里说："为客户创造价值的最好方式就是客户成功，客户成功在服务客户的全生命周期中都有互动触点。"这些保险行业的常青树们最大的心法就是让客户成功。

想到这，我问小梅："如果你真想加入这个行业，能不能从一开始就树立这样一个目标：让自己的职业生涯和客户生命周期同步，让自己一起陪客户成长，让客户成功？"

小梅若有所思，没有立即回答。

我接着说："关注长期发展，不是绑架你一辈子，而是让你从一开始就要正知、正见、正心、正念去做，躬身入局、坚守初心。"

"我觉得应该没问题。"小梅坚定地回答道。

（2）什么是服务导向？

我讲课的时候，经常听到伙伴跟我抱怨：

"这个产品客户刚买过了，再去找就没有借口了。"

"我见了3个客户，一个说没钱，一个说考虑一下，一个说交完续期再说。"

"我现在最大的问题就是没有客户，老客户都买了，新客户还需要经营。"

…………

一般在这个时候，我都给予理解。因为保险合同是制式合同，也就是说，保险合同是由保险公司提前拟定好的，客户不能修改。保险代理人只能拿着产品条款去销售。这样，就很容易变成简单的上门推销，而忽略了客户的真正需求。

现在，你可以换一种思维方式，不用改变产品形态，而是根据客户的需求，把产品组合到一起，为客户提供产品解决方案。你就像是把每一款保险产品当作工具箱里的工具一样，根据不同的客户需求，把不同的工具组合在一起，去解决客户的问题。

你还可以像服装设计师一样，把产品当成布料和其他原材料，根据每位客户的身材、气质、喜好来量体裁衣，私人定制。这个时候，你就不是在卖产品，而是在帮客户选产品；你不再是产品销售者，而是问题解决者和方案提供者。

另外，你还可以是资源链接者，如图1-18所示。假定有一个客户正在忧虑：在自己老的时候，是选择居家养老，是去当地的养老机构，还是去养老社区去度过老年生活？此时，你就可以链接公司的养老资源为客户提供一种新的生活方式选择。

所以你看，一方面，你通过产品解决方案，解决客户生命周期的生、老、病、死、残的基本经济需求；另一方面，你借助公司强大的平台优势，为客户提供养老、

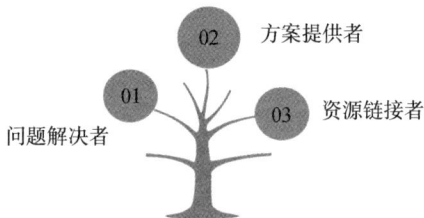

图1-18　保险代理人的3个身份

健康、生命关怀等稀缺资源，这些都是服务导向。

二、别怕信心不足，打好你手里的 3 张牌

小梅："有了老板思维，就能把保险工作干好吗？"

我："当然不是，做好保险工作确实不是一件简单的事，你要打好手里的 3 张牌。"如图 1-19 所示。

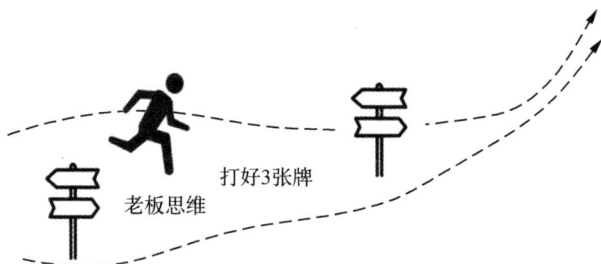

图 1-19　保险职业之旅——打好手里的 3 张牌

谈到"卖保险"，大多数人都会拒之千里，他们主要有以下几个方面的担忧。

"卖保险，太没面子了。"

"别跟我提保险，我干不了。"

"我没有你会说，见了生人张不开口。"

"我认识的人都有保险了，不可能再买了。"

"我平时就是公司、家里两点一线，谁也不认识，不知道去哪找客户。"

"保险太难，学不会，搞不明白。"

…………

这里无非两种情况：一是不想干的；二是担心干不好的。对于不想干的，就没必要纠结；对于想干担心干不好的，本质上是转型的问题。转型新赛道，面对新职业，担心干不好是很正常的事情。这里先不说能不能干好，咱们先看看每个人手里到底有什么牌？

如果你手里有这 3 张王牌，就不用太担心了。这 3 张牌分别是：可迁移的能力、可挖掘的资源、可萃取的经验。如图 1-20 所示。它们是你最大的生产资料，不会因为换工作就消失了，它们是你前行的动力和底气。

图 1-20　保险代理人手里的 3 张牌

1. 可迁移的能力是你的垫脚石

还是以小王为例。前两天，小王刚参加完半年新人表彰会。在这6个月里，小王的收入比入司前有了明显提升，同时整个人的状态变得越来越自信了。你可能会很好奇：小王是怎么实现在6个月内由忐忑不安到华丽转身的？

先从小王的工作经历说起，小王原来是某家公司的项目经理，曾经负责过公司的一个关键项目，他亲自带领项目组的5个人在限定时间内顺利交付了项目。小王在这份工作中，锻炼出了很强的沟通能力、组织协调能力。一年前，因为原来所在行业撤销机构，小王不想去外地工作，后来经朋友介绍加入了保险公司。

可以看出，小王把他的沟通能力和组织协调能力迁移到了保险行业，很快适应并取得了不错的成绩。小王这是带"货"入圈，这个"货"指的就是可迁移的能力。

小梅："我没做过项目经理，我没有小王的沟通能力和组织协调能力，我不知道我有什么可迁移的能力。"

我："尺有所短，寸有所长。你不是没有可迁移的能力，只是你很少认真思考过这个问题。"

有研究发现，在人类现有的工作中，70%的核心能力是相通的，这70%的核心能力指的就是可迁移能力。图1-21是2015年美国雇主最需要的10项可迁移的能力（美国大学与雇主协会），你可以对照一下自己拥有几项。

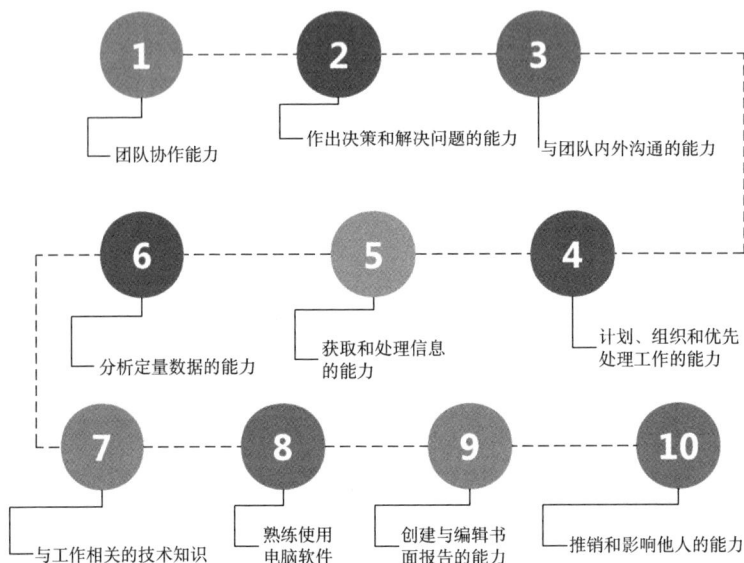

1 团队协作能力
2 作出决策和解决问题的能力
3 与团队内外沟通的能力
6 分析定量数据的能力
5 获取和处理信息的能力
4 计划、组织和优先处理工作的能力
7 与工作相关的技术知识
8 熟练使用电脑软件
9 创建与编辑书面报告的能力
10 推销和影响他人的能力

图 1-21　2015 年美国雇主最需要的 10 项可迁移的能力

无论在哪个行业或从事哪种职业，可迁移能力是你拥有的软技能或软实力，是最大的竞争力。在保险行业，像小王这样通过可迁移的能力加入行业后实现能力变现的伙伴还真不少。你可以好好总结下自己可迁移的能力到底都有什么，并好好用起来。

2. 可挖掘的资源是你最大的财富

仅仅拥有可迁移的能力是不够的，还要把积累的资源充分挖掘出来。还是举小王的例子，看看保险代理人加入保险行业后，有哪些可挖掘的资源，见图 1-22。

（1）原有业务客户

小王从入司前自己的业务客户中，每个月筛选出 10 个取得联系，先了解保险需求，然后提供相应的保险解决方案，6 个月一共成交了 5 单。

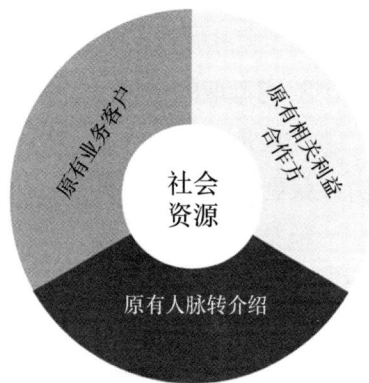

图 1-22　保险代理人 3 项可挖掘的社会资源

你从小王的身上学到了什么？入司前，每个人的通讯录里有几百个甚至几千个联系电话，微信里也有很多好友。这些名单不整理和盘活的话，放在那里就只是名单而已，没有任何意义。

小王在这一步做对了什么？就是把名单变成了资源。他先把自己原来的业务客户进行了整理，这类客户成交相对比较容易，因为有了前期的业务往来和信任，小王在成交的时候减少了大量时间成本。

（2）原有相关利益合作方

作为项目经理，小王在项目中，也与各种利益相关方进行合作，如供应商、合作伙伴和顾问等。小王把这类名单放在了第二类进行经营，他一共圈定了 3 家重要合作伙伴，每个月不定期为他们所在机构提供保险咨询服务，以便进一步建立保险信任，并不断探索合作可能性。经营了 3 个月后，成功成交 3 单。

在这个环节，小王又做对了什么？合作共赢、价值交换。小王用自己的专业知识为原合作伙伴提供保险咨询服务，从而获取了成交的机会。

（3）原有人脉转介绍

为了不断拓展新人脉，小王通过原有客户和合作方介绍、积极参加行业活动、加入行业协会、参与社交媒体等方式来获取转介绍以建立新的联系。这些人脉和社交网络为小王提供了新的业务机会，6 个月的时间，这些人脉共引荐潜在客户 22 个，推荐 2 位保险伙伴入职。

这一步，从小王身上，你领悟到了，不能只靠吃老本，还需要用自己可迁移的能力去拓展自己的人脉圈。即使你没有外部客户网络和内部行业关系，照样可以从零开始，以自己的原有人脉为中心节点，从 0 到 1、从 1 到 10、从 10 到 100 不断结网，搭建自己的网络。流水不腐，户枢不蠹，唯有源源不断的活水流来，才有源源不断的业绩和人力。

3. 可萃取的经验是你最大的红利

经验是最大的红利。除了可迁移的能力和可挖掘的资源以外，小王手里还有一张更大的牌，就是他的经验。

他是一位项目经理，2 年前，他只用 9 个月就成功完成了一个工期 12 个月的工程项目，受到了公司领导的好评。

我："你从他的经验里学到了什么？"

小梅："肯定不是让小王重新按他的做法再做一遍这个项目，也不是学习他如何在 9 个月里完成工程项目，因为保险代理人也不需要做工程项目啊！"

我："是的，每个人不一定都要去操盘工程项目，但是我们都会面对棘手的复杂问题，如果你能找到底层逻辑，加以借鉴和使用，这就是经验的价值。"

小梅："所以，我要学习的经验是：在规定的时间内，小王是如何提前完成一项复杂工作的，他做对了什么，方法论是什么。"

我："是的，要把经验变成方法论，才可能产生红利。"

企业最大的浪费，是经验的浪费。每个个体也是一样，千万不要把自己的经验浪费了。

1）怎么把经验变成方法论呢？

有一个工具是萃取。什么是萃取？简单来说，萃取是一种在化学试验中用溶剂来分离混合物的方式。经验萃取就是指从我们的经验中提取出有价值的教训、模式和见解，以便在未来的工作中应用和分享。未经萃取的经验，是个性化的做法，不是通用的逻辑和方法论，不能被复制。

2）如何做经验萃取呢？

以我萃取自己的"如何高效开展一次五维面谈"经验为例，一共有 4 个步骤：确立主题、梳理框架、萃取细节、构建模型。如图 1-23 所示。

确立主题 梳理框架
构建模型 萃取细节

图 1-23 经验萃取的 4 个步骤

（1）确立主题

首先，我先列出几个工作中的成功案例，然后从中找到一个最有价值、高频出现、典型的主题进行萃取，我最后选择的主题是五维面谈。

（2）梳理框架

这部分是把经验进一步显性化，在梳理框架的时候最好用思维导图来做，包括4部分内容：目的、适用对象、问题和解决方案，也就是萃取五维面谈的目的是什么？适用哪些人来学习？在五维面谈过程中会遇到哪些问题？我是怎么解决的？步骤是什么？

（3）萃取细节

为了能复制给别人，在框架梳理的基础上还要进一步做细节萃取，也就是在每一个具体步骤上，我做了哪些关键动作？关键点是什么？中间遇到了哪些障碍？用了哪些工具？

（4）构建模型

最后，要找到关键动作的逻辑关系，用图形或公式进行呈现，使其更可视化；或者形成可操作的流程和方法，最终帮助自己或者团队取得结果。

关于经验萃取，感兴趣的伙伴，可以参照邱伟老师写的《BEST高能经验萃取：将优秀经验转化为绩效成果》这本书来详细学习。

走过的路，每一步都算数，回头看看，经历就是财富。每个人都有可迁移的能力、可挖掘的资源、可萃取的经验，现在要做的就是先静下来，好好梳理自己手里的这3张牌，然后再进行评估，不要放弃任何机会。

三、找到起跳新高度，你会越做越轻松

试想一下这个场景：一切就绪，你站在跳水台边，准备跃入清澈的水中。在这一刻，有一件事非常重要，那就是起跳的高度。

起跳的高度决定了你跃入水中的姿势、旋转和入水的效果。同样，人生中的每个阶段都需要找到适合自己的起跳高度，这就是找定位，如图1-24所示。

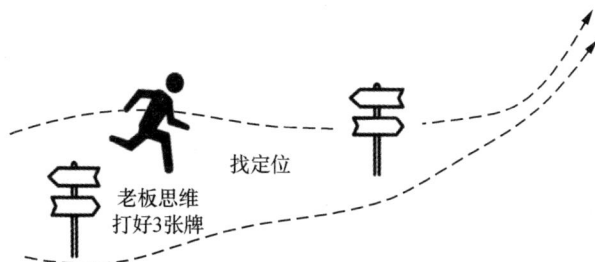

图1-24　保险职业之旅——找定位

1. 站得高，不但望得远，还走得远

定位的概念和理论起源于营销学领域，定位之父杰克·特劳特和艾·里斯在 20 世纪 70 年代提出了定位理论，并在《定位》一书中详细阐述了定位的重要性和应用方法。

所谓定位，就是让品牌在顾客的心智阶梯中占据最有利的位置，使品牌成为某个类别或某种特性的代表品牌。这样，当顾客产生相关需求时，便会将该品牌作为首选，也就是说这个品牌占据了这个定位。

保险代理人的定位，不是营销学的定位，也不是在公司内部的定位，而是在客户心目中的定位和自己职业发展中的定位。很多伙伴来保险公司是为了赚钱。那么赚钱是定位吗？赚钱是结果，不是定位。

保险代理人如何精准定位？小王到底从哪个点出发？去向哪里？给你一个简单的公式：定位 = 精准客群 + 职业（或岗位）标签，如图 1-25 所示。

找定位时，先要做到两个匹配。一是精准客群，需要跟自己所处的社会圈层相匹配；二是职业标签，需要跟个人能力相匹配。如图 1-26 所示。社会圈层和个人能力合起来就是个人的资源禀赋，总结成一句话就是：资源禀赋决定当下定位。

图 1-25　定位 = 精准客群 + 职业标签　　图 1-26　找定位时的两个匹配

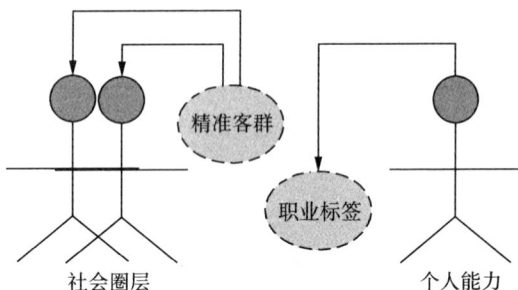

（1）社会圈层决定服务什么样的客户群体，体现个人价值和社会价值

小华经常参加育儿活动，结识的二胎宝妈比较多，年龄在 30 ～ 40 岁范围内，有一定的收入积累，年收入在 15 万～ 25 万元范围内。她的精准客群就是二胎宝妈群体。

当然，小华的定位是服务二胎宝妈，并不等于她不服务其他客群，而是现在先重点服务这类客户，在这一个小赛道上把自己的手艺练习纯熟，成为专家。值得庆祝的是，小华还得到了女企业家协会的邀请，去分享她是怎么活成新时

代女性独立自信的样子的，可谓价值感拉满。

　　小华的客户就在那里，方向感会越来越强。不管是服务现有的老客户、转介绍客户，还是新拓展的客户，她都围绕二胎宝妈这个精准客群进行，而不是"眉毛胡子一把抓"。

　　（2）个人能力决定工作的实际表现，影响职业走向和发展

　　怎么评估自己的能力呢？高琳老师在《不被定义》这本书里给出了找到优势的3个方法：优势测评、自我反思、他人反馈。这里不再展开，你可以参考去做。

　　怎么结合个人能力进行定位？刘澜老师在他的课程"领导力30讲"里，讲了一个三环模型，如图1-27所示。三环模型有三个互相交叉的环，分别是热爱、擅长和机会。我的擅长是什么？我的热爱是什么？我的机会是什么？在这三个环交叉的地方，是我的人生愿景，也就是将来的自己。在定位的时候，可以参照这个三环模型来分析和思考。

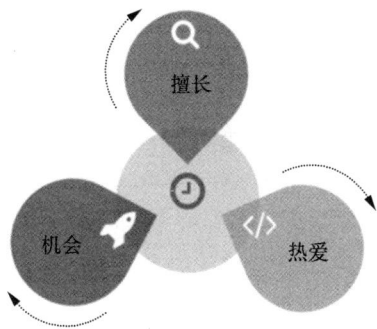

图 1-27　三环模型

　　三环模型告诉我们：定位根植于自身的能力，而不是凭空想象出来的。定位是为了践行，而不仅仅是一个自己给自己册封的称号或者标签。

　　小华以前在私企做到了销售管理岗位，部门有十来个人。因为生二胎没人替她带孩子就离开了原单位。在三环模型中，小华擅长销售和管理工作，本人喜欢跟人打交道，机会就是能兼顾带孩子、收入又不降低。因此，小华的定位就可以是绩优团队长，一手做业务，一手建团队；她的职业标签还可以是团队经理，那么小华的定位就可以是"专为二胎宝妈服务的团队经理"。

　　这里需要提示一点的是，在刚开始的时候，你不一定会把定位找得特别准确，这是很正常的。你可以在以后的实践中不断去找，最终找到最合适的定位。定位也不是一成不变的，随着小华能力和圈层的变化，定位也会发生变化。

　　小梅："看来，有了定位，跟没有定位就是不一样。工作聚焦主线去做，清晰明了，不内耗，不走弯路。"

　　我："是的，有了定位，小华就有了差异化和辨识度，会给客户不一样的感觉。"

　　知人者智，自知者明。精准的职业定位不仅是保险代理人细分赛道的职业选择，也是让客户更容易找到你的清晰路标。

2. 没有定位，我照样干得好？

小梅："我看大多数伙伴，没有定位，业绩也不错啊！"

咱们先来看一下号称"上海滩第一的哥""网约车教父"臧勤的故事。臧师傅每天只开9个小时网约车，并且每月还给自己放假3～7天，即使这样，还比其他司机赚得多。

到底是什么原因呢？他把自己定位为"快乐车夫"，开车的时候他跟乘客学习，不开车的时候，他停下来看书、思考。他没有把自己变成在车上睡、在车吃、一天连轴转的苦哈哈的赚钱工具，而是快乐地享受自己的车夫生活。不同的定位，不同的工作方式，不同的人生。

伙伴们也是如此，没有定位或者定位不精准，只靠努力和勤奋，不是赚不到钱，而是会一直原地起跳，竞争力弱，浪费机会，迷失方向，做得很辛苦，如图1-28所示。

（1）原地起跳

定位背后是专注，将军赶路，不追小兔。缺乏精准的定位，很容易受到外界环境的影响

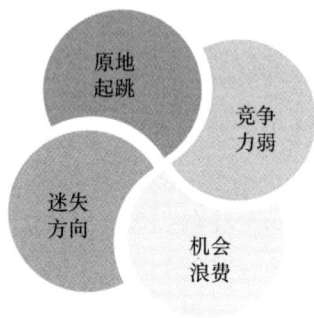

图 1-28　无定位的 4 个后果

而导致工作跑偏，让自己在无效的事上投入大量时间和精力，一个月下来，感觉什么收成也没有。长此以往，几年过去了，用尽了浑身的力气，却发现自己还在原地。

（2）竞争力弱

保险代理人的工作，无非就是两种模式：一是你去找客户，二是客户来找你。如图1-29所示。

图 1-29　保险代理人的两种工作模式

先说"你去找客户"的模式：客户分为老客户和新客户。老客户不可能一直买买买，那么，如果老客户转介绍少、新客户积累又跟不上，就会造成业绩不稳定，保险代理人职业也会受到挑战。我作为一个忠实的保险客户，最怕看到"你的服务人员已离职，接下来会安排别的人员为你服务"这样的短信，说明这位伙伴没有找到更好的工作模式，不得不离开这个行业了。

接下来说"客户来找你"的模式：在客户心目中，保险代理人之间同质性太强，客户很难在人群中选择你来为他提供服务。

怎么让客户迅速找到你？在《思考，快与慢》这本书中，作者丹尼尔·卡尼曼通过一张愤怒的脸（见图1-30）和一道乘法题来告诉我们：大脑中有两套系统，即系统1和系统2。

你在看图中哪张愤怒的脸的时候，用的是系统1。系统1的运行是无意识且快速的，不怎么费脑力，没有感觉，完全处于自主控制状态。

你在看这道乘法题"17×24"的时候，用的是系统2。系统2会将注意力转移到需要费脑力的大脑活动上来。

咱们的工作就是要绕过系统2复杂的处理过程，去激活系统1，而不是激活系统2。也就是说，你要让客户不经过思考就能快速在保险代理人中识别出你和别人不一样，从而作出选择和购买决策。

有了精准定位，就相当于你激活了客户的系统1，能够大大降低客户的感知成本；没有精准定位，就是激活了客户的系统2，会加大客户的认知难度，把你跟其他保险代理人混为一谈。

与工作模式相对应的就是职业阶段，保险代理人的职业有两个阶段，一是活下来，二是活好，如图1-31所示。

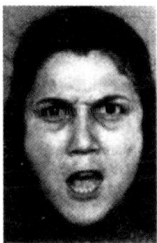

图1-30　愤怒的脸，来自《思考，快与慢》　　图1-31　保险代理人职业的两个阶段

活下来，在这个阶段，业绩是唯一的衡量指标。只要有业绩，什么圈层的客户都可以。在这个阶段，消耗的是资源和能力，竞争力弱。

活好，在这个阶段，要找到精准的客群，为他们提供专业和极致的服务，让自己的保险事业越做越精进。在这个阶段，拼的是定位和品牌，竞争力强。

见图1-32，你努力的方向就是从"我找客户——活下来"的阶段到"让客户来找我——活好"的阶段。

（3）机会浪费

《一万小时天才理论》作者丹尼尔·科伊尔说，天才不是天生的，一旦有人花费一万小时进行精深练习，任何人都可能获得技能。这个前提就是要知道自己把这一万小时花在哪，也就是要有精准定位。

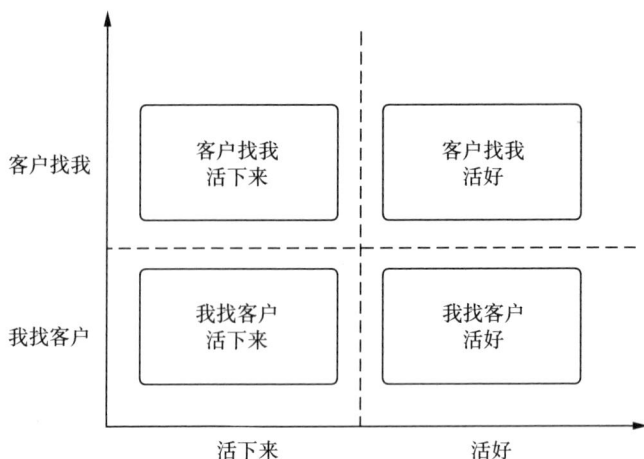

图 1-32　保险代理人工作方向矩阵图

百通不如一精。没有定位，就容易什么都会，什么都不精。不知道在哪个点上下狠功夫，即使机会来了，也会因为能力不够，从而错失与高端市场或大客户的合作机遇。

（4）迷失方向

如果没有定位，你就不知道自己应该朝着什么目标努力，一旦遇到风吹草动，就会失去前进的动力和信念，还没学到本事，就匆匆离场。

有的人不发展，有的人在凑合着干，有的人没有抓住机会，有的人黯然离场，有的人做得很累。单靠勤奋就能获得很好的成果和回报的时代过去了，你要把自己放到市场的大环境下，精准定位，聚焦专业，提升竞争力，否则，会越做越难。

第三节　弄懂"保险基本法"，打开职业发展新通道

一、借助"保险基本法"，做好职业选择 5 步法

前面两节讲了保险行业和如何定位，这一节咱们来讲"保险基本法"，从"保险基本法"来看保险职业，找到适合自己的"保险基本法"。如图 1-33 所示。

小梅："'保险基本法'对于伙伴们来说，有这么重要吗？它跟职业选择和职业发展有什么关系？"

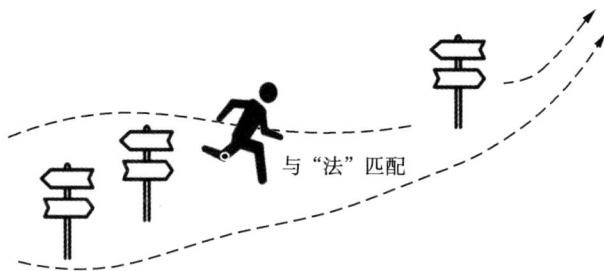

图 1-33 保险代理人职业之旅——与"法"匹配

我："当然重要了，下面咱们一一来揭秘。"

1. "保险基本法"不是选修课，而是必修课

社会的进步不是靠一个人的能力来完成的，而是依赖于组织和制度。

在世界历史大国崛起的经典事例中，哪个国家的崛起尤为引人注目呢？无疑是英国。英国的制度精神源于 1215 年的一部重要文献《大宪章》，《大宪章》开创了"法治"时代，成为英国君主立宪制的法律基石。英国从一个岛国，一跃成为世界空前辽阔的大帝国，这跟它的制度息息相关，制度背后是一种契约精神。

国家是如此，组织也是如此。华为公司也同样依赖组织的智慧让自己坚而不摧。《华为基本法》是华为的管理大纲，是第一部纲领性文件，是华为制胜的关键，是华为崛起的重要法宝。对《华为基本法》的重视，从任正非的话里就能看得出来：谁学不好，就撤谁的职。

保险业同样如此，"保险基本法"作为保险公司的核心制度，包括职责、薪酬、日常管理、品质管理、考核等方面，内容全面完整，它作为代理合同的附件，重要性不言而喻。

2. "保险基本法"是"武林秘籍"，你要参透它

这是我和李主管的真实对话：

"李姐，你今年的收入 20 多万元，你知道你的管理收入有多少吗？"

"我从来不看，反正公司不会给我少发钱的。"

"作为主管，我看你每天从早到晚，忙得不亦乐乎，你知道咱们'保险基本法'中规定的主管的职责吗？"

"这个还需要看吗？伙伴需要我的时候我必须得帮忙啊！"

"那你的团队有团队文化吗？"

"没有，我觉得那个东西太虚了！"

"你的团队成员每天的访量你是怎么管理的？"

"她们啊，能做到每天一访的就是不错的了。大部分一周有个两三访，还得需要我每天盯着。"

"你现在是主管，你为什么要当主管？"

"主管收入高啊，考核指标够了，就是主管了。"

"你的收入还可以，但是如果搞懂'保险基本法'，稍微再努力10%，你的收入会有30%的提升，你想知道怎么提升吗？"

"当然想，有这么神奇吗？"

…………

像李姐这样不重视"保险基本法"的伙伴不在少数，其实，"保险基本法"不只有利益，还有规则。透过现象看本质，它里面到底有什么？"保险基本法"的十六字灵魂——公平竞争、机会均等、鼓励进取、崇尚协作，如图1-34所示。

（1）公平竞争

拿职级晋升来讲，职级就摆在那里，职级的晋升条件也摆在那里，只要达到了，谁都可以晋升。没有名额限制，没有暗箱操作，只看是否达标，你的竞争对手只有你自己。

图1-34 "保险基本法"
十六字灵魂

（2）机会均等

"保险基本法"为每个人敞开了相同的路，业务系列和主管系列两条清晰的发展路径，都明明白白地写在"保险基本法"里，对所有人都是透明开放的，每个人都有同等的发展机会，不是论资排辈，也不依赖关系背景。

（3）鼓励进取

在每个职级里，有不同档次的薪酬和待遇。只要你想发展，每向上一步都有可攀登的梯子，直至登顶。"保险基本法"鼓励每位伙伴在自己的发展道路上不断进取。

（4）崇尚协作

在"保险基本法"里，伙伴们之间只有协作没有竞争，不是我赢你输的零和博弈，而是合作共赢的关系。因为"保险基本法"的力是向上的，一路上会有很多人一起分享他们的成功和经验，在前行的路上，你并不孤单。

平台之上，万物生长。"保险基本法"表面上是制度，背后却是广阔的发展平台，任由你尽情驰骋。

在《荀子·劝学》里有一句话，君子性非异也，善假于物也。这是说君子的资质秉性跟一般人没什么不同，只是君子善于借助外物罢了。与其说"保险基本法"里有"黄金"，不如说"保险基本法"是你的"武林秘籍"。

3. 适合自己的"保险基本法"，不是天花板，而是青云梯

小梅："公司不同，'保险基本法'就不一样吧？你觉得哪个公司的更好？"

我："'保险基本法'没有好坏之分，只有适合不适合。不适合自己的'保险基本法'，它就会制约你，成为职业发展的天花板；适合自己的'保险基本法'，能够让你借力使力，成为职业发展的青云梯。"

小梅："我是一个新人，该如何根据'保险基本法'选择一家适合自己的公司？"

我："从两个方面，按照5个步骤来评估和选择。"

1）两个方面

一是"保险基本法"本身的内容；二是"保险基本法"的外部环境。

因为"保险基本法"是由人来实施和使用的，所以，除了了解"保险基本法"本身外，还要了解承载"保险基本法"的外部环境，比如，公司对"保险基本法"的重视程度，"保险基本法"是形同虚设还是严格执行，公司的管理是人治还是"法"治，等等。

这样，你就能既了解"保险基本法"，还能透过"保险基本法"，看到公司的调性，从而客观地作出自己的职业选择。

2）5个步骤

5个步骤分别是了解制度、观察氛围、员工聊天、参加活动、关注业绩，如图1-35所示。

（1）第1步：了解制度

首先，你要先仔细阅读"保险基本法"，同时找几个老员工进行访谈，了解以下问题。

你觉得"保险基本法"中最大的亮点是什么？举2个成功的案例。

你觉得哪类人群更适合咱们公司的

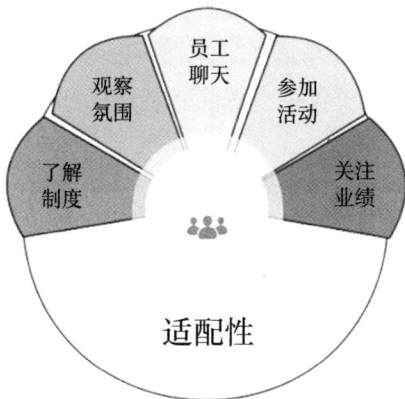

图1-35 与"法"适配的5个步骤

"保险基本法"，并能长久地做下去？举2个成功的案例。

公司是严格执行"保险基本法"吗？各层级的考核通过率怎么样？

有没有优秀的伙伴去了同业？你觉得他们离开的原因是什么？举2个例子。

除了"保险基本法"之外，你最好也了解一下员工手册、工作流程、绩效考核标准等制度，以便对自己的能力和资源评估后作出考量。关于"保险基本法"，后面我还会详细拆解，搞不懂就先不要着急做决定。

（2）第2步：观察氛围

观察氛围就是闻味道、看本质，了解公司文化。你可以去留意伙伴之间的互动方式、沟通方式、团队合作方式以及公司对待客户和业务发展的态度。这些方面可以反映出公司的风格和核心价值观，看看是不是自己期望的工作环境和氛围。

（3）第3步：员工聊天

和在公司工作时间较长的老伙伴聊一聊。听听他们对"保险基本法"和公司文化的看法和体验。通过他们的经验和观点，你不但可以更深入地了解公司的风格和本质，还可以看到和你朝夕相处的同事的素质和水平，让你的决策考虑得更全面。

（4）第4步：参加活动

你还可以参与公司组织的公开课或者一些参观体验活动。这些活动通常会涉及公司的战略、文化、发展方向等内容。参与其中，你可以更直观地了解公司的风格和目标，让自己以主人翁的身份去亲自体验。

（5）第5步：关注业绩

最后，通过网络或者报表，关注一下公司在行业中的口碑和业绩。看看公司在市场上的地位和形象。毕竟，公司的业绩和声誉直接决定着你的职业风险。

通过这5个步骤，你就对公司有了全面的了解和评估，从而能够找到与自己最适配的"保险基本法"和发展环境，作出正确的选择。

二、理顺关系，让"保险基本法"为我所用

懂法的目的不是看懂"保险基本法"，而是用"保险基本法"。用"法"就离不开人，宝刀再好，也需要能驾驭它的人。"保险基本法"再好，也需要你能驾驭它。理顺关系是用"法"的第一步，如图1-36所示。

驾驭"保险基本法"涉及两种关系：一种是人与"法"的关系；另一种是人与人的关系。如图1-37所示。

图 1-36　保险代理人职业之旅——理顺关系

1. 人与"法"的关系

（1）把人看作一个整体，来看人与"保险基本法"之间的关系

人与"法"的关系就像太极的两极，是道和术、水与火、阴与阳的关系，如图 1-38 所示，人在"法"里，"法"入人心。如果用好了"保险基本法"就会学会借力，终身受益；用不好就会受到反噬，害人害己。

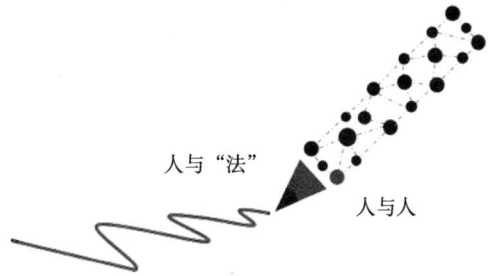

图 1-37　"保险基本法"下的两种关系

（2）把人分类，每一类人分别与"保险基本法"之间的关系

不同的人，使用"保险基本法"的方式不一样，与"保险基本法"的关系也就不一样。这里的人涉及 4 类主体，分别是公司、管理者、主管、伙伴。公司指保险公司，管理者指签订劳动合同的员工，暂时称为内勤。主管和伙伴是与公司签订代理合同的代理人，暂时称为外勤。这 4 类人与"保险基本法"的关系，简单概括就是：公司统领"保险基本法"，管理者驾驭"保险基本法"，主管聚合"保险基本法"，伙伴融入"保险基本法"。如图 1-39 所示。

图 1-38　人与"法"的关系像是太极的两极

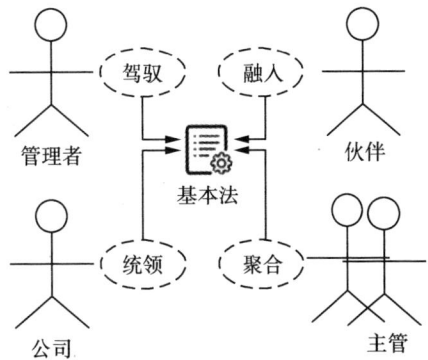

图 1-39　4 类人与"法"的 4 种关系

公司与"保险基本法"是统领关系，是指公司作为保险代理合同的一方，负责制定和执行公司的基本管理制度，并在"保险基本法"下行使权利和履行义务。

管理者与"保险基本法"是驾驭关系，指的是公司管理层对"保险基本法"的有效管理和应用。管理者负责指导、监督和支持保险代理人的工作，并确保伙伴的行为符合"保险基本法"所规定的要求。

主管与"保险基本法"是聚合关系，指的是，主管以"保险基本法"为核心，遵循统一的基本原则或准则，以确保团队的高效运作和取得良好的绩效。

伙伴与"保险基本法"是融入关系，指的是人人知法、懂法、用法，统一语系，以便沟通和协作。

敲黑板

不同的人与"保险基本法"的关系不能用错，否则就产生不了效果。

比如，"保险基本法"是公司战略的体现。如果"保险基本法"跟公司战略不一致，或者没有体现公司战略，公司与"保险基本法"的统领关系就很弱。

管理者作为公司战略的落地执行者，不用"保险基本法"或者跨过"保险基本法"，直接用行政手段替代制度管理，把"法"治变成了人治，就驾驭不了团队。

同样，主管要善于聚合"保险基本法"的力量，用"法"引领团队，而不是"人"去管理团队。

对伙伴来讲，人与"法"是形影不离的。人身也是"法"身，"法"身也是人身。

"法"是核心，人是关键，相互借力，才能实现公司、团队、个人一群人、一条心去为客户服务，从而实现永续经营、基业长青。

2. 人与人的关系

人与公司之间签订的合同性质不同，关系也不同，如图1-40所示。管理者跟公司之间是劳动合同，主管和伙伴跟公司之间是代理合同；公司授权管理者管理保险代理人，公司委托主管管理本团队伙伴。

通常咱们把管理者称为内勤，主管和伙伴称为外勤。为了表达方便，公司与管理者之间，称为"内—内"，是赋能关系；管理者与主管和伙伴之间，称为

"内—外"，是服务关系；主管与伙伴之间，称为"外—外"，是合伙关系；主管和伙伴与公司之间，称为"外—内"，是借势关系。如图 1-41 所示。

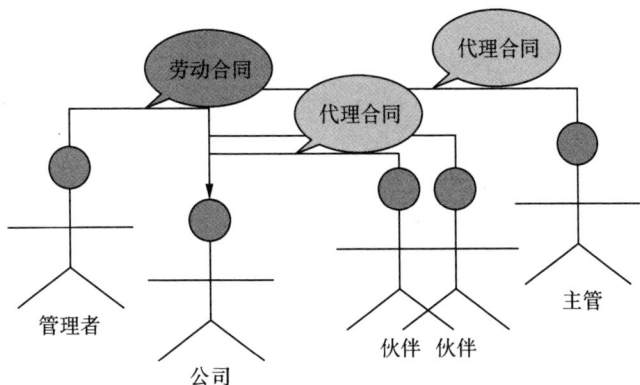

图 1-40　公司里 3 类人群的合同

（1）内—内：赋能关系

阿里巴巴集团前总参谋长曾鸣曾指出：未来组织最重要的功能不再是管理或激励，而是赋能。公司要为管理者赋能，确保管理者一方面有能力履行职责达成目标，另一方面能更好地服务外勤伙伴，实现共赢。

（2）内—外：服务关系

管理者要服务于主管和伙伴，为他们提供必要的培训、支持，帮助团队实现成长和发展。

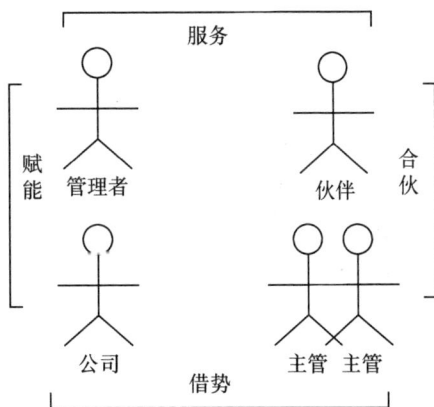

图 1-41　4 类人群在"保险基本法"下的关系

（3）外—外：合伙关系

主管和伙伴之间彼此是合伙人，共同来打拼事业，是团队共同体。

（4）外—内：借势关系

主管和伙伴要借势公司，将公司的平台和资源为我所用。

有位才能有为。如果把人与"法"、人与人的关系放在一个图里，就是图 1-42。

每个人在"保险基本法"里找到自己的坐标，才能让"保险基本法"发挥它的最大价值，真正实现"手中无剑，心中有剑"的境界。

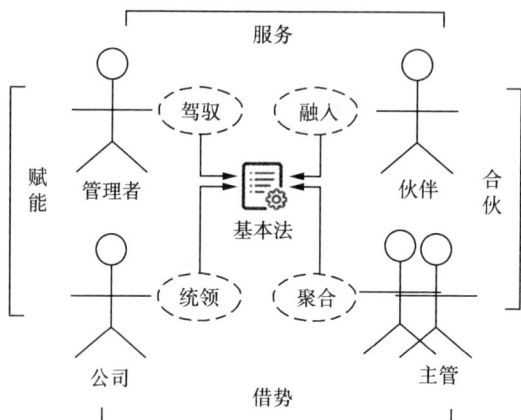

图 1-42　在"保险基本法"下人与人、人与"法"的关系

三、"保险基本法"不简单？五维模型 RISAC 一看就懂

1. 通过五维模型 RISAC，看到"保险基本法"全景图

本节，咱们正式掀开"保险基本法"的面纱，来看看它里面到底有什么门道。

小梅："这'保险基本法'太复杂了吧？研究明白真不是一件容易的事啊！"

我："是的，不过，我有办法。为了便于快速理解'保险基本法'，在研究了行业内多家公司的'保险基本法'的基础上，我把共性的内容框架进行了总结简化，提炼出了五维模型，尤其对'保险基本法'进行了深入研究。"

小梅："每家公司的'保险基本法'不一样，这个五维模型 RISAC 适合每位伙伴吗？"

我："五维模型 RISAC 是全行业通用的框架逻辑，是站在更高维度来看'保险基本法'，适合于每位伙伴。"如图 1-43 所示。

图 1-43　保险职业之旅——五维模型 RISAC

五维模型 RISAC 源于"保险基本法"，高于"保险基本法"。你了解了五维模型 RISAC，就了解了"保险基本法"的内核，然后再结合你自己公司"保险

基本法"的具体数据和考核去看，就会更有逻辑，更透彻。

五维模型 RISAC 到底是什么？顾名思义，五维模型 RISAC 就是从 5 个维度来了解"保险基本法"。5 个维度具体包括：职责（Responsibility）、收入（Income）、架构（Structure）、行为（Action）、品质（Character）。用英文首字母表示，就是五维模型 RISAC。如图 1-44 所示。

在"保险基本法"里，五维模型 RISAC 中的 5 个维度分别都有对应的内容。

（1）职责（Responsibility）

职责是你了解保险工作的入口，职责被清清楚楚地写在"保险基本法"里。职级不同，职责不同。业务系列会侧重销售、客户服务、日常工

图 1-44 五维模型 RISAC

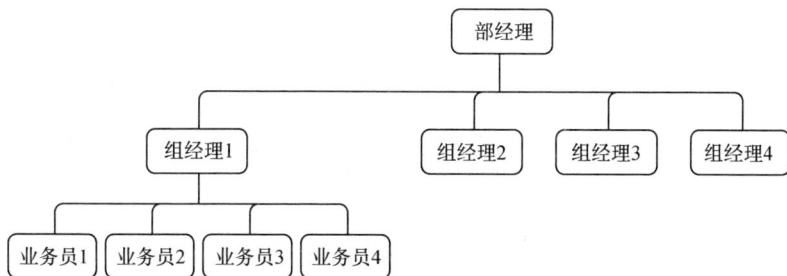

作等层面，主管系列还会增加团队管理和组织发展等方面的职责。职责背后就是你需要的能力，职责与能力要匹配。

（2）收入（Income）

收入对应的是委托报酬和福利待遇。不同职级，收入的项目不同；同一职级，考核指标达成的档次不同，计提的利润点也不一样。另外，收入项跟入司年限也有关系。但是不管怎么规定，有一点是确定的：所有的报酬都是透明的，自己能计算出来。换句话说，想赚多少钱，想当多大"官"，自己说了算。

（3）架构（Structure）

所有伙伴都不是松散的个人，都在架构里。架构对应的是职级的考核，也就是晋升和维持。达到相应职级晋升标准就晋升，达到维持标准就维持，否则，就降级。

不同公司的架构层级不太一样，我画了一个简易架构图，如图 1-45 所示，这个图仅代表层级关系，不代表实际职级和考核。

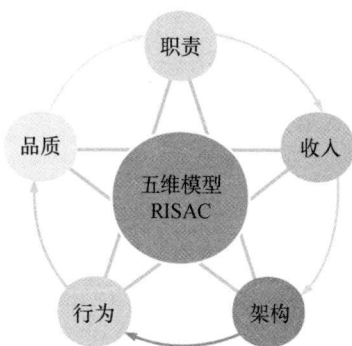

图 1-45 "保险基本法"简易架构图

（4）行为（Action）

公司对保险代理人都有明确的行为规定，比如考勤、活动量、会议、培训等都有相应的要求，以确保伙伴们有良好的工作习惯和工作环境。

（5）品质（Character）

这部分内容，一般指业务品质或者涉及到法律的相关规定，是红线，不可以去踩。有的公司对品质表现好的人员也会给予奖励，以表彰先进。

如果你想加入一家公司，就用这个五维模型 RISAC，分别从 5 个维度去了解这家公司的"保险基本法"全景图，就不至于盲人摸象，只知其一不知其二。

2. 五维模型 RISAC 的本质是切换思维

小梅："我看收入这个维度最重要，我只知道收入这一项不就行了？为什么非要用五维模型 RISAC 来了解'保险基本法'？"

我："如果只看收入这个维度，就会忽略其他维度，比如，品质不好，就会影响到收入的多少。用五维模型 RISAC 看'保险基本法'，本质上是思维模式的切换。"

五维模型 RISAC 中的 5 个维度不是割裂的，而是一体的，是相互作用的，这 5 个维度的背后是系统、机制、体系、人和容器，如图 1-46 所示。

图 1-46　五维模型 RISAC 中 5 个维度之间的关系

1）五维模型 RISAC 不是工具，而是一套完整的系统

收入是灵魂。为了获得满意的收入，就要有相应的能力来匹配、健康的架构来支撑、良好的行为做杠杆、优秀的品质来守护，5 个维度缺一不可。所以说，五维模型 RISAC 是一套系统，收入背后是赚钱的方法，能力体现的是个人价值，架构需要精心规划和设计，行为反映的是习惯，品质是一个人的信用资产。

2）五维模型 RISAC 是一套纠错、反馈、循环和进化的机制

五维模型 RISAC 之间相互关联，有一个维度出了问题，其他维度就会报错。比如品质出了问题，就会直接影响到架构的稳定和收入的多少；行为出了问题，就会影响团队氛围，从而拉低业绩等。

五维模型 RISAC 同时也是一套进化的机制。你要看五年、想三年、实实在在干一年，一步一步做有增长、有价值的事，剩下的交给时间。

3）五维模型 RISAC 的核心就是一个生态体系

无论你是优秀的，还是平凡的，都能在五维模型 RISAC 里找到自己的生态位。这样，大家就可以共生共赢，进而不断积极向上增长。

4）五维模型 RISAC 背后是看不见的人

也许五维模型 RISAC 不能让你的业绩和队伍的成长立竿见影，但是回到五维模型 RISAC，你的内在会脱胎换骨。就好比人用筷子吃饭，筷子伸出去是一，打开是二，夹住食物是三，送到嘴里就是万物，一个小小的动作就能持续为身体提供能量。五维模型 RISAC 就是那个不断给你和你的团队提供能量的看不见的人。

5）五维模型 RISAC 不是自主经营，而是经营容器

自主经营更强调的是外勤团队在主导，发挥主体的作用。五维模型 RISAC 强调的是以"保险基本法"的 5 个维度为核心去经营。二者强调的角度不同。咱们从经营内容、适用人群和组织创新 3 个方面来看，如图 1-47 所示。

（1）经营内容

五维模型 RISAC 装得下日常的销售、队伍建设、团队管理等各种经营，所以说，五维模型 RISAC 是个经营容器。

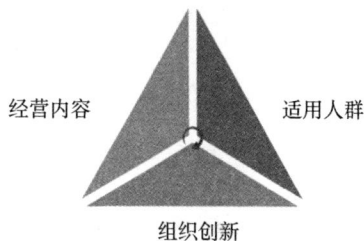

图 1-47　五维模型 RISAC 的 3 个经营容器

（2）适用人群

五维模型 RISAC 不只适合外勤团队，也适合内勤团队。你从外勤换到内勤，再看五维模型 RISAC 的话，会有新的视角。

外勤的职责（Responsibility），对应的是内勤的素质；外勤的收入（Income），对应的是内勤的 KPI；外勤的架构（Structure），对应的是内勤的组织；外勤的行为（Action），对应的是内勤的员工准则；外勤的品质（Character），对应的是内勤的品德。

五维模型 RISAC 成了内勤、外勤的桥梁和纽带，有了五维模型 RISAC，你就找到了内勤、外勤经营的平衡点，使得内勤、外勤目标一致，致力于实现共赢。

如果站在更高的角度，跳出保险业来看五维模型 RISAC，如何去管理松散的组织和团队，五维模型 RISAC 也值得借鉴。

（3）组织创新

采用五维模型 RISAC 更利于组织和个人的创新经营，让伙伴们在更宽的维度上施展自己的才华，取得更大的发展。比如，主管的能力可以在五维模型 RISAC

基础上实现个性化和差异化；主管的行为，因为公司文化的不同，行为的标准也会有不同；甚至，每个人的销售体系不一样，呈现的结果也会不一样，等等。

3. 跳出"保险基本法"五维模型 RISAC，实现团队自运转

如果跳出保险行业，把"保险基本法"五维模型 RISAC 放到其他行业的团队框架中去思考，照样适用。把"保险基本法"五维模型 RISAC 再向上升维就是团队自运转模型 MASAC：商业模式（Business Model）、能力模型（Ability Model）、组织架构（Organizational Structure）、行为建构（Action Construct）、组织文化（Organizational Culture）。如图 1-48 所示。

从团队自运转模型 MASAC 的角度再来看"保险基本法"五维模型 RISAC，你对"保险基本法"理解得就会更透彻，如图 1-49 所示。

图 1-48　团队自运转 MASAC 模型

图 1-49　团队自运转模型 MASAC
包含五维模型 RISAC

收入对应着商业模式，不是盯着收入而是盯着商业模式；职责对应着能力模型，不是做了，而是要有能力做到位；架构对应着组织，不是有架构，而是有让能力得以实施的框架；行为对应着行为建构，不是应付差事，而是正向影响团队；品质对应着组织文化，不仅是不触碰红线，还是要建立文化，凝聚人心。

"保险基本法"五维模型 RISAC 不是单一的细胞，而是一个组织。一个自运转的团队，是一个系统，而不是单一的维度。当我们系统地看问题时，很多事情就有解法了。

好了，到这里，一起来回顾一下这段旅程。咱们一共完成了 3 部分信息的对齐：一是保险信息，重新了解了保险、保险行业、保险代理人；二是出发前的个人信息，需要具备老板思维，梳理好手里的 3 张牌，找到自己的精准定位；三是"保险基本法"信息，用五维模型 RISAC 搞懂"保险基本法"，助力职业新发展。

祝贺你实现了认知的跃迁！

本章思维导图见图 1-50。

第一章 跃迁，从对齐信息开始
├─ 保险行业被低估了
│ ├─ 迎接保险行业的黄金时代，别再说行业不好混
│ │ ├─ 保险，不是年轻的小伙儿，而是670多岁的智者
│ │ ├─ 保险是风险管理的有效工具，是现代社会的标配
│ │ └─ 从保险密度和保险深度看保险行业的发展空间
│ ├─ 掌握事物的底层逻辑，保险工作其实很简单
│ │ ├─ 不是保险越来越不好干了，而是保险市场越来越规范
│ │ ├─ 保险工作跟其他销售工作的底层逻辑是一样的
│ │ └─ 为什么我们觉得卖彩电容易，而觉得"卖保险"难？
│ └─ 做个靠谱的保险代理人，只会越来越吃香
│   ├─ 保险销售不是一个动作，更像是一段旅程
│   ├─ 保险代理人制度有230多年的历史
│   └─ 抓住保险代理人的两个新机遇，未来可期
├─ 定位你自己，别从一开始就错了
│ ├─ 建立老板思维，底薪真没那么重要
│ │ ├─ 人与人之间的差距，不是能力，而是思维
│ │ └─ 老板思维以服务为导向，聚焦长期发展
│ ├─ 别怕信心不足，打好你手里的3张牌
│ │ ├─ 可迁移的能力是你的垫脚石
│ │ ├─ 可挖掘的资源是你最大的财富
│ │ └─ 可萃取的经验是你最大的红利
│ └─ 找到起跳新高度，你会越做越轻松
│   ├─ 站得高，不但望得远，还走得远
│   └─ 没有定位，我照样干得好？
└─ 弄懂"保险基本法"，打开职业发展新通道
   ├─ 借助"保险基本法"，做好职业选择5步法
   │ ├─ "保险基本法"不是选修课，而是必修课
   │ ├─ "保险基本法"是"武林秘籍"，你要参透它
   │ └─ 适合自己的"保险基本法"，不是天花板，而是青云梯
   ├─ 理顺关系，让"保险基本法"为我所用
   │ ├─ 人与"法"的关系
   │ └─ 人与人的关系
   └─ "保险基本法"不简单？五维模型RISAC一看就懂
      ├─ 通过五维模型RISAC，看到"保险基本法"全景图
      ├─ 五维模型RISAC的本质是切换思维
      └─ 跳出"保险基本法"五维模型RISAC，实现团队自运转

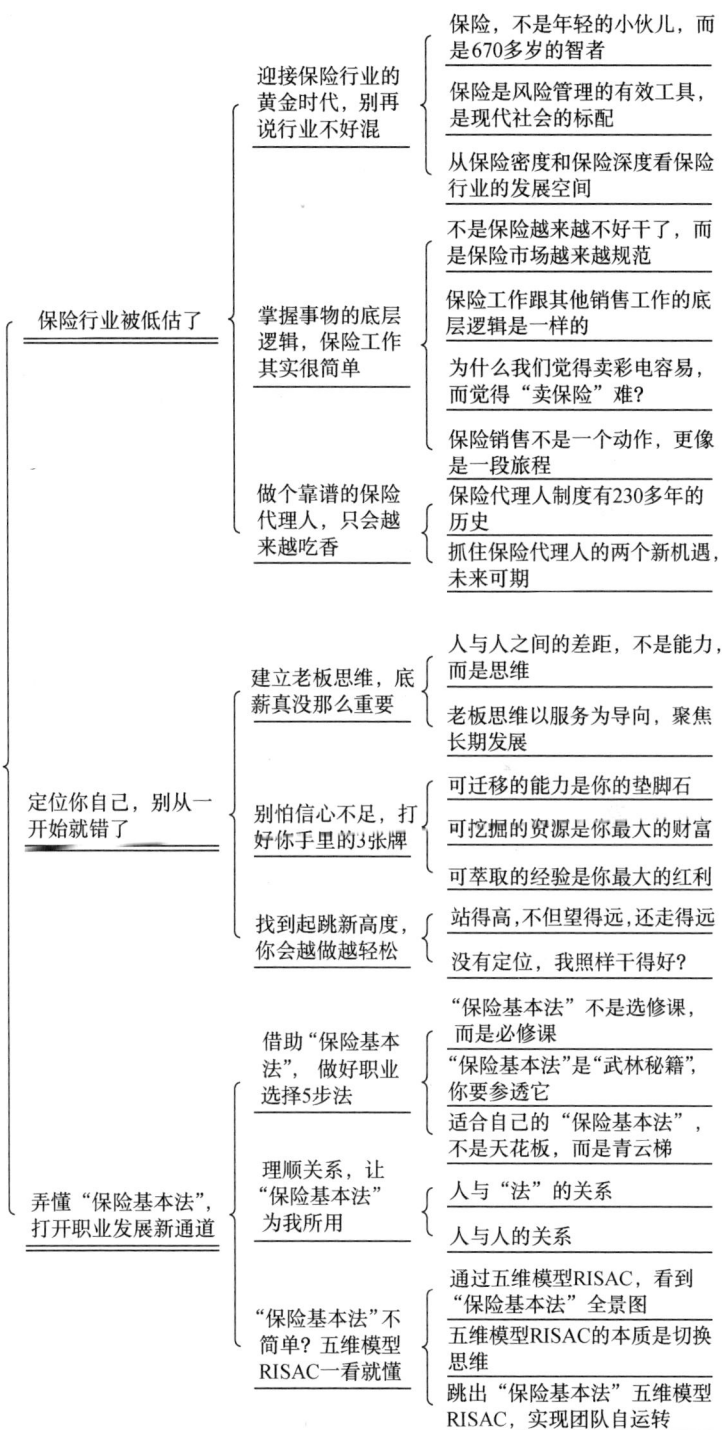

图 1-50 本章思维导图

第二章

剖析五维模型，掌握行业规则

上一章咱们聊了五维模型 RISAC，那么，到底职责怎么履行？收入怎么创造？架构怎么设计？行为怎么展现？品质怎么保障？如图 2-1 所示。因为这部分内容很关键，我将在本章进行重点介绍。

图 2-1　五维模型 RISAC 的 5 个应用层面

第一节　履行职责，不是什么样的人都能干保险

一、我的职责是什么？厘清你的工作边界

1. 职责是工作标准和工作权限，不能忽视

小梅："了解了职责有什么用？"

我："职责是工作标准和工作权限。"

前两天跟一个刚入职两个月的新伙伴聊天，他跟我说："我原来一直做销售工作，但是我发现咱们这个保险行业跟其他行业不一样，我来了两个月了，不知道干啥，还懵着呢。"

对于新伙伴来讲，第一件事，就是要明确地知道具体做什么，也就是要厘清自己的工作职责是什么。职责去哪找？在"保险基本法"中有单独的章节，具体的内容写得非常清楚。咱们以一家公司的"保险基本法"举例，业务员层级的职责有 8 项，包括：销售产品、完成投保流程、续期服务、参加会议和活动、拟订计划、填写日志、遵守制度、引进人才等。

除了业务员层级之外，还有主管层级。以组经理这个层级来举例，在业务员职责的基础上增加了管理方面的职责：小组计划执行、组织发展、销售管理、会议管理和日常管理，共 5 项。如果是更高职级的主管，职责还会因职级不同而增加。

（1）看到职责，就看到了工作标准

你是哪一层级，你需要做什么，对照"保险基本法"里的职责，一目了然。不是别人让你做什么，而是"保险基本法"里白纸黑字规定了什么职级该履行什么职责。

（2）看到职责，就看到了工作权限

层级不同，职责不同。职级越高，责任越重。提前了解职责，便于做到心中有数，不越界，也不推卸责任，在其位谋其政，就不会出现部经理干组经理的活，组经理干伙伴的活，伙伴们不知道干什么活的尴尬境地。

2. 职责是职业规划的起点，是日常管理的标尺

在什么场景下会用到职责？主要是以下两个场景：职业规划和日常管理。如图 2-2 所示。

（1）职业规划

职责是职业规划的起点。保险业最吸引人的地方虽然是时间自由、收入自己说了算，但这份工作不是只要有业绩，想来就来、想走就走，而是有工作要求和工作标准的。再加上伙伴们来自各行各业，组成的团队差异化大、多样性强，这就要求：一方面，你在给新人做职业规划时，不是只讲利益，而是第一步就要讲清楚"保险基本法"里各职级的职责是怎么规定的；另一方面，对于老伙伴来讲，也不是有了高业绩就可以无视职责，而是按制度统一要求，认真履职，把保险工作当成事业来干，才能做得长、做得久。

职业规划　　日常管理

图 2-2　履行职责的两个场景

（2）日常管理

在日常管理中，有没有衡量标尺？有，职责就是衡量标尺。

你是哪个职级？是否尽职尽责了？不用增加其他管理手段，"保险基本法"就给了你如何工作的参照标准。比如，部经理是否更看重个人的销售工作，而没有时间去履行团队管理的职责？组经理是否因为业务压力，而忽视了小组的日常辅导？等等。

二、我需要具备什么样的能力？看能力矩阵

小梅："有没有这种情况，伙伴不去履行职责，不是不想，而是能力不够？"

我："是的，这种情况很常见。职责的背后是能力，能力要跟职责相匹配。"

1. 了解胜任力 PLIS 矩阵，是履职之本

以小华为例。

小华通过努力，在去年 3 月晋升为组经理。理想很丰满，现实很残酷。在今年 4—6 月的考核季中，小华考核不达标，只当了一年多的组经理就降级了。

跟小华一样的主管还真有不少，为什么会出现这种情况？很多人忽略了一个事实：职级 ≠ 能力。也就是说，不是当了组经理，能力自然就跟着提升了。

那是什么原因造成的这种情况呢？咱们不从主观来讲，只看客观因素。外勤在"保险基本法"考核下的晋升和内勤在职场中的晋升是不一样的。

内勤的晋升指标是考核 + 考评机制。除了有业绩、能力、品质等多维度考核外，还跟年资、学历、员工测评等考评有关系。也就是说，既考核硬指标，也考评软实力，能力与职务匹配度相对较高。

而外勤的晋升指标是考核达标机制。小华达到了组经理职级的考核标准就成功晋升了，她的晋升速度远远快于能力成长的速度，是先晋升职位再提升能力。当小华晋升主管以后，尽管公司也有培训时长的要求，但小华自身能力的提升是需要长时间实践积累而来的；再加上平时重业绩轻管理，她对小组的新人伙伴辅导跟不上，出现了能力跟职级错位的情况，最终导致了小华的降级。

所以你看，当了主管，不意味着就具备了主管的能力。其他职级同样如此，你是否能有效地履职，取决于背后是否有相应能力的支撑。

谈到能力，你可能会觉得讲课、组织活动等都是必备的能力。没错，对于伙伴们来讲，这些是基础能力，但不是核心能力。履职需要的胜任力 PLIS 矩阵，分别是方案力（Plan）、领导力（Lead）、面谈力（Interview）、服务力（Service）。如图 2-3 所示。

1）P：方案力

方案力包括两个方面，如图 2-4 所示：一个是给客户提供产品解决方案的能力，由保险专业知识做支撑；另一个是给伙伴提供职业解决方案的能力，由"保险基本法"做支撑。

（1）产品方案力

没有哪一款产品能解决客户的所有需求，你要做的是根据客户的需求，用一揽子产品计划，量体裁衣、私人定制，给客户提供解决方案，这种能力就是产品方案力。因为保险产品本身的特殊性，更需要伙伴具备方案力，真正满足客户的需求。

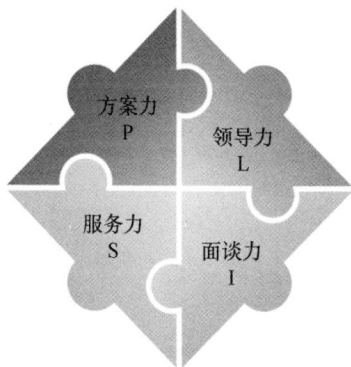

图 2-3　胜任力 PLIS 矩阵　　　图 2-4　方案力的两个方面

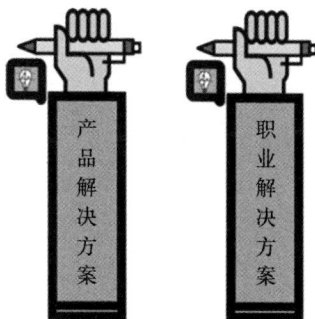

不存在哪个产品好，哪个产品不好，而是哪个方案设计得好。你心里永远装着这样的问题：客户的需求是什么？我的解决方案是什么？随着你提供的解决方案越多，你的产品方案力越强，口碑就会越来越好，这是个正向积累的过程。

（2）职业方案力

以"保险基本法"为核心，为伙伴设计职业解决方案的能力就是职业方案力。这也是建队伍必备的基本能力。

2）L：领导力

我辅导的一个机构的部经理，每天自己很忙，团队却跟一盘散沙一样，表面上看是组经理能力弱，伙伴们跟不上，实质上是部经理缺乏领导力，没有把团队激活。

什么是领导力？领导力是指你要赋能组织中的每位伙伴，并与伙伴共同成长，带领团队不断打胜仗的能力。不是只有处在领导岗位的人才应该有领导力，每个人都应该修炼领导力。弗格森的《领导力》这本书里有一个核心理念："我不需要你是牛人，但是我会让你在我的队伍里变成牛人！"这就是领导力的真实写照。只要我在，队伍就在！

3）I：面谈力

天下是谈出来的。面谈就跟吃饭一样，是你每天必做的事情。面谈力是最核心的能力，需要你不断打磨，最终成为自己的手艺。

这里重点讲的是以"保险基本法"为核心进行面谈的能力。这部分内容既是重点，也是难点，而且在日常培训中，相关的资料不多，所以我会在本书第六章专门来重点讲解，这里先略去，或者你也可以直接跳到第六章去阅读。

4）S：服务力

服务力就是经营客户的能力。长期的信任关系一定在服务中。有的人有一大把的客户，经营丢了，越做越小，越做越累；有的人没有客户，靠陌拜，也能打拼出一片新天地，越做越大，越做越轻松。

服务力＝意识＋时间＋能力，如图 2-5 所示。要用服务意识代替销售意识，用时间占据客户心智，用能力为客户提供价值。服务力是软技能，是职业长久的根基。"剩"者为王，未来拼的就是服务力。

2. 看透胜任力 PLIS 矩阵，助你抵达第二座山

1）职责和胜任力一一对应

"保险基本法"的职责大致分为 4 类，组织类、销售类、管理类、服务类。职责和能力之间的对应关系如下：组织类用面谈力 I 去解决，销售类用方案力 P 去解决，管理类用领导力 L 去解决，服务类用服务力 S 去解决。如图 2-6 所示。

图 2-5　服务力的 3 个要素

图 2-6　职责和胜任力的对应关系

如果你只想做个业务系列的保险代理人，那就练方案力 P 和服务力 S 这两项能力；如果你还想做主管，面谈力 I 和领导力 L 这两项组织能力也是必不可少的。

2）胜任力 PLIS 矩阵，环环相扣

胜任力 PLIS 矩阵背后是两类能力和两种价值。如图 2-7 所示。两类能力是组织能力和业务能力，两种价值是自身价值和连接价值。

（1）两类能力

面谈力 I 和领导力 L 是成就团队伙伴的，对应的是组织能力；方案力 P 和服务力 S 是服务客户的，对应的是业务能力。如图 2-8 所示。

（2）两种价值

面谈力 I 和方案力 P 是基本能力，是第一座山，是自身价值。有了它们，你就在保险业掌握了两条腿走路的本事，能够做到稳定又长久。

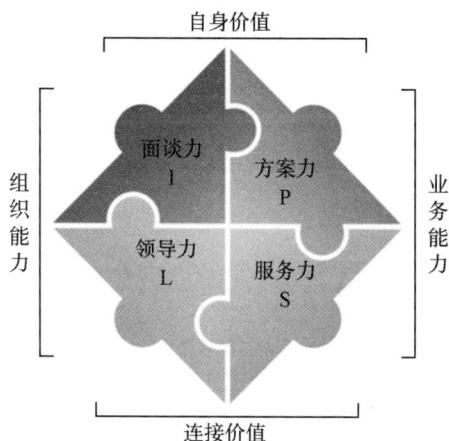

图 2-7 胜任力 PLIS 矩阵对应着两种能力和两种价值

领导力 L 和服务力 S 是进阶能力，是第二座山，是利他的，是连接价值。有了它们，你就能为更多的人提供价值，为社会做出贡献，让自己的人生更有意义。如图 2-9 所示。

图 2-8 两类能力

图 2-9 两种价值

胜任力 PLIS 矩阵是有顺序的，需要一个一个来提升。两座山之间也是递进的，我们终其一生，是为了从利己到利他，从第一座山跨到第二座山。

3. 修炼胜任力 PLIS 矩阵，让能力配得上职级

在工作中修炼胜任力 PLIS 矩阵，有 3 个步骤：理论—实践—总结。这也是输入—输出—完善的过程。如图 2-10 所示。

（1）理论学习

边工作边完善你的理论体系，不断输入。我列了一个书单，共 19 本书，供你参考，见图 2-11。一个

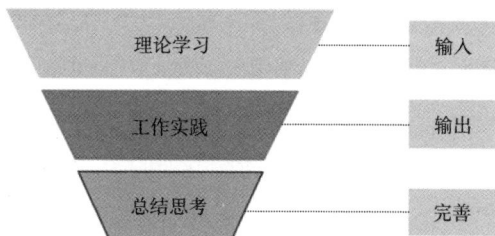

图 2-10 修炼胜任力 PLIS 矩阵的 3 个步骤

月读一本的话，需 19 个月读完，读得快的话，一年就可以读完。这个书单是围绕五维模型 RISAC 和胜任力 PLIS 矩阵来创建的，你可以把它作为能力提升的阶梯，先把自己的知识树搭建起来，在繁忙的工作背后，给自己加加油，提升系统认知。

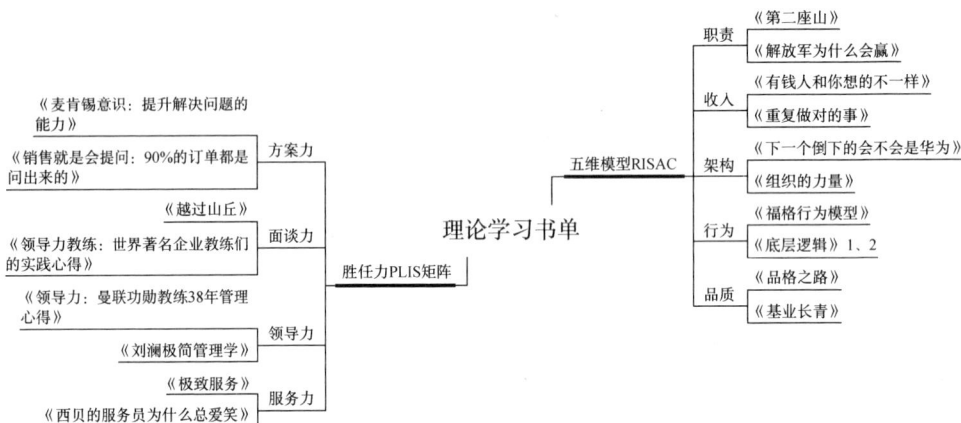

图 2-11 理论学习书单

（2）工作实践

紧接着就是把所学用到实践中，去解决真问题。比如：每天面谈 1 位伙伴或者面谈 1 次，1 年下来就是 365 位或者 365 次；每天做 1 个产品方案，1 年下来就是 365 个；每天去经营 1 个客户，1 年下来就是 365 个；每天辅导 1 位伙伴或者做 1 次辅导动作，1 年就是 365 位伙伴或者 365 次。

行胜于言，能力是修炼出来的，知道和做到之间是世界上最远的路。很多事情从表面上看是方法问题，实际上是行动力不够。我们总是对短期的预期太高，而对长期的预期太低。先去做，成长不在原地，而是在路上。保证按时出现在牌桌上，你就赢了 90% 以上的人。

（3）总结思考

最后是把自己作为方法，不断总结思考、迭代改善，从用"手"工作到用"脑"工作，创造性地去解决复杂问题。你要学会只说 How，不说 No，只为成功找方法，不为失败找借口。

在知识社会，人是最大的生产资料。通过不断循环"输入—输出—改善"这个闭环，你的能力才会长在身上。要把你自己变成稀有资产，让自己越来越值钱。

小梅："我回去先找本'保险基本法'，抓紧了解下职责的具体内容，想要加入这个行业，能力得跟得上，这样才能更好地履职。"

我："嗯，能力是时间的朋友，你知道自己需要哪方面的能力之后，就可以在工作中随时去锻炼。这样，履行职责的时候，就不会让自己处于被动状态。"

第二节　创造收入，给你 9 个赚钱的方法

一、我想赚多少就能赚多少吗？找到当下最优解

1. 我想赚多少钱？年收入模型一看便知

小梅："谈到收入，假如我一年想赚 20 万元，需要多少业绩，能提前计算出来吗？"

我："大部分公司都有薪酬预警系统，伙伴们可以随时看到每个月的收入进度，很方便。"

不过，这里有个问题：这个预警是对已有的业绩的计算，属于事后统计，不是提前规划。怎么知道我想赚 20 万元，需要做多少业绩？或者我一年做 50 万元的业绩，能赚多少收入呢？

如果回到"保险基本法"里去计算，就是个很费脑力的事。因为，有的职级有十几项收入，即使是同一项收入还有不同的考核档次。在这些收入项目里，有的跟自己的业绩相关，有的跟别人的业绩相关。

如何是好？年收入模型帮你搞定。有了年收入模型，你就不用记住那些涉及收入的大大小小的数据，只需要在你的脑袋里装着几个年收入模型就好了。

比如，你一年想赚 20 万元，就去看 20 万元的年收入模型；一年想赚 30 万元，就去看 30 万元的年收入模型。赚多少你自己说了算，清清楚楚，明明白白，让你的工作不再盲目，而且更有方向感和目标感。

什么是年收入模型？年收入模型，是收入来源和收入结果的对应关系。

年收入模型包括 2 项：收入来源项和收入结果项。年收入模型是由收入结果推导出收入来源而得出的对应公式。也就是说，如果你想一年赚 20 万元，20 万元收入是收入结果，以此推导出对应的收入来源是多少。

"保险基本法"里收入来源项有哪些？以小华为例，假定她入职后一年内只做业务，那么，业绩就是她的收入来源项，也就是做多少件保单？件均是多少？什么险种？收入结果项就是各项收入。年收入模型见表 2-1。

表2-1 业务系列年收入模型表

月份	收入来源项				收入结果项						备注说明
	保费	险种	件均	件数	佣金	销售奖金/津贴	其他收入1	其他收入2	…	小计	
1											
2											
3											
4											
5											
6											
7											
8											
9											
10											
11											
12											
合计											

再来看一个主管的年收入模型。主管的收入来源除了自己带来的收入，也会有团队带来的收入，所以收入来源项就会多一些，收入结果项也会相应增加。收入来源项包括：个人业绩、所增人力、团队业绩、团队人力等。收入结果项除了佣金外，还会包括管理收入、育成收入等。年收入模型见表2-2。

表2-2 主管年收入模型表

月份	收入来源项									收入结果项						备注说明
	个人				建队伍			团队		个人佣金	管理收入	其他收入1	其他收入2	…	小计	
	保费	险种	件均	件数	新人数量	佣金	…	佣金	人力	…						
1																
2																
3																
4																
5																
6																
7																
8																

续表

月份	收入来源项										收入结果项						备注说明
	个人				建队伍			团队									
	保费	险种	件均	件数	新人数量	佣金	…	佣金	人力	…	个人佣金	管理收入	其他收入1	其他收入2	…	小计	
9																	
10																	
11																	
12																	
合计																	

2. 如何找到年收入模型的最优解？

小梅："在设计年收入模型的时候，是随意设计还是有框架可遵循？"

我："有3个原则可以帮你找到年收入模型的最优解：拿得全、拿得高、拿得久。"如图2-12所示。

1）拿得全

拿得全就是所有收入全拿到。

以一家公司的"保险基本法"为例：部经理的薪酬分为佣金类、管理育成类、津贴类、奖金类、福利类、保障类，一共有16项。不管你能不能拿到，至少先把收入看全了，然后再去研究怎么达成。

图 2-12 找到年收入模型最优解的3个原则

（1）不同职级，收入项数量不同；同一职级，收入档次不同

"保险基本法"里的收入，一般是根据职级来设定的。不同职级的人，收入的类别和项数是不一样的。收入项跟职级成正比，职级越高，收入项越多。

同一职级里，还会根据达标情况进行分档。上面提到的部经理职级表面上是16项收入，没准其中的一项就有3～5档，这样算下来的话，就有几十项的收入。

（2）个人业务只是影响收入的一个指标

收入不是简单的加减法，会受到很多因素和变量的同时影响，比如业务品质、团队产能等，个人业务只是影响收入的其中一项。越是业务高手和主管，越要关注收入项是否拿得全。

2）拿得高

拿得高就是单项收入拿最高。

也就是说，每一项的最高利润点是多少？在什么条件下能拿到最高的利润？职级不同，利润计提比例也不同。一般是职级越高，利润率越高。

不同公司的"保险基本法"设计原理不一样，利益侧重分配点也不一样。举例来说，同样业绩是1万元，业务员职级、组经理职级、部经理职级，利润率就会不一样。

3）拿得久

拿得久就是要有源源不断的回报。

收入有三大部分：当下收入、潜在收入、未来收入。如图2-13所示。你在关注当下收入的同时，还要兼顾潜在收入和未来收入。

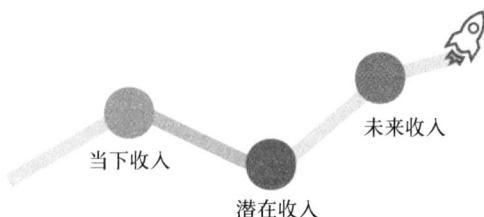

图 2-13　收入的三大部分

因为保险行业的特殊性，保单成交才是服务的真正开始，保险代理人会投入大量的时间和成本来为自己的客户进行服务。在保单存续期间，前期是销售收入，后期就会由销售收入转化为服务收入。

按照时间的长短，当下收入指的是保单第一年度的相关收入，比如首年佣金；潜在收入是指保单在第2～5年内产生的收入，比如续期佣金以及其他收入；未来收入指保单在一定年限以后的收入，比如5年以后。

所以说，要想拿得久，就要从当下收入、潜在收入和未来收入3个维度来看，让年轻的自己为年老的自己努力奋斗。

小梅："看来，想要干保险工作，就要做好至少干3到5年的准备，并按照3到5年的时间维度进行规划。"

我："是的，保险工作是一份复利的工作。"

3. 为什么要提前规划年收入模型？

在《财务思维：让你的决策更合理》这本书里，作者梅泽真由美给出了财务思维的定义：财务思维是将各种预案对未来的影响进行数字金额转换，对比转化结果并从中选择最佳方案的思维。

每位保险代理人，都是自己的老板，虽然不从事财务工作，但要有财务思维。年收入模型就好比是公司的年度财务预算表，佣金表就好比是正式的报表。年收入模型是年度预算，工资表是实际结果。

（1）避免顾此失彼

在"保险基本法"里，你看到的是按照收入项目列出的单项收入，很容易漏掉某一项收入；而年收入模型是把所有的收入项进行梳理分类，放到一个表里，帮助你进行整体评估和考量，就不会出现少拿、漏拿的现象。

（2）让你的决策更合理

假定你明天开车出远门，距离目的地600公里，路上没有加油站。这个时候，你就要提前计算你的车百公里耗油多少，油箱能装多少升油，能不能保证安全到达目的地。做到心中有数，才能出发。

年收入模型也是一个道理。这一年下来，要赚多少钱？需要怎么做？走哪条路？多少业绩？多少人力？什么架构？在出发前，你要提前做好年度规划，做好决策，然后脚踏实地去做，才能拥有可掌控的收入。

二、拆解薪酬密码，找到赚钱方程式

1."顶薪"收入就是薪酬密码

在年收入模型中，有一类特殊的模型——年"顶薪"收入模型，顾名思义，年"顶薪"收入对应的模型就是年"顶薪"收入模型。

什么是"顶薪"收入？"顶薪"收入分为月"顶薪"收入和年"顶薪"收入，如图2-14所示。

1）月"顶薪"收入

月"顶薪"收入分为单项月"顶薪"收入、多项月"顶薪"收入、全项月"顶薪"收入共3种，如图2-15所示。

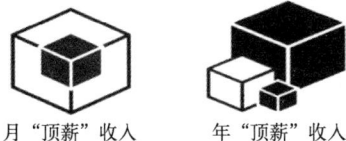

图2-14　两种"顶薪"收入

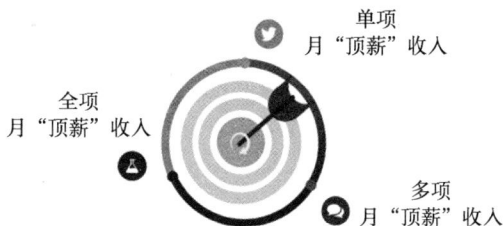

图2-15　3种月"顶薪"收入

（1）单项月"顶薪"收入

举个例子，表2-3是组经理月度管理津贴计提比例表（不是实际计提表，只是为了在本书中解释概念用）。为了方便，咱们把表2-3中对应的计提比例用

"利润率"这个词来表述。

表 2-3　组经理月度管理津贴计提表

考核指标：组月度FYC（元）	计提比例
FYC<5000	10%
10000>FYC≥5000	12%
15000>FYC≥10000	14%
30000>FYC≥15000	16%
FYC≥30000	18%

在"保险基本法"里，每项考核指标都对应着不同的利润率。比如表 2-3 中，组月度 FYC=1 万元时，利润率为 14%，组月度 FYC=1.5 万元时，利润率是 16%。根据利润率就能算出对应的收入，最高利润率对应的收入，称为"顶薪"；最高利润率对应的考核指标，称为检测点，检测点只有一个。

在表 2-3 中 18% 是最高利润率，对应的考核指标组月度 FYC 3 万元就是检测点，对应的"顶薪"收入为：30000 元 × 18%=5400 元。表 2-3 中展示的是管理津贴这一项收入，咱们就把它叫作单项月"顶薪"收入，用公式表示为：单项月"顶薪"收入 = 检测点 × 最高利润率。

（2）多项月"顶薪"收入

在"保险基本法"中，收入不只有一项，如果你还想同时拿另一项的最高利润率，就要同时达到这两个收入项目对应的考核指标。换句话说，就是找到这两项收入检测点的最大值。

假定另一项为小组年终奖，最高利润率是 4%，对应的检测点为小组月 FYC 4.5 万元。这个时候，两个检测点 FYC 3 万元和 FYC 4.5 万元的最大值是 FYC 4.5 万元，用这个最大值和每项最高利润率相乘计算出来的结果，就是多项月"顶薪"收入：45000 元 × 18%+45000 元 × 4%=45000 元 ×（18%+4%）= 9900 元。

如果是 3 项或者更多项的"顶薪"收入呢？也是一个道理。所以，多项月"顶薪"收入的公式为：多项月"顶薪"收入 = 多项检测点最大值 × 最高利润率之和。

有的时候，考核指标对应的不是计提比例，而是一个数值，也就是利润值，比如营业组津贴，见表 2-4。

这个时候，直接加上利润值就可以了。管理津贴收入项、年终奖收入项和营业组津贴 3 项的月"顶薪"收入：45000 元 ×（18%+4%）+1200 元 =11100 元。

表 2-4 营业组津贴表

考核指标：组月度FYC（元）	营业组津贴（元） 利润率
FYC<5000	200
10000>FYC≥5000	500
15000>FYC≥10000	800
30000>FYC≥15000	1000
FYC≥30000	1200

（3）全项月"顶薪"收入

全项月"顶薪"收入就是"保险基本法"里所有收入项的月"顶薪"收入，同理，可以直接套用多项月"顶薪"收入的逻辑，公式为：全项月"顶薪"收入 = "保险基本法"中所有收入项的检测点最大值 × 最高利润率之和。

这里做个提示：单项月"顶薪"收入和多项月"顶薪"收入，是在单独计算某一项或多项收入时会用到的，接下来提到的月"顶薪"收入指的就是全项月"顶薪"收入，它也是计算年"顶薪"收入的基础，我给全项月"顶薪"收入起了个名字叫"薪酬密码"，接下来会反复提到这个词。

2）年"顶薪"收入

小梅："年'顶薪'收入是用月'顶薪'收入乘以 12 个月吗？"

我："在实际工作中不是简单的乘法关系，还会受其他因素影响，主要有两个因素：一是限制因素，二是职级因素。"

（1）限制因素

在"保险基本法"里，有些收入项目是限时获取或附加时间条件获取，比如只享受半年，或者入司 1 年以上伙伴才能享受等。这个时候，收入就会因时间变化而增加或者减少。

（2）职级因素

伙伴的职级在一年内可能会晋升或者下降，而职级的变化，也会带来收入项目的变化，从而也会导致每个月的收入不一样。

为了帮助你更直观地理解，咱们举个例子，假设新人在一年内从绩优做到主管。咱们把每个月的"顶薪"收入绘制成数据图，见图 2-16，因为每个月的"顶薪"收入不是相同的，而是变化的，图中较高点的部分是因为在职级晋升的过程中，人力增加和收入项目增加，最终影响了收入的提升。所以，在数据图上形成的是一条曲线，而不是直线。

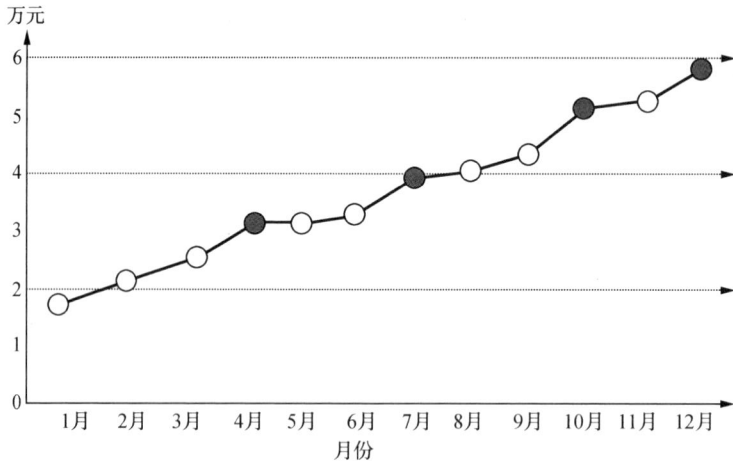

图 2-16　年"顶薪"收入曲线

所以，年"顶薪"收入不是简单的 1 个月的 12 次重复，而是每个月"顶薪"收入的累加。换句话说，年"顶薪"收入≠月"顶薪"×12，而是：年"顶薪"收入 =1 月"顶薪"+2 月"顶薪"+3 月"顶薪"+ … +12 月"顶薪"。

小梅："我还有个问题，'顶薪'收入是'保险基本法'的最高收入吗？"

我："这个问题特别好，'顶薪'收入不是'保险基本法'的最高收入，而是最高利润率时对应的收入。如果你恰巧有一个大单，考核指标远远高于最高利润率对应的检测点时，那你的收入一定会超过'顶薪'收入。"

还是以表 2-3 为例，检测点为 FYC 3 万元时，如果你这张大单计提的 FYC 是 5 万元，那么，这个时候，管理津贴这项的收入就是：50000 元 ×18%=9000 元，就高于"顶薪"收入的 5400 元。

小梅："那什么是最高收入？"

我："在'保险基本法'中，影响收入的变量有很多。比如拿业绩来说，在理论上，业绩可以是上不封顶的，那么就不存在最高收入这个极限词。但在实际工作中，因为能力高低、付出多少、资源好坏等很多内、外部因素的影响，每个人都有自己的业绩上限，就会存在所谓的在某个时间段内的最高收入。所以，在本书中，咱们不讨论最高收入，而是以'顶薪'收入为标杆，去衡量自己的收入高低。"

3）年"顶薪"收入模型

小梅："你前面说年'顶薪'收入对应的模型就是年'顶薪'收入模型，那么，怎么找到年'顶薪'收入模型呢？"

我："这里有两个步骤，先找薪酬密码，再找收入来源，就得到年"顶薪"收入模型了。如图 2-17 所示。"

（1）第 1 步：找薪酬密码

在"保险基本法"里，因为职级不同，薪酬密码也不一样，有多少个职级，就有多少个薪酬密码。为了方便查找，咱们把每个职级的薪酬密码汇总到一起，做成一个薪酬密码速查表。你是哪个职级，就按照哪个职级来查表就可以。这样，你想做哪个职级，在这个职级最高利润时能赚多少钱，一目了然。薪酬密码既是你努力的方向，也是你努力的结果。它就是你的"灯塔"，有了它，你就知道如何去制定目标、提升能力和落实行动了。

薪酬密码　　收入来源

图 2-17　找年"顶薪"收入模型的两个步骤

表 2-5 是各职级薪酬密码表。你根据所在公司的"保险基本法"，把数据填进去，需要注意的是：要把计算依据这部分写清楚，为下一步找收入来源做准备。

表 2-5　"保险基本法"中各职级人员的薪酬密码

序号	保险基本法	月"顶薪"收入公式	月"顶薪"收入	计算依据
1	职级	所有收入项的检测点最大值×最高利润率之和	结果数值	把获取条件写上，比如：个人FYC多少？团队FYC多少？有效人力？架构多少？……
2	业务员职级1			
3	业务员职级2			
4	…	…	…	…
5	主管职级1			
6	主管职级2			
7	…	…	…	…

（2）第 2 步：找收入来源项

找到薪酬密码之后，进入第 2 步，找收入来源项。根据表 2-5 的计算依据，你就可以找到每个月的收入来源项。再结合时间和职级两个主要因素，得出年"顶薪"收入模型，见表 2-6。

比如，小华想做主管，她给自己的规划是：在 1-6 月是业务职级 A，在 7-12 月是组经理职级 A，她就可以把表 2-4 中对应的薪酬密码抄过来写在表 2-6 中，最后经过汇总，就可以得出自己的年"顶薪"收入模型。

表 2-6 "保险基本法"年"顶薪"收入模型

项目		个人				建队伍			团队			收入结果项		备注说明
月份	职级	保费	险种	件均	件数	新人数量	佣金	…	佣金	人力	…	其中：个人佣金	薪酬密码（月"顶薪"收入）	备注说明
1														
2														
3														
4														
5														
6														
7														
8														
9														
10														
11														
12														
合计														

这里给你留两个作业。

一是算一算每个职级保险代理人的月"顶薪"收入是多少，找到你公司各职级的薪酬密码。

二是给自己设计一个年"顶薪"收入模型，看看是多少，对比一下自己的实际收入，看看是多还是少。

敲黑板

年"顶薪"收入模型因为人群不同，设计模型时关注的利益点也会不一样。

你在做新人、主管、绩优 3 类人群的年"顶薪"收入模型时，也要有侧重点，如图 2-18 所示。

（1）新人年"顶薪"收入模型

侧重刚入司后的政策扶植，你要抓住资

新人　　主管　　绩优

图 2-18 3 类人群

源窗口期，把新人优势和公司投入的资源结合在一起，让新人收入得以最大化呈现。

（2）主管年"顶薪"收入模型

侧重管理津贴的投放，你要重点释放职级红利，根据主管职级的不同，在销售收入的基础上，逐步提升管理利益的占比，保证团队健康长久地发展。

（3）绩优年"顶薪"收入模型

侧重的是销售部分的津贴，你要充分挖掘自身经营客户的能力，在最高销售津贴的基础上，搭建起赚钱的护城河。

2. 如何设计个人年收入模型？

小梅："我看了一下年'顶薪'收入模型，这个对应的考核指标太高了，达不到，怎么办？"

我："这个问题问得好。薪酬密码是依据'保险基本法'计算出来的一个统一的数值，不能照搬纳入你自己最终的年收入模型，而是应当作为每位伙伴设计个人年收入模型的参照物和衡量标尺。"

设计年"顶薪"收入模型的目的，不是现在就让你拿到最高的利润率，而是让你找到检测点，然后以检测点为标准，根据自己的实际情况去设计自己当下的年收入模型。也就是说，不能用年"顶薪"收入模型去规划所有的人。年"顶薪"收入模型就好比是最初设置的出厂密码，你需要根据自己的实际情况进行修改，重新设定自己的密码。

在具体工作中，设计个人年收入模型要因人而异。即使都是 10 万元的个人年收入模型，因为收入项目和达成路径不同，模型也会不一样。你不能将"保险基本法"里的年"顶薪"收入模型直接套用在自己身上。

怎么设计个人年收入模型呢？

设计个人年收入模型一共有 3 步，分别是：找到实际的个人月收入模型、向上再设计 2 档模型、微调个人月收入模型，汇总得到个人年收入模型，如图 2-19 所示。

1）找到实际的个人月收入模型

个人月收入模型在薪酬密码对应的检测点上去找。

如表 2-3 所示，最高利润率是 18%，小组 FYC 3 万元是检测点。

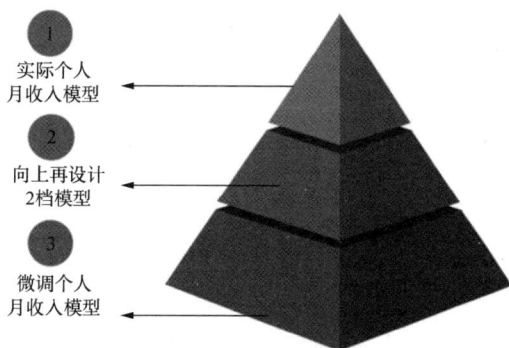

图 2-19　设计个人年收入模型的 3 个步骤

如果你现在所在小组的产能暂时做不到 FYC 3 万元，那就向下去找，找到那个跟你的小组当下能力匹配的指标和对应的利润率。

比如，你的小组这个月 FYC 只能做到 1 万元，对应的利润率是 14%，单项月收入：10000 元 × 14%=1400 元。然后，以小组 1 万元 FYC 为标准，去计算出其他各项收入，并进行汇总，你就可以算出你实际的个人月收入模型。

此时，你会发现，14% 比最高利润率 18% 少了 4 个百分点的利润。1 万元 FYC 比检测点 3 万元 FYC，少了 2 万元 FYC，这 2 万元 FYC 就是你的奋斗目标和发展空间。如图 2-20 所示。

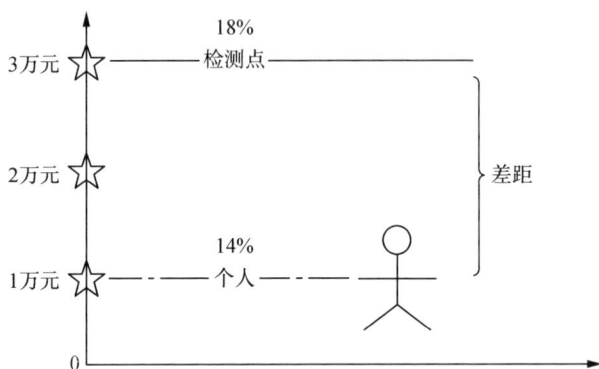

图 2-20　个人年收入模型与检测点的差距

2）向上再设计 2 档个人月收入模型

你的目标是最终解锁薪酬密码。对于管理津贴这一项来说，就是怎么把利润率 14% 变成最高利润率 18%？这就是第二步：向上设计 2 个档次的个人月收入模型，循序渐进。

来看表 2-3，从 1 万元 FYC 向上，找到了 1.5 万元 FYC 和 3 万元 FYC 这两档。咱们分别把 1 万元 FYC、1.5 万元 FYC、3 万元 FYC 对应的个人月收入模型称为 C 档、B 档、A 档。C 档是你当下能做到的，B 档是你需要努力做到的，A 档是你的奋斗目标。

在实际工作中，还有一种情况就是：你现在的个人月收入模型就是月"顶薪"收入模型了，此时，你已经拿到了最高利润率，在向上再设计个人月收入模型时，直接向上调整考核指标就可以。比如：在实际工作中，你的小组 FYC 能够达到 3 万元，这个时候已经是最高利润率了，你就可以把 3 万元 FYC 调整到 5 万元 FYC 和 8 万元 FYC，然后找到对应的个人月收入模型即可。

3）微调个人月收入模型

微调个人月收入模型的目的，一是更符合实际情况，二是最终设计出可行性强、能实现的个人月收入模型。在做微调时，需要考虑两个因素：一是个人能力，二是时间节奏。如图2-21所示。

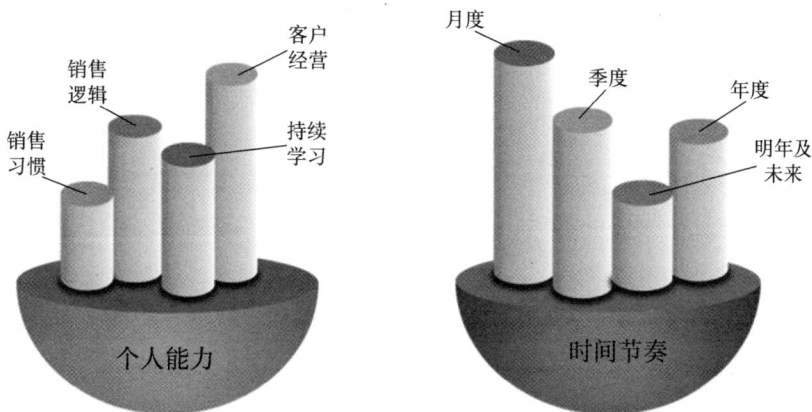

图2-21　微调个人月收入模型的两个因素

（1）第1个因素：个人能力

个人能力包括销售习惯、销售逻辑、客户经营、持续学习力等，随着个人的成长和实践，个人能力也会增强。半年前的自己和半年后的自己肯定不一样；服务了100个客户跟服务了200个客户的技能也会不一样。所以在设计个人月收入模型的时候，要用发展的眼光来看。

（2）第2个因素：时间节奏

在时间节奏上，你既要看到月度，又要看到季度，还要看到年度，更要看到明年和未来，如图2-22所示。

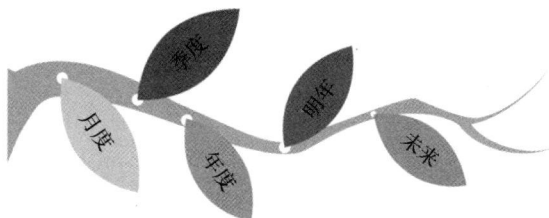

图2-22　时间节奏的5个维度

- 时间节奏——月度

个人月收入模型不是一成不变的。比如说在新产品上市的时候，或者关键节点的月份，你在设计个人月收入模型时，可能会以"顶薪"收入模型为标准，也比较容易拿到。在其他月份，要根据公司节奏和自己的客户经营情况来设计。个人年收入模型曲线图，如图 2-23 所示。

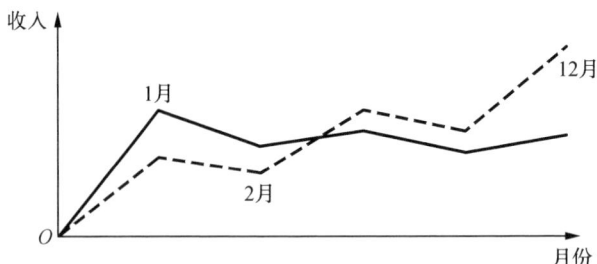

图 2-23　个人年收入模型曲线图

- 时间节奏——季度

接着就要调整个人季收入模型。因为"保险基本法"里有一些收入是季度考核发放的。你在个人月收入模型的基础上，还要兼顾这些季度指标，做到收入模型和"保险基本法"的平衡。

- 时间节奏——年度

然后，你就可以把各月的月收入模型汇总在一起，得出个人年收入模型。这个时候，重点来了。如果按照从月度到年度的方式设计出来的个人年收入模型正好符合你的预期，那就没问题了。比如，我正好想一年赚 20 万元，恰好这12 个月的个人收入之和差不多是 20 万元，那就说明搞定了。

但是，如果设计出来的个人年收入模型远远低于你的预期，比如计算的结果只有年收入 10 万元，那就需要进一步微调。以终为始，从年度到季度，再到月度，以这样的方式进行微调，先设计个人年收入模型，然后再通过平衡月度高点和低点来保证个人年收入模型的达成。

比如，我想设计一个年度收入为 20 万元的模型，考虑到最高点的月份我的月收入会在 4 万元左右，低点的时候会在 1 万元左右，然后将剩余部分分配到其他月份保持整体平衡，得出每个月的个人月收入模型。如果每个月的个人月收入模型也能实现，这个时候就算搞定了。

- 时间节奏——明年和未来

最后，为了保证个人年收入模型的持续健康，还要兼顾后续年度，为明年或者未来做好铺垫。假定你 10 年后期望自己年收入超过 50 万元，你就要考虑，当下 20 万元的个人年收入模型是否为 10 年后做好了充足的准备？或者，你准备在 10

年内，年收入平均达到 50 万元，你准备怎么设计这 10 年的个人年收入模型？

你不妨从 3 个维度去思考一下：一是丰年的时候年收入模型可以设计得高点，歉收的时候年收入模型可以设计得低点，年度之间确保有个平衡；二是在刚入司的几年可以稍低一些，3 ～ 5 年后可以稍高一些；三是以每年合理的正增长为目标去设计年收入模型，让收入更持久。如图 2-24 所示。

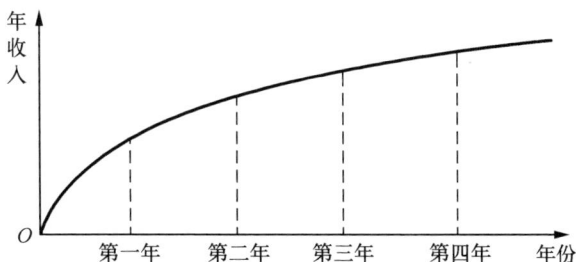

图 2-24　设计年收入模型时 3 ～ 5 年的展望

敲黑板

个人年收入模型是动态的，是私人定制的。

除了时间因素，个人年收入模型因为职级、技能的提升以及实际表现等也会发生变化，你要及时调整。

另外，个人年收入模型千差万别，不是 50 万元就比 5 万元年收入模型好，而是要看实际情况，只要是适合自己的，就是最好的年收入模型。

最后，你在设计个人年收入模型的时候，除了参照"保险基本法"的薪酬密码外，也可以参照同职级其他人员实际的个人年收入来设计，最终找到一个最适合自己的个人年收入模型。

三、带上赚钱方程式去创业，事半功倍

小梅："知道了如何设计个人年收入模型，能不能给几个模板？"

我："好的，下面以新人、组经理、绩优 3 类人群为例，我给你 9 个模板，作为工作参考。"

1. 新人年收入模型：10 万元 /15 万元 /20 万元模板

1）设计新人年收入模型坚持"343 原则"

（1）"3"：3 档收入

以入司之前最近 1 年收入为标准，设计低、中、高 3 档收入，原则上最低

档的收入不低于 1 倍原收入，是温饱线；中档收入为 2 倍原收入，是小康线；高档收入为 3 倍原收入，是富裕线。

不同的收入可能对应同一条发展路径。比如，一个是年收入 10 万元，一个是年收入 15 万元，可能都通过做绩优达成。同一收入不一定对应着同一条发展路径。比如，同样是年收入 15 万元，可以通过晋升主管达成，也可以通过做绩优达成。

（2）"4"：4 个阶段

一年分为 4 个阶段：1—3 月、4—6 月、7—9 月、10—12 月，不同阶段有不同的发展目标和发展路径。表 2-7 是按照前两个阶段做绩优、第三阶段晋升主管、第四阶段打造标准组来设计发展路径的。当然，你也可以设计一年内的 4 个阶段都做绩优，或者一年内从绩优晋升到准主管的发展路径。只不过发展路径不同，每个人对应到具体的"343 原则"就不同。

（3）"3"：3 件事

要结合"保险基本法"，围绕本阶段发展目标，搞清楚每个阶段要做的最重要的 3 件事是什么。也就是说，做了这 3 件事，就能保证达成发展路径。3 件事是实现年收入模型的保障。

通过"343 原则"，新人能清晰地看到自己的职业发展路径、奋斗目标和对应的重点工作，不再盲人摸象。表 2-7 是一个年收入模型新人"343 原则"的模板，你可以作为参考。

表 2-7　年收入模型新人"343 原则"

月份	档次	收入来源	收入结果
1 月	温饱线		
	小康线		
	富裕线		
2—3 月	温饱线		
	小康线		
	富裕线		
收入提升三件事——【1】　　【2】　　【3】			
4—6 月	温饱线		
	小康线		
	富裕线		

月份	档次	收入来源	收入结果
	绩优做优三件事——【1】　【2】　【3】		
7—9月	温饱线		
	小康线		
	富裕线		
	职级晋升三件事——【1】　【2】　【3】		
10—12月	温饱线		
	小康线		
	富裕线		
	主管做强三件事——【1】　【2】　【3】		
年收入合计	温饱线		
	小康线		
	富裕线		

2）新人3个年收入模型的模板

假定温饱线、小康线、富裕线分别对应年收入10万元、15万元、20万元，因为不同的人适用的模型不一样，你可以参考表2-8，从入司前年收入、销售能力、构建队伍能力和管理能力4个方面进行测评和评估，找到合适自己的模板。

表2-8　模型适用人群表

年收入模型（元）	入司前年收入：X（元）	销售能力	建队伍能力	管理能力	这里的强、中、弱是相对于自身而言的
10万	5万<X<10万	强	弱	弱	
15万	7.5万<X<15万	中	强	弱	
20万	10万<X<20万	中	中	强	

（1）第1个——温饱线：新人年收入10万元模型模板

表2-9是假设新人只做绩优，年收入为10万元的模型，我称其为温饱型。其中，1月收入0.6万元，2—3月收入0.8万元/月，4—6月收入0.8万元/月，7—12月收入0.9万元/月，新人年收入合计10万元。

接下来，根据收入倒推出需要的月FYC是多少，再由FYC推导出收入来源项，就能设计出一个年收入10万元模型的模板。

在这个年收入10万元的收入结构中，因为业绩是主要收入来源，所以收入主要由两大部分构成：一是个人 FYC；二是由个人 FYC 带来的利益。

表 2-9　温饱型——绩优型新人年收入 10 万元模型

月份	档次	收入来源（险种、件数、保费、年期等）	收入结果		
			其中：FYC	其中：财务支持	月收入（万元）
1月	温饱线				0.6
2—3月					0.8
4—6月					0.8
7—9月					0.9
10—12月					0.9
年收入合计					10

（2）第 2 个——小康线：新人年收入 15 万元模型模板

表 2-10 是以新人第 X 个月晋升准主管时 15 万元的年收入模型为例，我称之为小康型。1 月收入 0.8 万元，2—3 月收入 1.1 万元 / 月，4—6 月收入 1.2 万元 / 月，7—9 月收入 1.3 万元 / 月，10—12 月收入 1.5 万元 / 月。

表 2-10　小康型——绩优型准主管年收入 15 万元模型

月份	档次	收入来源（险种、件数、保费、年期等）+人力	收入结果		
			其中：FYC	其中：财务支持	月收入（万元）
1月	小康线				0.8
2—3月					1.1
4—6月					1.2
7—9月					1.3
10—12月					1.5
年收入合计					15

在这个年收入模型中，新人的收入在个人 FYC 和 FYC 带来的利益基础上，又增加了建队伍的利益，所以，新人的收入结构占比也会发生变化，个人 FYC 占比会降低，但是月收入提升了。

（3）第 3 个——富裕线：新人年收入 20 万元模型模板

表 2-11 是以新人在一年内，从业务系列晋升为绩优型主管，年收入 20 万元的模型为例，我称之为富裕型。1 月收入 1.1 万元，2—3 月收入 1.2 万元 / 月，4—6 月收入 1.5 万元 / 月，7—9 月收入 2 万元 / 月，10—12 月收入 2 万元 / 月。

表 2-11　富裕型——绩优型主管年收入 20 万元模型

月份	档次	收入来源（险种、件数、保费、年期等）+人力+职级	收入结果		
			其中：FYC	其中：财务支持	月收入（万元）
1月	富裕线				1.1
2—3月					1.2
4—6月					1.5
7—9月					2
10—12月					2
年收入合计					20

这时候，在原来的基础上又增加了管理利益。同时，因为主管职级的影响，其他的收入项也会发生变化。相比温饱型收入模型，在个人 FYC 相同的情况下，年收入增加了 1 倍以上。

敲黑板

（1）抓住新人资源窗口期，三大模板让你收入翻倍

新人应聚焦个人 FYC 设计年收入模型，抓住资源支持窗口期，获得最大利益。

（2）模板只供参考，不是非得做主管才能设计 20 万元的年收入模型

上面 10 万元、15 万元、20 万元的 3 个模板是为了方便发展不同的赛道而设计的，并不意味着只有担任主管才能做 20 万元的年收入模型。新人既可以纵向发展，只做绩优；也可以横向发展，边做绩优，边做主管，都是自己说了算。

（3）选择杠杆率高且适合自己的路径

什么是杠杆率？

为了方便理解投产比的关系，我在此引入杠杆率的公式：杠杆率 = 年度总收入 / 个人年度 FYC。简单来说就是用 1 倍个人 FYC 撬动几倍的收入。上面 3 个模板，哪种发展路径杠杆率更高？明显是温饱型 < 小康型 < 富裕型，也就是主管路径比绩优路径的杠杆率要高。

2. 组经理年收入模型：15 万元 /20 万元 /30 万元模板

1）关注临界点指标，确保收入稳定

小梅："你说新人要聚焦个人 FYC 设计年收入模型，组经理既然是主管了，是不是就不用首先考虑个人 FYC 了？"

我："当然不是，在设计组经理的年收入模型中，首要考虑的一定还是个人FYC。除了个人FYC外，更要考虑团队FYC。因为收入主要是由两部分组成：一部分是个人FYC带来的；另一部分是团队FYC带来的。"

这里的组经理指的是入司一年以上的组经理，一年以下的组经理参照新人模板。组经理是团队架构的基本单元，为了确保月收入的稳定性，组经理除了个人FYC达标外，还要关注一个核心参数：临界点指标。

当月管理收入=个人月FYC（个人月FYC达标前提下）的时候，我把此时的月管理收入叫作临界点，月管理收入对应的月团队（小组）FYC就是临界点指标。

假定组经理考核指标是个人FYC 3000元，那么月管理收入临界点就是3000元。如果管理收入计提比例是16%，临界点指标——团队（小组）FYC就是3000元÷16%=18750元。

这个时候，你需要做到两点：一是确保个人FYC ≥ 3000元；二是确保团队（小组）FYC ≥ 18750元。如图2-25所示。

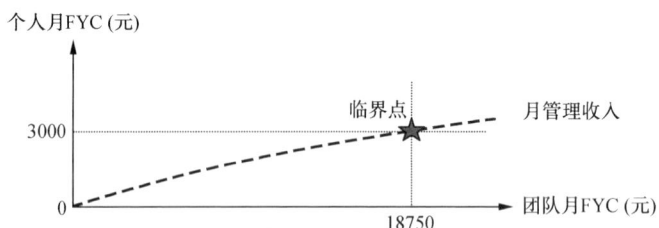

图2-25 关注临界点来设计年收入模型

怎么做到？需要关注3点：一是建队伍的时候，要找到合适人选；二是有足够的人力支撑团队（小组）FYC的达成；三是做好新人育成和辅导，打造标准组。

2）组经理年收入模型模板

（1）第1个：绩优型组经理年收入15万元模型模板

设计组经理年收入模型时，以"保险基本法"考核周期为单位进行规划。假定季度为考核周期（有的公司为半年，道理一样），表2-12为绩优型组经理年收入15万元模型，1—3月收入1.3万元/月，4—6月收入1.2万元/月，7—9月收入1.2万元/月，10—12月收入1.3万元/月。

在新人年收入模型中，只有一个影响因素，就是个人FYC，你自己单兵作战来搞定就可以；而在绩优型组经理收入模型中，又加入了一个影响因素：团队 FYC 带来的管理收入，需要你带着团队一起搞定。

表 2-12 绩优型组经理年收入 15 万元模型

月份	收入来源个人（险种、件数、保费、年期等）+团队FYC	收入结果		
		其中：个人FYC	其中：管理收入	月收入（万元）
1—3月				1.3
4—6月				1.2
7—9月				1.2
10—12月				1.3
年收入合计				15

先做个说明，本书讨论的是绩优型组经理，也就是个人 FYC 必须达到底线指标，不讨论 X 小于底线指标的情况。（如果个人 FYC 称为 X，管理收入称为 Y。）X 是保证你月收入的基本内核，假定每月 X 的最小值是 3000 元。

这个时候，为了实现个人月收入目标，有两种达成路径。

A：$X > Y$，你虽然是主管身份，但是个人业绩还是收入的主要来源。

B：$X \leqslant Y$，你的管理收入高于你个人 FYC 的贡献，你的收入结构占比相对稳定且健康。

小梅："这两种路径，如果都能实现既定的月收入目标，有什么区别吗？"

我："A 路径是应急路径，最好不要形成常态。最终，你还是要依赖团队实现收入的提升。"

而在大多数情况下，要用 B 路径。一是因为 B 路径相当于给组经理的收入加了一道保险，当个人业绩不好时，整体收入不会出现大幅度减少。二是组经理的收入要建立在伙伴有收入的大前提下，否则，队伍就会不稳定，你的职级就是名存实亡，兜兜转转又回到了原点。

B 路径就是绩优型组经理的年收入模板，以下 3 种情况，都可以通过这个模板来规划自己的收入模型：一是刚晋升的组经理，伙伴技能不强，需要夯实团队；二是当下组经理架构不稳，想打造标准组；三是个人业绩没有优势，想提升收入。

敲黑板

你从一开始，就不要纠结，开弓没有回头箭。

不要陷入"带队伍不如自己上业务"的怪圈中，遇到困难就开始怀疑自己：付出了这么多，为什么没有收获？带队伍不是为了当下的自己在工作，而是为了未来的自己在工作。既然出发了，就坚定信念，永不放弃。

（2）第2个：有育成的绩优型组经理年收入20万元模型模板

如果想晋升为更高的职级，在设计年收入模型的时候，就要考虑到育成组经理的情况。表2-13是年收入20万元的模型模板。1—3月收入1.6万元/月，4—6月收入1.5万元/月，7—9月收入1.8万元/月，10—12月收入1.8万元/月。

表2-13　有育成的绩优型组经理年收入20万模型

月份	收入来源个人（险种、件数、保费、年期等）+团队FYC（直辖+育成）	收入结果			
		其中：个人FYC	其中：管理收入	其中：育成收入	月收入（万元）
1—3月					1.6
4—6月					1.5
7—9月					1.8
10—12月					1.8
年收入合计					20.1

这个时候，除了关注临界点指标之外，还要做好两件事情：一是关注自己的直辖，抓住育成回算期，进行强身健体；二是做好新主管的辅导，无缝对接。

这里提醒一下，刚晋升的组经理，一定要先夯实自己的现有团队，然后再做育成的动作。已经做到稳定标准组的组经理，适合用这个模板，让自己更进一步。

（3）第3个：稳健型组经理年收入30万元模型模板

表2-14是年收入30万元的模型模板。1—3月收入2.6万元/月，4—6月收入2.3万元/月，7—9月收入2.5万元/月，10—12月收入2.6万元/月。

表2-14　稳健型组经理年收入30万元模型

月份	收入来源个人（险种、件数、保费、年期等）+团队FYC	收入结果		
		其中：个人FYC	其中：管理收入	月收入（万元）
1—3月				2.6
4—6月				2.3
7—9月				2.5
10—12月				2.6
年收入合计				30

如果你不想晋升更高的职级，只想在组经理这个职级赚更多的收入，建一个小而美的团队，那么，你就需要"两手抓"："一手"是个人 FYC 的提升；"另一手"是团队 FYC 的提升。团队 FYC 的提升可以是人力的增加，还可以是人均产能的提升。

这个时候，组经理需要同时在 3 件事上下功夫：一是自己业绩翻倍；二是建队伍，人力翻倍；三是在团队管理工作上多投入时间和精力，人效翻倍，真正做强团队。

敲黑板

要百花齐放，不要一人独大。

做个提醒：不提倡团队中出现一人独大的情况，也就是一个人顶起团队 80% 以上的业绩。在良性的团队里，既有高手，其他人员也不弱，这样，团队才能稳定，主管的收入才能稳定。

总结，无论你套用上面哪个模板，都要找到临界点指标，最大限度地释放职级红利，让自己的收入更稳定、更长久。

3. 绩优年收入模型：15 万元 /20 万元 /30 万元模板

顾名思义，绩优走的是业务系列的发展路径。绩优发展路径一般会有两个阶段：一个是新人期；另一个是绩优期。如图 2-26 所示。

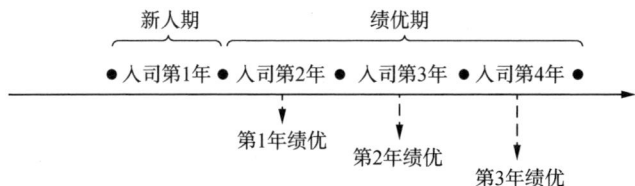

图 2-26 年收入模型设计的两个阶段

第 1 年一般是新人期，参照新人绩优年收入 10 万元模型。一年以上绩优伙伴，就进入了绩优期，对照此处的绩优年收入模型。此时，绩优会随着续期佣金的积累，收入结构和收入模型也在不断发生变化。

下面是 15 万元、20 万元、30 万元收入模型的模板。

（1）绩优 15 万元收入模型模板——第 1 年绩优（入司第 2 年）

表 2-15 是第 1 年绩优年收入 15 万元的模型模板。1—3 月收入 1.2 万元 / 月，4—6 月收入 1.3 万元 / 月，7—9 月收入 1.2 万元 / 月，10—12 月收入 1.3 万元 / 月。

表 2-15　第 1 年绩优年收入 15 万元模型

月份	收入来源 个人（险种、件数、保费、年期等）	收入结果			
		其中：个人FYC	其中：续期佣金	其中：销售奖金/津贴	月收入（万元）
1—3月					1.2
4—6月					1.3
7—9月					1.2
10—12月					1.3
年收入合计					15

所谓绩优就是聚焦销售和经营客户，不用分心去建队伍和管理团队。影响绩优收入的因素，一是客户数量，二是客户圈层。表现在险种结构上，中低端客户更容易买健康险，客单价比较低；高价值客户更愿意买寿险和年金险，容易形成大单。

绩优可以根据自己的情况选择自己的工作模式：或者是靠勤奋，有大量的小单；或者靠圈层，有大量的大单。当然，有大量的大单那就是绩优中的高手了。无论是哪种类型，都要形成自己的品牌，不断构建起护城河。

（2）绩优 20 万元收入模型模板——第 2 年绩优（入司第 3 年）

表 2-16 是第 2 年绩优年收入 20 万元的模型，1—3 月收入 1.5 万元 / 月，4—6 月收入 1.8 万元 / 月，7—9 月收入 2 万元 / 月，10—12 月收入 1.5 万元 / 月。

表 2-16　第 2 年绩优年收入 20 万元模型

月份	收入来源 个人（险种、件数、保费、年期等）	收入结果			
		其中：个人FYC	其中：续期佣金	其中：销售奖金/津贴	月收入（万元）
1—3月					1.5
4—6月					1.8
7—9月					2.0
10—12月					1.5
年收入合计					20.4

绩优虽然没有管理收入，但是会有销售奖金 / 津贴。销售奖金 / 津贴指的是因为个人业绩而计提的"保险基本法"收入，各公司的名称不一样，你对照着理解就可以。

而且，随着业务的持续积累，续期佣金也会很可观。在这个模型中，绩优

就要关注销售奖金 / 津贴的计提比例，找到最高利润率以及对应的检测点指标，作为努力的方向。同时，还要关注险种年期带来的续期佣金在不同年度的发放比例，兼顾年度收入的稳定性。

（3）绩优 30 万元收入模型模板——第 3 年绩优（入司第 4 年）

表 2-17 是第 3 年绩优年收入 30 万元的模型，1—3 月收入 2.6 万元 / 月，4—6 月收入 2.3 万元 / 月，7—9 月收入 2.5 万元 / 月，10—12 月收入 2.6 万元 / 月。

表 2-17　第 3 年绩优年收入 30 万元模型

月份	收入来源 个人（险种、件数、保费、年期等）	收入结果			
		其中： 个人FYC	其中： 续期佣金	其中： 销售奖金/津贴	月收入 （万元）
1—3月					2.6
4—6月					2.3
7—9月					2.5
10—12月					2.6
年收入合计					30

由表 2-17 可以看出，30 万元的年收入，月均个人 FYC 至少需要做到 1 万元。到了这个阶段，光靠勤奋很难实现这个 30 万元的模型收入，只能依赖于优质客户圈层的经营。如果说组经理收入的提升，靠的是有效人力和标准架构的增加，那么，绩优收入的提升就是不断挖掘社会关系、提升个人潜质和资源整合的过程。

到此，9 个模板就说完了，咱们来总结下。

不同职级，不同阶段，设计的年收入模型不一样。

新人、组经理、绩优 3 类人群，同一类人群的不同发展阶段，甚至是同一类人群的同一发展阶段，因为进度的不同，都会影响到年收入模型的设计。同样是年收入 20 万元的模型，你可以用 3 种方式进行设计。如图 2-27 所示。

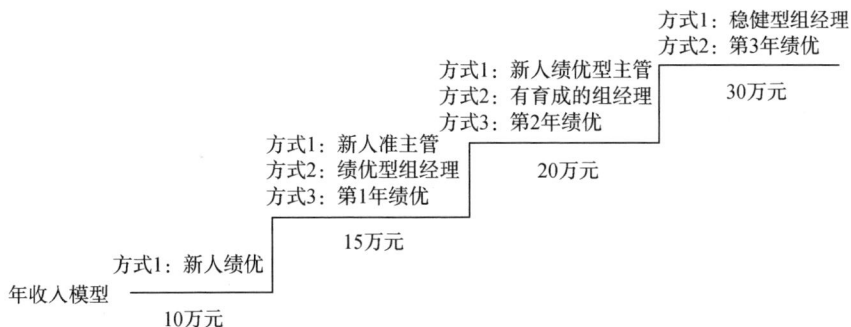

方式1：稳健型组经理
方式2：第3年绩优
30万元

方式1：新人绩优型主管
方式2：有育成的组经理
方式3：第2年绩优
20万元

方式1：新人准主管
方式2：绩优型组经理
方式3：第1年绩优
15万元

方式1：新人绩优
年收入模型
10万元

图 2-27　年收入模型的不同设计方式

小梅："如果我想设计年收入 50 万元的模型，从 9 个模板中，找不到可套用的模板，怎么办？"

我："其实，这 9 个模板基本涵盖了大多数伙伴的发展路径。给你一个小窍门，首先明确你所处的人群：是新人、组经理，还是绩优？然后，再对应不同的发展路径，找到相应的模板，重新计算就可以。"

4. 如何找到个人的盈利模式？

年收入模型是规划，最终需要在实践中去行动，找到适合自己的赚钱方法，也就是盈利模式。从关注收入到关注模型，再到关注模式，可以让自己走得更长，更远。如图 2-28 所示。

什么是盈利模式？

在年收入模型的结果项中，高频出现的词是 FYC，包括个人 FYC 和团队 FYC 以及由这两项带来的其他利益。也就是说，会有 3 项收入产生：本人 FYC、本人 FYC 带来的利益、他人 FYC 带来的利益。如图 2-29 所示。

图 2-28　3 个关注点的变化

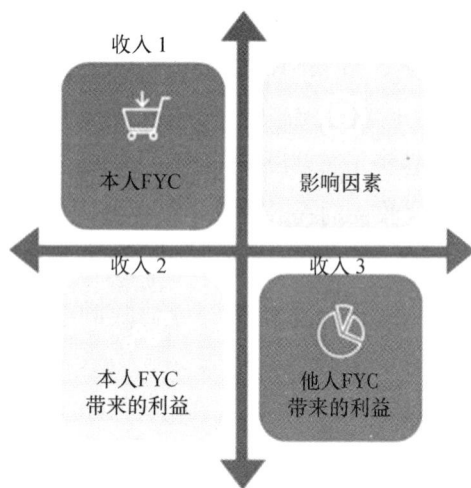

图 2-29　年收入模型中的 4 项收入

如果说年收入模型探讨的是做多少 FYC 能带来多少收入，那么，盈利模式解决的就是：在选定的年收入模型下，用什么方法实现 FYC。这就要从收入来源上去找。比如，在个人 FYC 获取上，有的伙伴靠公司搭建的平台，有的伙伴靠自己外出展业，有的伙伴靠大客户经营，有的伙伴靠小单积累等。

我画了一个坐标图，横轴是收入结果，纵轴是收入来源，如图 2-30 所示。影响收入来源的 4 个因素分别是：销售方式、经营方式、产品策略、客户层次。

找盈利模式也是从这 4 个方面来找。

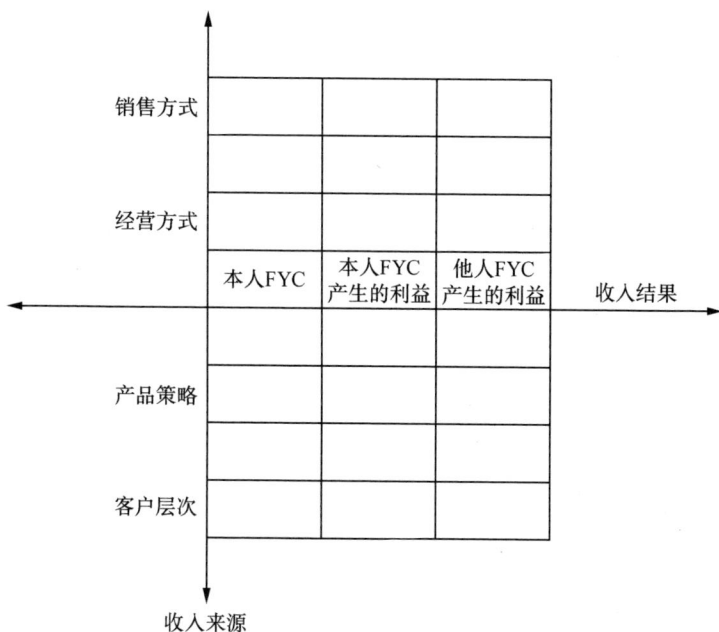

图 2-30 决定盈利模式的 4 个因素

（1）销售方式

是线上还是线下？是平台还是白展？是传统模式还是顾销模式？

（2）经营方式

经营方式就是用什么样的组织形式出现，是一个人还是合伙？是靠自己还是靠团队？靠自己的话，是靠体力、靠服务，还是靠手艺？靠团队的话，想建立一个多大的团队？建什么样的团队？

（3）产品策略

不同类型的产品，销售策略也不一样。自己擅长哪一类？如何提升销售能力和专业能力？

（4）客户层次

如果你有公司分配的客户资源，那就没有选择客户圈层的权利。这个时候，就需要分层次去经营，分重点去经营，在这个基础上把适合自己能力的重点圈层通过转介绍放大。

如果是自己积累客户，就要解决好这几个问题：自己身边的客户是什么层次？准备经营什么样的客户？客户从哪里来？

小梅："我知道了，你的意思是通过思考以上 4 个方面找到自己的盈利模式后，就相当于解决了：通过什么样的销售方式和产品策略，去服务哪类客户来实现既定的 FYC，收入来源就会更清晰、更明确。"

我："是的，这个需要你在工作中不断去思考，逐步摸索出适合自己的赚钱方法。"

5. 赚钱方程式，实现你的梦想

小梅："上面您花了大篇幅讲了收入模型和盈利模式，既找到了收入的来源项，又找到了收入的结果项，这个时候，是不是就一定会赚到钱了呢？"

我："不是，还要有一个赚钱方程式。"

赚钱有 4 个环节，全部具备形成赚钱闭环。收入模型和盈利模式是其中的两个环节，还有两个环节：过程指标和具体动作。这样，赚钱方程式就形成了闭环：收入模型—盈利模式—过程指标—具体动作。如图 2-31 所示。收入模型是目标和方向，盈利模式是路径和方法，过程指标要可衡量，具体行动是行事历安排。

图 2-31　赚钱的 4 个环节

（1）过程指标

个人 FYC 和团队 FYC 是结果指标，那么，什么是过程指标？图 2-32 是来自高建华老师《打造销售铁军》一书的销售漏斗图。假定有 100 个潜在客户，会有 25% 转化为意向客户，也就是 25 个；在这 25 个意向客户中，会有 50% 转化为准客户，也就是 12.5 个；在这 12.5 个准客户中，会有 9.375 个转化为真实客户。换句话说，10 个潜在客户会有 1 个真实客户产生。这里的潜在客户、意向客户、准客户就是过程指标。

接下来咱们要做的，就是把结果指标，转换成过程指标，也就是根据收入目标，倒推出需要做多少过程指标。刘润老师在《底层逻辑 2》里提到了销售额万能公式：销售＝流量 × 转化率 × 客单价 × 复购率。在这个销售漏斗图里，涉及的是销售公式中的前 2 项：流量和转化率，1 个真实客户能产生多少 FYC 就是客单价的问题。

回到保险行业里，客单价就是每件保单的保费收入。由此可以计算出：FYC= 保费收入 × 险种计提首年佣金比例。假定年收入 30 万元模型中，1 月份需要做 FYC1.5 万元。如果每件保单的 FYC 为 3000 元，就需要做 5 件保单，对应的过程指标分别是：潜在客户 50 个、意向客户 12.5 个、准客户 6.25 个。如果每件保单的 FYC 为 5000 元，需要做 3 件保单，对应的过程指标分别是：潜在客户 30 个、意向客户 7.5 个、准客户 5.625 个。

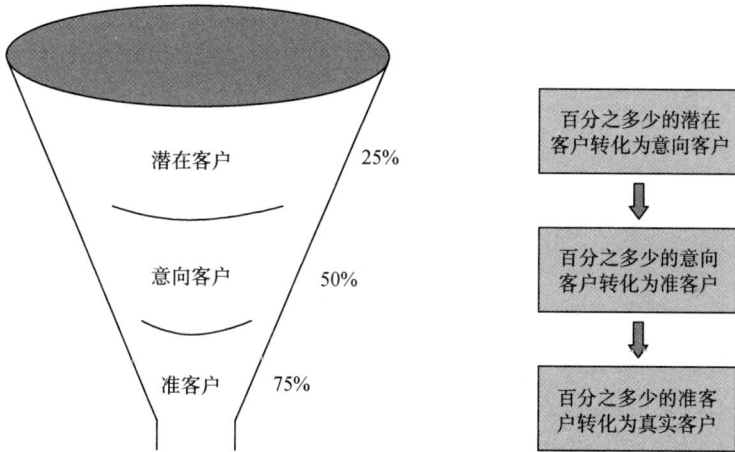

图 2-32 销售漏斗图，来自《打造销售铁军》

客单价跟客户圈层和险种结构都有关系，由前面的盈利模式决定，不再赘述。咱们要做的是找到对应的一系列过程指标。

（2）具体行动

最后一个环节是具体行动，就是找到了过程指标后，如何落地实施呢？以每个月做 5 单为例，月度需要潜在客户 50 个、意向客户 12.5 个、准客户 6.25 个。涉及行动，就要加入时间的维度。首先把月度过程指标细化到周，每周需要经营潜在客户 12.5 个、意向客户 3.125 个、准客户 1.56 个。然后就是把周细化到天，按照 5 天工作日来算，每天需要经营潜在客户 2.5 个、意向客户 0.65 个、准客户 0.312 个。最后，按照这个标准，制定一个周行动清单，见表 2-18。

表 2-18　周行动清单表

周目标：	客户类别	Q潜在客户：13人	Y意向客户：3人	Z准客户：2人	真实客户：1人	成交：	
日期	周一	周二	周三	周四	周五	周六	周日
姓名							
经营方式							
时间地点							
客户类别							
复盘总结							

　　有了这个周行动清单之后，你的工作就有了方向和目标，主管辅导也有了抓手。再结合每天的工作日志的填写，一天的工作就很充实了。

　　总结，赚钱方程式，是一个流程，从收入模型，到盈利模式，再到过程指标，最终指向具体行动。这4个方面是一个闭环，一个都不能少。

第三节　设计架构，到底建什么样的队伍?

一、建什么样的队伍? 从一开始就要想明白

1. 建队伍的5个误区

1）增员就是建队伍

小梅："很多人在增员的过程中，踩过不少坑。"

我："嗯，其实是混淆了增员跟建队伍的概念，建队伍≠增员。"

（1）增员只是建队伍的一个环节

"增员"这个词，在保险业并不陌生，很多人把它等同于组织发展和队伍建设，认为"增员"就是建队伍，所以花了大力气投入在"增员"上，最后的新人留存可想而知。其实，"增员"只属于建队伍系统中的招募环节部分，不能把它从建队伍中割裂出来，不能只为了"增"而"增"，而是要放在系统中去考量。

（2）增员的背后是雇佣人，建队伍的背后是投资人

"增"是我需要、你跟我干的意思，是拉力，让别人来完成团队考核指标。建队伍是"找"，背后是价值交换，是双方共赢，是合力。建队伍的背后是投资

人，是对伙伴进行投资，最终你获得"保险基本法"的管理利益、育成利益等，伙伴获得"保险基本法"的销售利益等。既然是投资，你就要想，你投入的是钱？是时间精力？还是能力和手艺？

（3）增员没有规划，建队伍有规划

"增员"，一般不进行规划，只要符合"保险基本法"要求的新人就可以被"增"进来，条件相对宽松。而建队伍就需要提前设计好图纸，做好规划，以终为始，建什么样的团队，规划什么样的架构，在出发时就要考虑清楚。在什么时间找什么样的人？怎么发展？所以，除了符合基本条件外，还要对新人进行严格的筛选。

2）增员的目的就是晋升和维持

很多伙伴把晋升当成了终点，为了晋升而去"增员"，差几个就"增"几个，先晋升再说，结果升上来之后，没多长时间又掉了下去。然后，从此不再晋升，不再"增员"；或者，为了维持主管职级，找几个凑数的人，队伍始终没有做起来。晋升不是增员的目的，晋升是增员的结果。

增员的目的不是晋升和维持，而是建队伍。建队伍是为了实现年收入模型、打造高绩效团队、享受组织红利。在当下保险业转型期，已经进入了组织红利大于人口红利的时代，所以，咱们要把建队伍的每一步走扎实。

3）建队伍就是人越多越好

团队有多少人比较合适？先看看军队，班是基本单元，一个班大约有10名战士。在辽沈战役的时候，林彪在东北野战军提出了"三三制"打法，他把班进一步拆分：1个班，3个组；1个组，3个人；3个人，3角形，大大降低了伤亡率，提升了战斗力。

也就是说，一个基本单元的人力，在3～10人，这是在实战中总结出来的最佳人数。在"保险基本法"里，组经理这个层级是最小的基本单元，在"保险基本法"的考核人力数量的基础上，结合你的年收入模型，来确定你团队的人力规模。

建队伍不是人越多越好，而是以提升战斗力和管理效率为前提。

4）有人就有保费，不需要什么组织模式

架构不是职级，而是严密的组织分工。《蚂蚁的社会》这本书，描述了一群切叶蚁是如何分工并利用群体智慧来工作的，从而保持了种群的强大。在日常工作中，很多主管把心思用在了人力的增加上，忽略了组织模式的建立，导致新人留存成了行业的大难题。刘润老师在《5分钟商学院》第3版里，在谈到组织形态时，其中有两种模式，我觉得挺适合保险团队。

一种模式是羽毛球双打模式。刘润老师说，在羽毛球双打这个模式下，怎么把两个独立的个体黏合到一起形成组织呢？靠信任。在保险代理人团队中，组经理这个基本组织单元就可以用这种模式，几个人，背靠背，心在一起，努力打造标准组。

另一种模式是交响乐队模式。在这种模式下，因为有了层级，人数也增加了，怎么确保整个乐队演奏出优美动听的曲子呢？靠流程，有了演奏流程，上百人一起演奏时，才能听到一个声音。那咱们的部经理这一层级的团队，就可以用这个模式，建立起一套完善的流程，包括销售流程、建队伍流程、新人育成流程、团队管理流程等，让团队力出一孔，指哪儿打哪儿。

不是有人就有保费，而是要依赖正确的组织模式，团队才能有效能。

5）伙伴不想发展，我也没办法

工作中，最难的不是规划和搭建架构，而是架构中伙伴们之间的相互磨合。建队伍就是要充分激活团队，释放潜能，让伙伴们都能在组织中找到属于他的生态位，发挥每个人的最大潜能。

《领导力》的作者弗格森曾说过：派上足球场的11个人中，在比赛的时候有8个人在最佳状态就已经是极致了，不可能11个人都在最佳状态，他们之间的默契太重要了。

组织效能是组织在长期作战中长出来的。主管要带领伙伴们一起战斗，不断强化伙伴们之间的连接和关系，并让这种基因融入每位伙伴的血液里，最终就会表现为坚不可摧的组织战斗力。

2. 建队伍前需要了解的4种队伍架构

建队伍离不开架构，"保险基本法"用制度的形式让架构发挥效能。不管你是绩优还是主管，一定是先处在架构中。在"保险基本法"框架下，有4种架构：实际架构、"保险基本法"架构、"顶薪"架构、五维架构，这4种架构形成了架构的阶梯。如图2-33所示。

（1）实际架构

这指的就是你现在真实的架构。实际架构能够真实反映你和伙伴的入司时间、职级，以及伙伴们之间的推荐关系。

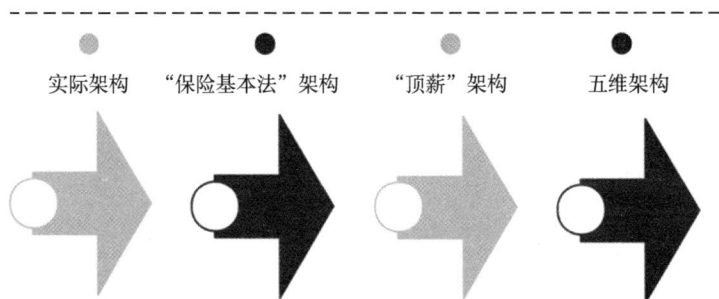

图 2-33　4 种架构

（2）"保险基本法"架构

这指的是各职级晋升所对应的架构。这是晋升考核的标准架构，是标尺，是底线，要牢记在心。

（3）"顶薪"架构

这指的是年"顶薪"收入模型对应的架构。"顶薪"架构会高于"保险基本法"架构，是你努力要实现的目标。有了"顶薪"架构，年"顶薪"收入模型才能实现。

（4）五维架构

这指的是在五维模型 RISAC 基础上，支撑团队自运转所需要的架构。五维架构比"顶薪"架构要求更高，目的是确保团队不但实现"顶薪"收入，还要健康发展。

这 4 种架构中，"保险基本法"架构、"顶薪"架构、五维架构相当于衡量实际架构的 3 把不同的标尺：用"保险基本法"架构，可以评估实际架构是否健康；用"顶薪"架构，可以评估实际架构是否高绩效；用五维架构，可以去评估实际架构是否健康可持续。

3. 设计架构的核心原则——自上而下规划架构

高姐是部经理，团队有 8 个组经理，其中，有 4 个组经理面临降级。刘姐也是部经理，团队有 4 个组经理。其中，有 2 个组经理成了光杆司令，考核岌岌可危；有 1 个组经理有 1 个月不出勤了，现在整个团队也面临着不小的挑战。

小梅："为什么会出现这种情况？"

我："据了解，她们的团队采取的是自下而上的晋升模式，也就是从业务员职级一步一步晋升到主管，先做组经理，然后再晋升到部经理。"

小梅："不都是自下而上晋升吗？有什么问题吗？"

我："自下而上的晋升模式，会出现以下 4 种现象：升不上去、升得太快、被超越、被晋升。"如图 2-34 所示。

（1）升不上去

你晋升的时候，最初入司的新人没有等到你的晋升考核期就离开了团队。所以，团队中有些伙伴看上去在反复做着"增员"的动作，却始终没有升上去。有的伙伴入司 10 年了，还是单兵作战。

图 2-34　自下而上晋升模式的 4 种现象

（2）升得太快

为了晋升而晋升，新人没有经过筛选，最后成了光杆司令。

（3）被超越

团队中遇到优秀的新人，他的发展速度快，因为你提前没有任何规划，当新人的职级高于你时，就会出现被超越的现象。

（4）被晋升

团队中的伙伴有晋升意愿，你因为下属晋升而被动晋升。虽然你也是受益者，但是，你在没有做好准备的前提下，让自己处在了被动发展的不利局面。

这种自下而上的晋升模式，一是由于没有充足的准备和积累，会给你带来一系列工作上的困扰和挑战。二是后期在培育新人的过程中没有达到预期的效果，时间长了，没有形成良性的队伍发展氛围，反而影响了团队的健康成长。

举例：小华刚入司，就想做部经理职级。按照自下而上晋升部经理的路径，第一步，小华先晋升为组经理，如图 2-35 所示。

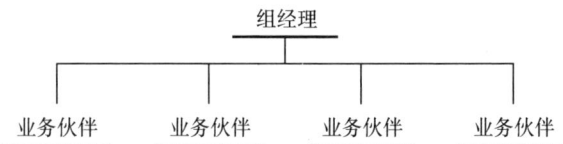

图 2-35　自下而上晋升组经理架构

第二步，小华由组经理晋升为部经理，在晋升部经理的路上可能会发生什么情况？有可能小华还没晋升，架构就坍塌了。小华就在组经理这个职级上升升降降，原地起跳。如图 2-36 所示。

小梅："该怎么去规划自己的架构呢？"

我："把自下而上的晋升模式变成自上而下的规划模式。"

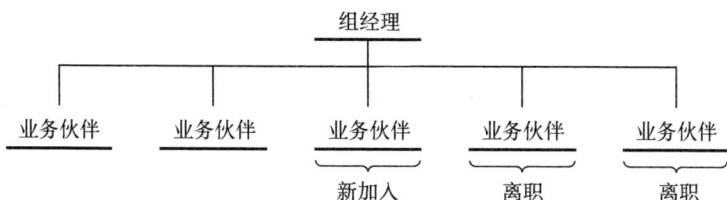

图 2-36　自下而上组经理晋升部经理时可能会发生的各种情况

给你一个新视角——望远镜视角。顾名思义，望远镜视角就是放远看和抬头看：放远看，就是看到你团队三五年后的样子；抬头看，就要看到"保险基本法"中架构的最高职级：登顶的梯子在哪里？一共多少台阶？什么标准？需要多长时间？

这个时候，你在规划架构时就不再是自下而上地晋升，而是自上而下地规划。

咱们用自上而下规划的模式重新给小华设计架构。第一步不是晋升组经理，而是去找合伙人，也就是找架构中的准组经理；第二步是帮助合伙人打造标准团队。如图 2-37 所示。

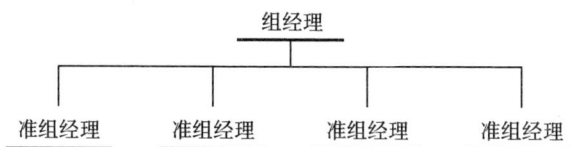

图 2-37　自上而下规划组经理

在这种规划路径下，准组经理不是为小华晋升来搭架构的，而是和小华一起努力，规划怎么把自己的组经理做好，如图 2-38 所示。最终，小华晋升部经理只是伙伴们合作共赢的副产品。否则，如果只是小华单方受益，无形中就为团队管理埋下了隐患。

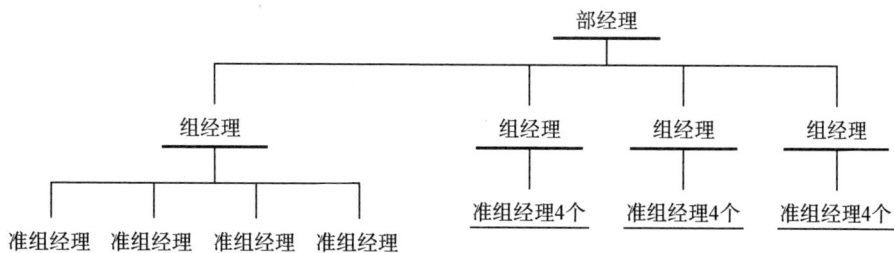

图 2-38　自上而下规划部经理

自下而上的晋升和自上而下的规划这两种模式，尽管最后的目标是一样的，却是截然相反的两条路，效果也大相径庭。

建队伍就好比是儿童长牙的过程，出生以后，先长什么牙，后长什么牙，什么牙长在什么地方，都是有规则的。牙齿就类似一个分工明确的组织架构，相互协作，完成组织的功能。为此，你在建团队初期，一定要想好到底要建一个什么样的队伍，在心里要有一个全新的定位和统一的标准。

二、参照不同职级的"架构样板间"来搭建架构

小梅："到底怎么建队伍？"

我："建队伍＝天使投资，有两步：搭建架构＋架构盈利。第一步：搭建架构，大多数人的理解就是找合伙人，但是找什么样的合伙人？找多少个合伙人？这两个问题是搭建架构之前必须解决的问题。所以，搭建架构，不是单纯地找合伙人，而是要搭建能够支撑你的年收入模型的架构，也就是 FYC 要跟架构相匹配。第二步：架构盈利，好的架构一定是以盈利为目的。咱们先看怎么搭建架构。"

1. 搭建架构最关键的动作是把年收入模型装在架构里

先做个提示，为了便于计算和理解，下面的数据是假设，只供参考，你在实际工作中，以你所在机构的"保险基本法"为标准进行调整就可以。

还是以小华为例，假设组经理晋升考核小组人力为 5 人。把年收入模型装在架构里有 4 个步骤：先找到临界点、计算临界点指标团队 FYC、计算其他伙伴的 FYC、把 FYC 装进架构里。接下来我们分别来看。

（1）先找到临界点

比如，小华个人 FYC 为 3000 元／月，对应的管理收入临界点为 3000 元／月。

（2）计算临界点指标团队 FYC

从表 2-3 中可以看出，3000 元／月管理收入对应的计提比例是 16%，所以，临界点指标团队 FYC＝管理收入 ÷ 计提比例 =3000 元／月 ÷16%=18750 元／月。

（3）计算出其他伙伴的 FYC

团队人力共 5 人，不算小华的话，是 4 个人。如果按人均 FYC 来计算，其他伙伴的 FYC=（18750-3000）÷4=3937.5 元／月。

（4）把 FYC 装进架构里

咱们以组经理 15 万元、20 万元、30 万元年收入模型来看一下对应的架构样板间。

2.组经理在 15 万元年收入模型下的架构样板间

（1）紧凑型架构样板间

设计架构时，一是要满足"保险基本法"职级晋升考核基本要求；二是个人 FYC 和团队 FYC 要大于"保险基本法"晋升考核标准。此时，小华的架构如下：个人 FYC 3000 元 / 月，临界点为 3000 元 / 月，管理收入计提比例为 16%，团队 FYC 18750 元 / 月，团队人力 5 人，如图 2-39 所示。

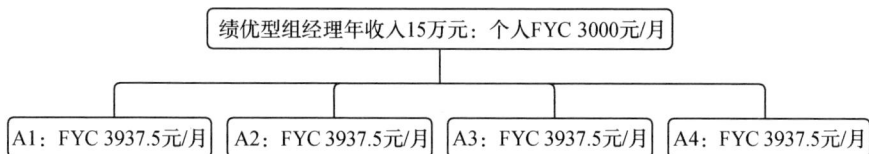

图 2-39　组经理 15 万元年收入紧凑型架构样板间

（2）多样型架构样板间

你会发现，在实际工作中，不可能每个人的 FYC 都是 3937.5 元 / 月，也可能 A1 是 FYC 2500 元 / 月，A2 是 FYC 5000 元 / 月等，有的伙伴贡献大，有的伙伴贡献小，那么架构图就可能是这样的，如图 2-40 所示。

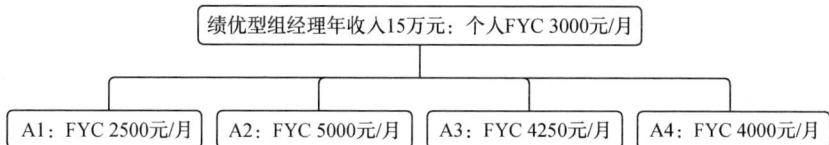

图 2-40　组经理 15 万元年收入多样型架构样板间

（3）人力型架构样板间

还可能会是这种情况，5 位伙伴的产能不足以达到团队 FYC 18750 元 / 月的标准，那么就需要增加人力来补充，架构也会不一样，如图 2-41 所示。

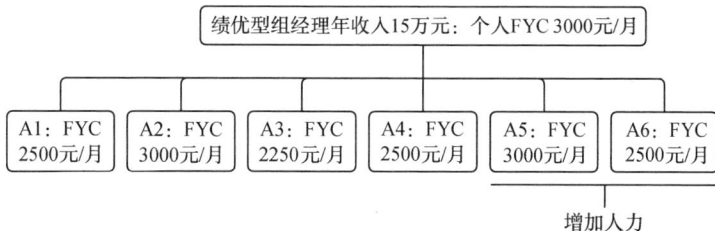

图 2-41　组经理 15 万元年收入人力型架构样板间

通过增加人力达成团队 FYC 的路径有两个难点：一是怎么找到合适的人；二是团队伙伴人数增加，产能参差不齐，在辅导上会造成很大的压力。

> **敲黑板**
>
> 架构是支撑收入的，架构不稳，收入也会不稳。

设计架构时，要关注每位伙伴的最低收入。如果伙伴们每月的 FYC 过低，没有达到预期的收入的话，流失的可能性就会很大，虽然在理论上可以，但不符合实际情况。你在关注架构的同时，更要关注团队每位伙伴的年收入模型。

3. 组经理在 20 万元年收入模型下的架构样板间

咱们来看下年收入 20 万元模型的架构样板间。同样的道理，按照上面 4 个步骤，经过计算得出：个人 FYC 5000 元 / 月，临界点为 5000 元 / 月。此时，在表 2-3 中，检测点 FYC 3 万元对应的管理收入计提比例为 18%，低于 FYC 3 万元对应的计提比例是 16%。本着利润最大化的原则，直接得出团队 FYC 为 3 万元 / 月。管理收入 =30000 元 × 18%=5400 元 / 月，团队基础人力为 5 人。

（1）紧凑型架构样板间，如图 2-42 所示。

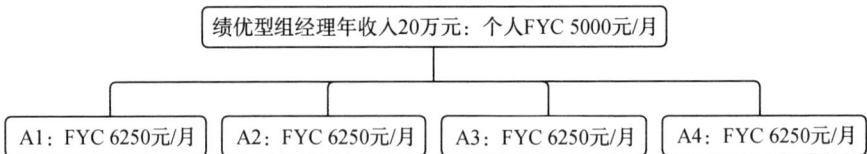

```
        绩优型组经理年收入20万元：个人FYC 5000元/月
   ┌──────────┬──────────┬──────────┐
A1：FYC    A2：FYC    A3：FYC    A4：FYC
6250元/月   6250元/月   6250元/月   6250元/月
```

图 2-42　组经理 20 万元年收入紧凑型架构样板间

（2）多样型架构样板间，如图 2-43 所示。

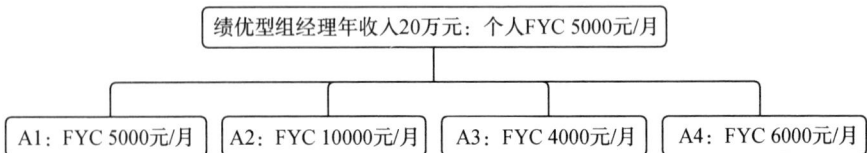

```
        绩优型组经理年收入20万元：个人FYC 5000元/月
   ┌──────────┬──────────┬──────────┐
A1：FYC    A2：FYC     A3：FYC    A4：FYC
5000元/月   10000元/月   4000元/月   6000元/月
```

图 2-43　组经理 20 万元年收入多样型架构样板间

（3）自强型架构样板间，如图 2-44 所示。

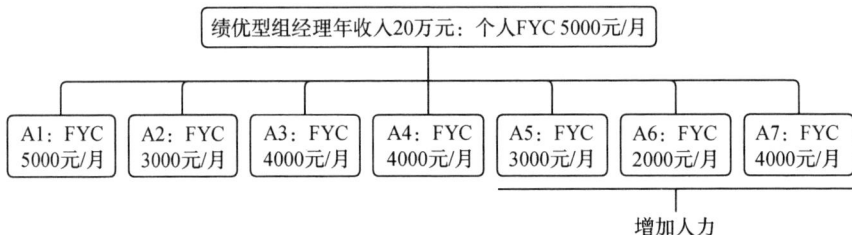

```
        绩优型组经理年收入20万元：个人FYC 5000元/月
 ┌────┬────┬────┬────┬────┬────┬────┐
A1：   A2：  A3：  A4：  A5：  A6：  A7：
FYC    FYC   FYC   FYC   FYC   FYC   FYC
5000   3000  4000  4000  3000  2000  4000
元/月   元/月  元/月  元/月  元/月  元/月  元/月
                              └──┬──┘
                               增加人力
```

图 2-44　组经理 20 万元年收入自强型架构样板间

如果现有人力无法达成团队 FYC，除了增加人力外，还有一种路径，就是主管个人 FYC 贡献占比大，即通过提升主管本人 FYC 来达成团队的 FYC。

举例：主管本人 FYC 0.5 万元 / 月，团队 FYC 3 万元 / 月。主管个人 FYC 与团队 FYC 占比为 0.5 万元 ÷3 万元≈17%。如果团队其他伙伴完不成 FYC：3 万元 –0.5 万元 =2.5 万元 / 月，只能完成 FYC 1.5 万元，那么剩下的 FYC 1.5 万元只能靠主管本人去完成。

不过，如果主管本人 FYC 占比过高，就会出现 2 个问题：一是主管本人是否有能力达成 FYC 1.5 万元 / 月；二是团队伙伴每个月 FYC 对应的年收入是否能留住人。这两个问题都会导致团队不稳定，建队伍从而会失去意义。

4. 组经理在 30 万元年收入模型下的架构样板间

最后，来看下年收入 30 万元模型是什么架构。还是先算出基本参数：个人 FYC 1 万元 / 月，临界点为 1 万元 / 月，管理收入计提比例为 18%，团队 FYC=1 万元 ÷18%≈5.6 万元 / 月，团队基础人力为 5 人。

（1）紧凑型架构样板间，如图 2–45 所示。

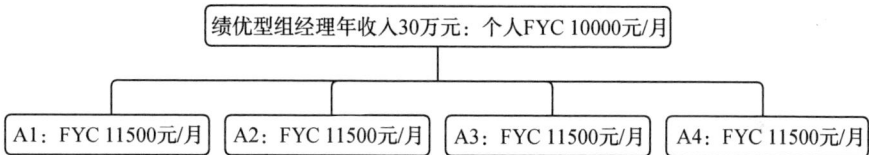

图 2-45　组经理 30 万元年收入紧凑型架构样板间

（2）多样型架构样板间，如图 2–46 所示。

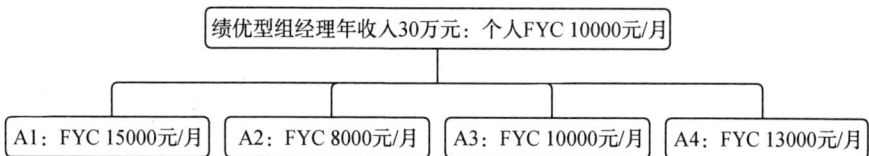

图 2-46　组经理 30 万元年收入多样型架构样板间

（3）育成型架构样板间，如图 2–47 所示。

除了增加团队人力和提升主管个人 FYC 达成团队 FYC 这两种路径外，还可以采用第 3 种路径来实现收入模型和架构的匹配，那就是采用育成架构，增加育成收入。

假定把 1 万元的管理收入分成 2 部分：管理收入 5400 元 / 月 + 育成收入 4600 元 / 月。管理收入对应的团队 FYC 为 3 万元 / 月。如果育成收入第一年计提比例为 10%，那么育成小组的 FYC=4600 元 / 月 ÷10%=4.6 万元 / 月。假设小华育成了 2 个小组，每个小组团队 FYC 为 2.3 万元 / 月，也按每个小组 5 人来计算，人均 FYC 为 4600 元 / 月。如图 2-47 所示。

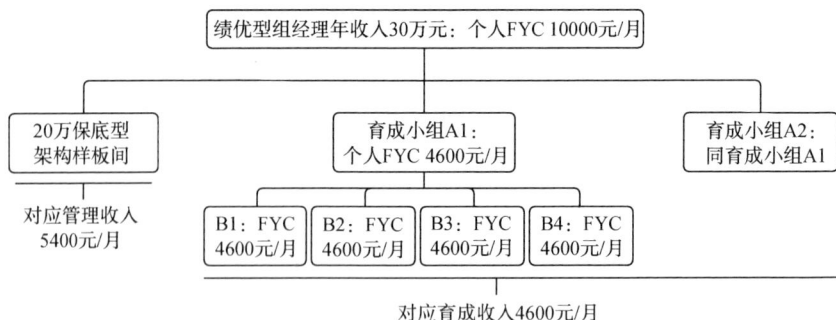

图 2-47　组经理 30 万元年收入育成型架构样板间

最后，简单总结下：一是架构是无穷的，在"保险基本法"框架下可以自由地进行设计；二是无论采取哪种路径设计架构，都不要失衡，要考虑稳定性和可行性；三是在不同发展阶段，可以采用不同的架构。

三、架构盈利看两个指标：人效 + 利润

1. 人效高，架构就稳

举个例子：去年，A 团队创造了 300 万元标保，B 团队创造了 120 万元标保，哪个团队标保更高？肯定是 A 团队标保高。那么，A 团队的架构就是好架构吗？不一定。

A 团队 30 人创造了 300 万元标保，B 团队 10 人创造了 120 万元标保，如图 2-48 所示，哪个团队人效更高？ B 团队人效 12 万元，大于 A 团队的人效 10 万元，所以 B 团队人效高。那么，B 团队相对于 A 团队是好架构。高业绩不一定就是好架构，高人效才是。人效高，架构就稳。

人效高是指架构的抗震级别高。人效高，不等于人少。好架构在人效高的基础上，还有加固系统，在能够支撑年收入模型的基础上，

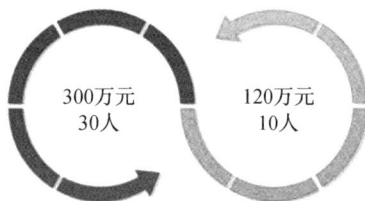

图 2-48　两种不同的团队

至少要准备 1.5 倍数量的绩优人力，以应对变化和意外，从而确保架构的稳定性。

为了避免熵增，主管终其一生都在持续找合伙人，然后淘汰掉不合适的，这也许就是主管的宿命。

2. 利润高，架构就强

利润＝收入－支出，高收入不一定是好架构，高利润才是好架构。好的架构，不是比拼有多少人，也不是比拼职级的高低，比拼的是架构的盈利能力。

架构不是一个空架子，怎么评估架构是否盈利？方法就是实践，直接把你的收入模型装到架构中去实践，看看架构中的伙伴是否能达到规划的 FYC，达到标准就是好架构，达不到，就需要调整和完善架构。

架构是一种取舍，也是一种价值观。你不要被"保险基本法"的职级框住，要扎扎实实做好架构，不图虚名，哪怕小而美，也要打好地基。

第四节 展现行为，具体的工作模式是什么？

一、不能突破底线，对每天具体干什么要有考核标准

1. 展现行为，展现的是什么？

小梅："在'保险基本法'里，有明确的行为规定吗？"

我："有，'保险基本法'里的行为，一般包括日常管理、活动量管理等相关规定，包括出勤、会议、培训、活动量等 4 个方面。"

行为看似最简单，却是最难做到的部分。就拿活动量来说，怎么做到一天 3 访？这个问题是不是伙伴们日常最挠头的部分？

行为影响结果。你去参加培训，经常听高手进行分享，你会发现，他们令人称道的业绩背后，往往都是良好的工作习惯和工作标准。

展现行为，展现的是什么？是职业化和专业化。如图 2-49 所示。

2. 有职业化的行为，才有职业化的结果

什么是职业化？刘润老师说，职业化就是去本能化，用职业的需求去重塑自我。职业化的本质是通过尊重别人来赢得尊重，降低信任成本。罗振宇老师说，职业化不是在工作技能上有多高超，而是要学会把生活人格和职业人格分开，在合适的地方，合适的时候，扮演合适的角色。

图 2-49 展现行为的两个方面

所以，评估一个人是否职业化，先看他的行为是否职业化了。比如，失信、迟到、打扰等就不是职业化的行为。只有具备了职业化的行为，才能有职业化

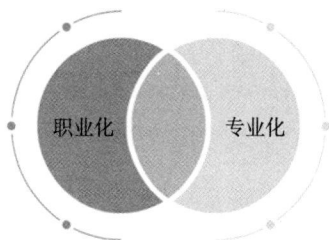

的结果。

从"保险基本法"的角度来看，行为职业化体现在两个方面：一是效率，二是时间。

（1）效率——时间颗粒度

你每天是否能保证 6 ～ 8 小时的工作时间？在这 6 ～ 8 小时的工作时间里，你的工作效率怎么样？

时间是你最大的资产，是行为职业化的体现。怎么有效地使用时间？要看一个人时间颗粒度的大小。时间颗粒度，是一个人管理时间的基本单位，小时、分钟、秒等都可以作为时间颗粒度单位。

时间颗粒度的选择，直接影响到个人的工作效率。成功人士都以较小的时间颗粒度来安排自己的时间，他们的工作效率都很高。

保险代理人这份职业，灵活度相对较高，更需要对时间进行有效管理，用时间颗粒度来培养时间意识，提高工作效率。

（2）时间——以终为始

有个"10+10+10"思维模型，意思是 10 分钟后，自己怎么看待自己现在的决策；10 个月后，你会如何思考自己 10 个月以前的这个决策；10 年后，自己又会如何看待自己这个 10 年前的决策。

用在行为上也一样，在不同的时间维度下，比如，分别站在 10 分钟后、10 个月后和 10 年后来思考，你当下所要做的行为是不一样的。行为职业化需要把时间的维度拉长，站在未来看当下，"十年如一日"地去做，才能在保险职业生涯中开花结果。

3. 流程 + 标准，才是行为专业化

从"保险基本法"的角度看，行为的专业化是指按流程做事，按标准作业。比如，销售过程中是否按销售流程去做了？早会经营是否有高效的会议流程？活动量是否达到了标准要求？等等。

举两个例子，先说早会经营。

职场是一个能量场，是信息传递和交换的场所，也是人跟人之间沟通交流和赋能的空间。早会时间是最好的团队现场管理和赋能的时间，团队的管理动作在很大程度上依赖于早会。不是开早会，而是经营早会。

不愿意参加早会，早会学不到东西，早会时间太长等，伙伴们对早会有很多抱怨。如何经营早会？下面这个早会经营十问，你可以参考去做，如表 2-19 所示。

表 2-19　早会经营十问

	动　作	执行结果
1	早会流程表是否提前一周发给伙伴了？	
2	早会前相关干系人有没有提前彩排？	
3	早会讲的内容是否有实效？	
4	早会是什么形式？	
5	早会多长时间？	
6	早会的时候有没有用《晨会记录表》？	
7	业务伙伴有没有用工作日志做好记录？	
8	早会的效果评估？	
9	"二早"怎么承接的？	
10	参加早会人员和没有参加早会人员的成长进度分析？	

接下来，说下活动量管理。

活动量不是公司要求的，而是根据自己的年收入模型，倒推出来的自己每天的行事历。去见谁？为什么去见？有什么效果？怎么精进？这里面既有流程，又有标准。怎么管理自己的活动量？表 2-20 是活动量管理 8 个要点，每天可以进行检视。

表 2-20　活动量管理 8 个要点

内　容	记　录
1.招募几访？	
其中：一面几访？	
二面几访？	
三面几访？	
2.业务几访？	
其中：老客户几访？	
新客户几访？	
转介绍几访？	
服务访几访？	
3.做了哪些标准动作？	
4.遇到了哪些卡点？	
5.如何解决的？	
6.怎么评估一天的工作？	
7.接下来的经营动作？	
8.明日活动量的规划？	

行为处处都要体现职业化和专业化。你的成长、技能和收获都来自日常工作中展现出来的行为动作。展现行为并不复杂，它是一种工作方式的选择，更是一种日常工作习惯的养成。你的时间用在哪儿，你的成就就在哪儿。不是你做到做不到的问题，而是你觉得重要不重要的问题。

4. 认知影响行为，做有增长的事

团队有两类：一类是职业化的团队，用增长思维，持续做正确的事，不急功近利；另一类是非职业化的团队，导致了增长停滞或者泡沫增长，甚至一路下滑。当下，保险业正进入职业化红利期，做有利于增长的事，慢就是快。如图 2-50 所示。

怎么做有增长的事？以建队伍为例。

一种方式是自己持续做。A 伙伴入司后，第 2 年开始每季度找 1 个合伙人，一年留存 2 个，分别是 B 伙伴和 C 伙伴，这个时候 A 伙伴团队就有 3 个人了。咱们暂且把这种建队伍的方式叫作"1+2 模式"。如果第 3 年 A 伙伴照样

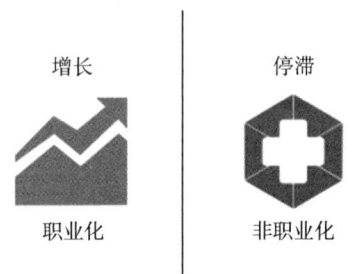

图 2-50　两种类型的团队

这么去做，也就是每年留存 2 个，A 伙伴就是"1+4"的架构了。依此类推，那么 5 年后，A 伙伴的团队就有"1+8"的架构了。

另一种方式是团队伙伴一起持续做。如果 B 伙伴、C 伙伴以及后来的合伙人，都在第 2 年也复制"1+2 模式"，5 年后，A 团队会有多少人呢？肯定比"1+8"的架构要多。

小梅："这个属于理论计算，现实中会不会有伙伴随时离职呢？"

我："当然会有，而且并不是每位伙伴来了都要建队伍。咱们这里要表达的不是结果这个数字，而是要用增长思维去指导行为。"

建队伍不是一蹴而就的事，别想一口吃个胖子，要有信心，不能随便放弃。每年坚持去做"1+2"的动作，同时，更多地关注新人辅导和发展。给自己 3～5 年时间，即使没有太大的团队，有一个高绩效的团队也是不小的收获了。

二、向标杆对齐，行业内的高手是怎么工作的

1. 向标杆学习的本质就是模仿

法国社会学家加布里埃尔·塔尔德在他的《模仿律》一书中说，人的一切社会行为都是模仿。工作中的大多数问题都有答案，早已经有人解答过了。你

想在职业发展中提高自己的效率和成果，避免走弯路，向标杆学习就是个不错的选择。向标杆学习，我自己有 3 个体会，如图 2-51 所示。

（1）加速学习曲线

标杆在行业中大多经历了各种挑战和机遇，他们的经验可以帮助你更快地理解保险行业的本质和规律，让你在信息过载的时代，加速掌握核心技能和知识，提高专业水平。

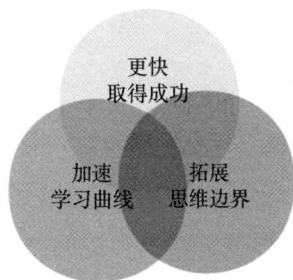

图 2-51　向标杆学习的
3 个体会

（2）拓展思维边界

平时要多跟标杆交流和学习，拓宽你的思维边界，以便更好地应对你遇到的各种挑战，不断提升解决问题的能力，少走弯路。

（3）更快取得成功

通过结识行业内的前辈高手，获取更多的发展机会和资源，让自己更快速地成长和取得成功，站在行业的最前沿。

2. 怎么向行业内的高手学习？

学习除了培训、读书之外，最快的方式就是跟真人近距离学习。我有 3 个简单的方法跟大家分享，如图 2-52 所示。

找到高手　　交流互动　　观察模仿

图 2-52　向高手学习的 3 个方法

（1）找到高手

利用一切学习和培训的机会去链接高手，直接请求他们成为你的导师。这样，可以帮你节省出摸索期的时间成本，提升工作的有效性和成功的机会。

（2）交流互动

积极参与行业内的活动、研讨会、研讨小组等，与其他高手建立联系和交流。通过与他们的互动和交流，学习他们的行为模式、工作方法和成功策略，来指导自己的行为。

王汎森在《天才为何成群地来》一书中说，大师们做学问是一起做的，一群人把一个人的学问功夫"顶"上去。1920—1930 年，维也纳之所以造就了那么多杰出的社会科学家，与米塞斯的私人讨论会密切相关。

（3）观察模仿

观察身边或者行业的高手，注意他们的行为举止、沟通方式、工作态度等方面的特点。尝试模仿他们的成功行为，并将其应用到自己的工作中。

总之，跟标杆对齐，向高手学习是一个持续的过程，要保持谦虚和开放的心态，并将所学应用到实际工作中。

向标杆学习的 3 点提示

不少伙伴反映，平时不少参加培训，也听了很多精英的分享，就是学不会，回到工作中还是老样子。这里需要澄清的是，培训≠向标杆学习。培训是学习的一种方式，是输入的过程；而向标杆学习侧重的是学以致用，是学习、实践、再学习、再实践的过程。在这里，给大家 3 点提示。

（1）找到合适的学习对象

这个根据你当下的任务目标来决定。如果是想建队伍，就去找行业内团队做得好的主管去学习。如果你想成为业绩高手，你就去找做单能力强的绩优去学习。

（2）选对学习阶段

如果你是刚入司的伙伴，不要学习高手当下的行为，而是要学习高手在刚入司的时候是怎么做的。

就像吴建国老师说的那样，很多刚开始创业的老板们都在学华为，但是学不会。原因是什么？他们在学现在长大了的华为，而不是初创时期的华为。可见，选对学习阶段很重要。

（3）学对学习内容

这个最关键，要学习标杆的具体动作和流程，而不是他有什么资源，他的情商有多高，销售能力有多强。比如，他在经营客户的时候有几个步骤？他组建团队先做什么？后做了什么？为什么？学习本身也是一种能力，学对内容才能事半功倍。

3. 自己实干与跟标杆学习有冲突吗？

有的伙伴会说，我愿意自己摸索着去干，边总结边形成自己的方法论。

自己实干和跟标杆学习并不存在冲突，它们相辅相成、共同促进个人的职业发展。向标杆学习是为了避免重复不必要的错误并更快地取得成功，目的是把标杆的方法与自己的实际情况相结合，为你的实干找到新思路和灵感，并付诸行动，让自己越变越好。

标杆还可以为你提供更高的目标和标准，促使你不断追求卓越，让自己逐步成为标杆。标杆是你在前行路上给自己寻找的一盏路灯，它可以随时照亮你、激励你。

三、融入团队校正行为——不是团伙，而是团队

1. 什么是团队？什么是团伙？

团队是正式的组织，有积极正面的行为标准、组织架构和长期规划，非常规范。团队侧重于协作和资源共享，就像是一片肥沃的土壤一样，每个人在这里都能茁壮成长。

团伙是非正规的组织，比较松散，组织性、纪律性差。团伙更侧重于个人利益的实现。这里所说的团伙并没有贬义，如果你的团队没有标准的行为，虽然表面上有组织架构，实际上也会出现各自为政、一盘散沙的情况，这就把团队经营成了团伙。

2. 加入团队后，先塑造自己的行为

前两天去一个团队参加早会，几十个人，穿得五花八门，甚至有的伙伴还脱了鞋，虽然在桌子底下看不到，不过，这个行为有点太不雅观了吧！由此可见，团队主管在伙伴们的行为展现上，没有做任何要求。

团队是大家共同塑造的，加入团队后，每个人要重新塑造自己的行为，主要从以下 3 个方面来做，如图 2-53 所示。

（1）正确的价值观

行为是价值观的体现。很多伙伴离职是因为团队氛围不好。团队是否有长期主义，是否利他，是否

正确的价值观   行为的先进性   实践中去检验

图 2-53 塑造自己行为的 3 个方面

适合每位伙伴的发展，是否创造了公平公正的环境，这些因素都至关重要。

（2）行为的先进性

行为需要不断进化迭代，保持先进性，以适应不断变化的时代。保持先进性最好的行为就是终身学习，持续成长。

（3）在实践中检验行为的正确性

不是你有多勤奋、多辛苦就是好行为，而是要在实践中以增长为核心去检验你的行为的正确性。认知的小改变，就是组织行为的一大步。组织行为是经过团队成员的共同遵守且不断实践而沉淀下来的，每个人都要在组织行为中去修行自己，躬"行"入局。

3. 做到这 3 点就能快速融入团队

你的行为是否经得起组织的检验，还要把自己融入团队中不断去磨合和校

正。怎样快速融入团队？做法分别
是承担责任、身份转换和影响他人。
如图 2-54 所示。

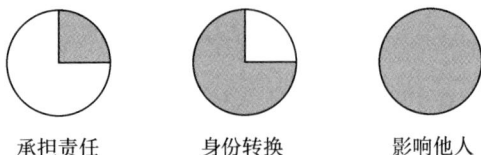

图 2-54　快速融入团队的 3 点做法

（1）承担责任

你可以通过承担责任和发挥自
己的专长来为团队做出贡献。这样，团队中的合作和协作就可以产生协同效应，
使团队整体的表现超过个人能力的总和。

（2）身份转换

在承担责任的基础上，你要积极去参与团队的活动和项目，建立良好的人际
关系，成为组织中的一分子，实现从个人到组织成员的身份转换，真正融入团队。

（3）影响他人

每位伙伴都有"传帮带"的责任，用自己的行为去影响新来的伙伴，让团
队行为保持一致性，从而得到传承。

4. 借势，才能抱团打天下

小梅："假如我有业绩有收入，为什么要融入团队呢？"

我："答案很简单，就是两个字：借势。"

借势就是找到支点，发挥杠杆作用。如今仅靠个人单打独斗已难以持续盈
利，唯有依靠团队协作，资源共享，价值互换，这个在本质上就是相互借势。

金枪大叔在《借势》这本书里有一句话特别经典：借钱不如借势，借钱要
还，借势不用还。在他眼里，万物
皆可借。

借势的目的很单纯——让你得
到 3 个好处：确定性、安全感、竞
争力。如图 2-55 所示。

图 2-55　借势带来的 3 个好处

（1）确定性

保险代理人团队是一个来自五湖四海的团队，每位伙伴都身怀绝技，都是
一座宝库。伙伴在这个多样化的团队中，学到的知识和本领更多、更广，成功
的确定性会更大。

（2）安全感

市场环境的变化越来越快，风险和挑战越来越多，而个人的抗压能力越来
越弱，为此，伙伴们更需要抱团打天下。发挥团队的作用，跟团队一起成长才

是更安全、更踏实的选择。

（3）竞争力

一个人的力量是有限的，一群人的力量是无限的。团队的力量大于个人的力量。你要善于用伙伴的长板来弥补自己的短板，借助伙伴的优势来增强自身的竞争力。

总结一下，在组织中，个人的行为会塑造组织的行为，如果你感觉你的团队氛围不好，要先看看自己的行为是否做到位了；反过来，组织行为也会把每个人浸润出来，如果你觉得伙伴们之间越来越同频，说明你被团队的组织行为同化了。

第五节 保障品质，哪些红线不能踩?

一、正面清单、负面清单，让你一目了然

1. 正面清单和负面清单

小梅："如果我真的想加入你们公司，我特别想了解一下你们公司倡导的是什么？禁止的是什么呢？"

我："嗯，这些就是品质管理的内容。在'保险基本法'里，一般用正面清单和负面清单的形式来加以说明。"

正面清单，通常是期望保险代理人必须具备或提倡的品质。负面清单，就是规定了哪些行为不符合公司品质管理的要求，违反规定时会有哪些处罚等。

举个例子，先来看下正面清单，如图 2-56 所示。

以下行为或情形可作为奖励的依据并予以加分：

1. 优质服务受到客户书面表扬，加10分；

2. 业务品质良好，其客户未发生过不良理赔者，与公司签约每满一年，加10分；

3. 见义勇为，对维护公司利益或社会安定有贡献者，加10分；

……

图 2-56 正面清单

再来看下负面清单（节选一部分），你需要一条一条对照着认真看一遍，了解哪些行为是底线，不可触碰。如图 2-57 所示。

公司利益及声誉		
违规使用公司证照，私刻、伪造印章或违规使用公司印章，视情节严重程度、造成损失大小予以扣分	扣10-30分	警告至记过
泄露公司商业秘密，给公司造成损失者，视情节恶劣及损失程度，予以扣分	扣20分或100分	记过或解除保险代理合同
泄露公司机密，帮助同业增员，恶意挖角，致使营业单位出现严重问题者	扣100分	解除保险代理合同

图 2-57　负面清单

2. 为什么采用清单体来表述？

在实际的工作中，我看到过不少痛心的事情，有的主管在公司十几年，年收入几十万以上，但是轻视了品质的重要性和严肃性，不得不离开这个行业；有的伙伴因为品质的问题不能晋升更高的职级；有的伙伴为了自己的业绩，在产品服务上存在不专业的问题，产生客户的投诉，让自己的形象受到影响；等等。

如果说职责是能力，收入是灵魂，架构是支撑，行为是杠杆，那么品质就是保险代理人的职业生命。

品质管理这部分，用清单体来表述，一是明确具体，可操作性强；二是清单体可以作为参考和对比的依据，帮助你评估自己的行为和品质是否符合标准；三是强调重要性和权重，通过清单体的表达，可以突出某些行为和品质的重要性和优先级；四是管理和监督更有便利性。

所以，伙伴们想要自己的职业生涯更长久，就要坚守底线，不要栽跟头。

二、清单的意义是什么？让价值观可以同化

咱们换个角度，再来看下清单的意义。在清单背后，有这样一个链条，如图 2-58 所示。

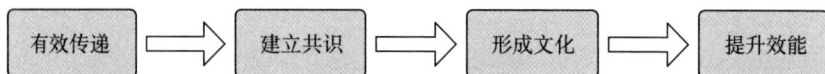

有效传递 ⇒ 建立共识 ⇒ 形成文化 ⇒ 提升效能

图 2-58　清单背后的链条

公司通过清单的形式，明确将职业操守、客户服务、合规要求等传递给保险代理人，目的是帮助团队伙伴建立共同的行为标准和共识，形成一种统一的文化氛围，提升团队的协作和效能。

这个链条是团队文化不断形成的过程，也是价值观不断同化的过程，更是

品格不断塑造的过程。

咱们熟悉的"三大纪律八项注意"，就是清单形式，便于传递和执行，如图 2-59 所示。

> 三大纪律：
> 一切行动听指挥、不拿群众一针一线、一切缴获要归公。
> 八项注意：
> 说话和气、买卖公平、借东西要还、损坏东西要赔、不打人骂人、不损坏庄稼、不调戏妇女、不虐待俘虏。

图 2-59　三大纪律八项注意

后来，三大纪律八项注意，又被制作成了歌曲进行传唱，在全军建立了共识，赢得了人民群众的好口碑，有效地提升了战斗力，也成为我军的光荣传统。

所以，"保险基本法"里的品质清单不是可有可无的。一个良好的发展环境对伙伴们的职业发展极其重要，每个人都要投身其中，以身作则，守护好底线，为团队创造价值。

三、共同的价值观凝聚人心，形成团队文化

1. 企业文化就是使命、愿景、价值观

成功的企业都有自己的企业文化。什么是企业文化？企业文化就是使命、愿景、价值观。咱们以得到这家公司为例来看下它的企业文化（得到的使命、愿景、价值观摘自《得到品控手册 10.0》）。

（1）使命

使命是组织或团队存在的目的和原因，也就是"我们为什么存在"，它定义了组织或团队的方向和使命感。得到的使命是：让每个人都能从知识中获得力量。

（2）愿景

愿景是对组织或团队未来状态的描述，也就是"我们想要成为什么样的组织或团队"。它描绘了组织或团队所追求的目标和所要实现的理想状态。得到的愿景是：建设一所全球领先的终身学校。

（3）价值观

价值观是组织或团队所倡导的信念、原则和行为准则，它反映了组织或团

队对道德、道义和职业行为的看法，是组织或团队文化的基石。得到的核心价值观是：产品优先，让用户骄傲；集中力量办大事；和高信用资源在一起；用流程和结构支撑团队成长；打造全明星阵容。

2. 文化让团队更健康、更长久

小梅："企业有企业文化，团队如果就几个人，也要有团队文化吗？"

我："是的。从个人的角度来讲，有无人生使命，结果大不一样，团队也是如此。"

汤姆·拉思在《人生最重要的问题：世界为什么需要你》这本书里写道：有人曾对4660人进行了长达9年的跟踪调查，最后得出结论——个体工作的使命感与净资产水平成正比。在工作中更有使命感的人，在这9年之后的收入也显著地提高了。

团队靠的不是人多势众，也不是一两个精英高手，顶天立地；高绩效团队靠的是所有成员的团结协作，各显身手。这就需要共同的价值观把伙伴们凝聚起来，用文化让团队更健康、更长久。

3. 在团队初创期建立团队文化

小梅："在什么时候开始建立团队文化呢？"

我："如果你刚入司时，暂时没有团队，那就要建立个人的工作文化和价值观，为日后打造个人品牌提前做好铺垫。如果你现在已经是主管或者计划组建团队，就需要建立团队文化。"

有一个团队总监，做出了很棒的成绩，当我问到她做对了什么的时候，她说，就是她在团队刚开始组建时就建立了自己的团队文化。所以，尽管团队文化的建立是一个逐步形成的过程，但是最佳的时机是在团队刚开始形成的阶段。在这个阶段，团队成员之间还没有形成明确的行为模式和工作方式，因此是塑造和建立团队文化的关键时期。

总结一下，五维模型RISAC到这里就讲完了，我从另一个角度对"保险基本法"进行了全新的解读，希望对你有帮助，下一章我将带你踏上新的旅途，开始"真刀真枪"地去组建团队。

本章思维导图见图2-60。

第二章 剖析五维模型，掌握行业规则
- 履行职责，不是什么样的人都能干保险
  - 我的职责是什么?厘清你的工作边界
    - 职责是工作标准和工作权限，不能忽视
    - 职责是职业规划的起点，是日常管理的标尺
  - 我需要具备什么样的能力?看能力矩
    - 了解胜任力PLIS矩阵，是履职之本
    - 看透胜任力PLIS矩阵，助你抵达第二座山
    - 修炼胜任力PLIS矩阵，让能力配得上职级
- 创造收入，给你9个赚钱的方法
  - 我想赚多少就能赚多少吗?找到当下最优解
    - 我想赚多少钱?年收入模型一看便知
    - 如何找到年收入模型的最优解?
    - 为什么要提前规划年收入模型?
  - 拆解薪酬密码，找到赚钱方程式
    - "顶薪"收入就是薪酬密码
    - 如何设计个人年收入模型?
  - 带上赚钱方程式去创业，事半功倍
    - 新人年收入模型：10万元/15万元/20万元模版
    - 组经理年收入模型：15万元/20万元/30万元模板
    - 绩优年收入模型：15万元/20万元/30万元模板
    - 如何找到个人的盈利模式?
    - 赚钱方程式，实现你的梦想
- 设计架构，到底建什么样的队伍?
  - 建什么样的队伍?从一开始就要想明白
    - 建队伍的5个误区
    - 建队伍前需要了解的4种队伍架构
    - 设计架构的核心原则——自上而下规划架构
  - 参照不同职级的"架构样板间"来搭建架构
    - 搭建架构最关键的动作是把年收入模型装在架构里
    - 组经理在15万元年收入模型下的架构样板间
    - 组经理在20万元年收入模型下的架构样板间
    - 组经理在30万元年收入模型下的架构样板间
  - 架构盈利看两个指标：人效+利润
    - 人效高，架构就稳
    - 利润高，架构就强
- 展现行为，具体的工作模式是什么?
  - 不能突破底线，对每天具体干什么要有考核标准
    - 展现行为，展现的是什么?
    - 有职业化的行为，才有职业化的结果
    - 流程+标准，才是行为专业化
    - 认知影响行为，做有增长的事
  - 向标杆对齐，行业内的高手是怎么工作的
    - 向标杆学习的本质就是模仿
    - 怎么向行业内的高手学习?
    - 自己实干与跟标杆学习有冲突吗?
  - 融入团队校正行为——不是团伙，而是团队
    - 什么是团队?什么是团伙?
    - 加入团队后，先塑造自己的行为
    - 做到这3点就能快速融入团队
    - 借势，才能抱团打天下
- 保障品质，哪些红线不能踩?
  - 正面清单、负面清单，让你一目了然
    - 正面清单和负面清单
    - 为什么采用清单体来表述?
  - 清单的意义是什么?让价值观可以同化
  - 共同的价值观凝聚人心，形成团队文化
    - 企业文化就是使命、愿景、价值观
    - 文化让团队更健康、更长久
    - 在团队初创期建立团队文化

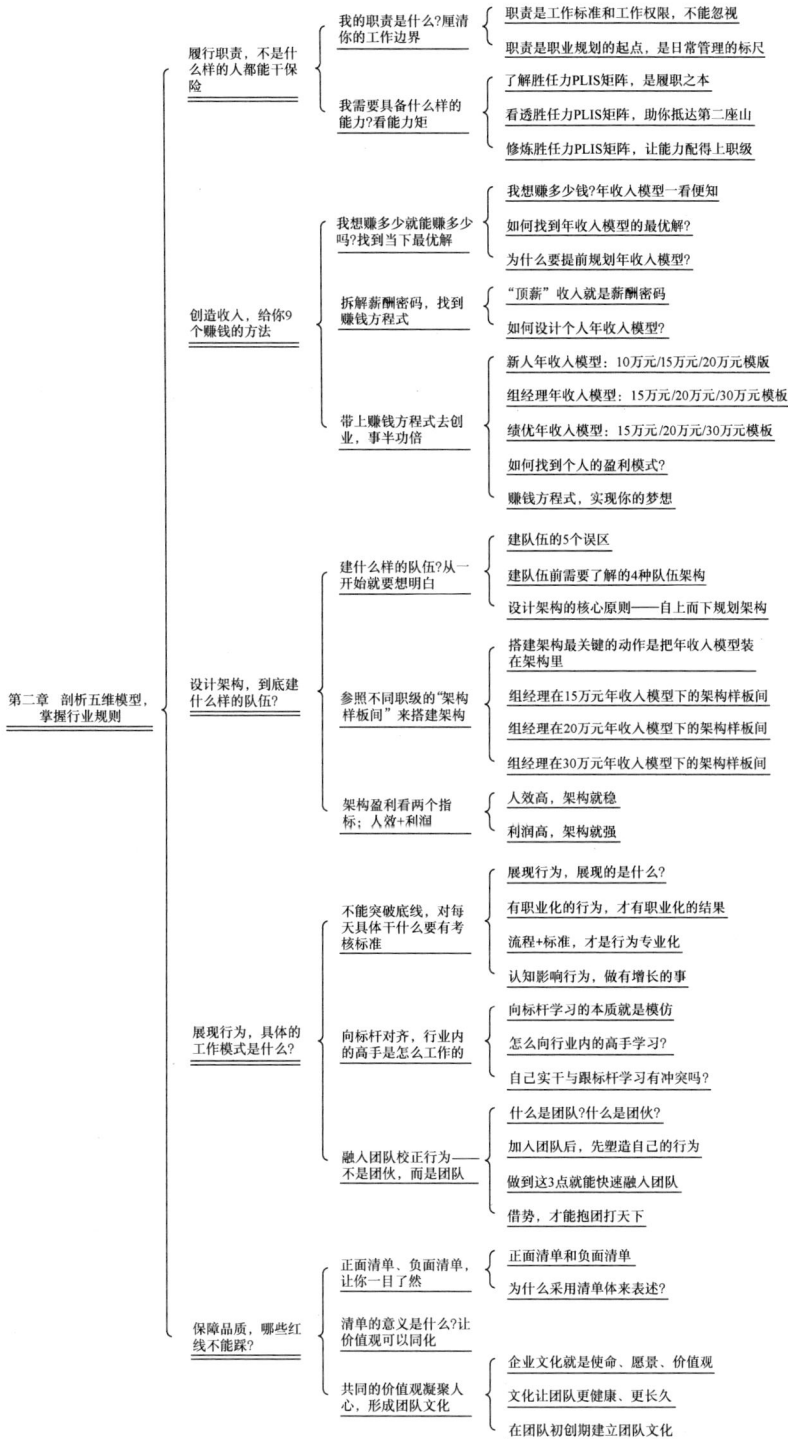

图 2-60 本章思维导图

第三章

组建队伍上台阶，实现华丽转身

了解了行业规则以后，估计你已经跃跃欲试了。在这一章，你要做的就不再是"相马"，而是"赛马"了。你要亲自"下海"，首先要闯这三关：做标准业务员、建队伍、辅导新人。如图 3-1 所示。

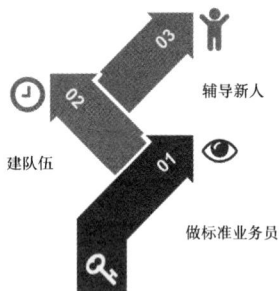

图 3-1 "下海"需要先闯这三关

第一节 做标准业务员，学会生存本领

一、做绩优，让自己活好，下海必须先学会游泳

1. 做绩优是打造高绩效团队的第一个台阶

打造高绩效团队有 3 个台阶：绩优做优、主管做强、团队做大。对应这 3 个台阶，伙伴一共需要学会 3 项手艺：销售的手艺、打造标准组的手艺、复制标准组的手艺。如图 3-2 所示。

（1）销售的手艺

先学会游泳，保证自己不被淹死。

销售手艺就是做标准业务员的手艺。在《我能做保险代理人吗？》这本

图 3-2 打造高绩效团队的 3 个台阶

书里，程智雄讲道：一个保险代理人只要在入行最初 2 年，积累下 50 个真实有效的客户，在这一行立足就基本没有太大的问题。

（2）打造标准组的手艺

有了销售手艺，就要复制销售手艺，组建队伍，打造标准组。从晋升主管到做强主管，提升自己的职业稳定性和安全感。

（3）复制标准组的手艺

有了打造标准组的手艺，就要复制标准组，把团队做大，无限延长自己的

职业寿命，最终实现依赖团队，过好余生。

做绩优就是不断打磨你的销售手艺，是职业生涯中的第一段路。做绩优是为下一个目标做积累和准备，夯实基础。做该做的事，不要着急。

2. 做绩优不是目的，做标准业务员才是

做绩优是要把业绩做好，业绩是结果的呈现。而做标准业务员除了要做到业绩好之外，还要具备以下 3 个衡量维度的能力。

一是学会两门专业——风险管理和财富管理，让自己的认知升维。

二是练就一项本领——销售高手，需要不断到市场上去实践打磨。

三是建立一个圈子——社会关系，也就是构建一个社会关系网络。

当我们想要打造自己的护城河，建立稳固的竞争优势，就可以从这 3 个维度入手。如图 3-3 所示。

1）学会两门专业——风险管理和财富管理

学会风险管理和财富管理，这是每个人一生的课题；对于保险代理人来说，除了让自己增长智慧外，更是给客户提供服务的需要。

图 3-3　标准业务员的
3 个衡量维度

首先是精通产品，能够精准地为客户设计方案解决问题。

其次是吃透保险知识，把产品方案的设计原理学明白。你可以去"知识星球"网络平台学习赵大玮老师分享的经验，他的"玮玮道保"的保险知识锦囊，每天更新，内容丰富，专业性强。

最后，还要涉猎足够多的金融知识，以满足客户全方位的财富管理需求。

具体如图 3-4 所示。

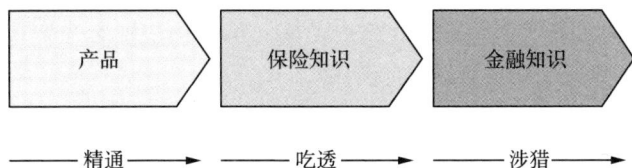

图 3-4　学会两门专业的 3 个维度

2）练就一项本领——销售高手

练就本领需要大量的实践，需要时间和耐心，一共有三关要打通，如图 3-5 所示。

（1）第一关：掌握销售技巧

李璞老师在《保险新趋势：做专业的保险顾问》（以下简称《保险新趋势》）

这本书里，给出了一张保险营销阶段示意图见图3-6。

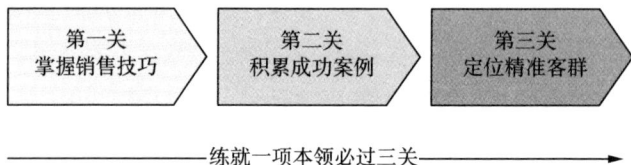

图 3-5　练就一项本领的 3 关

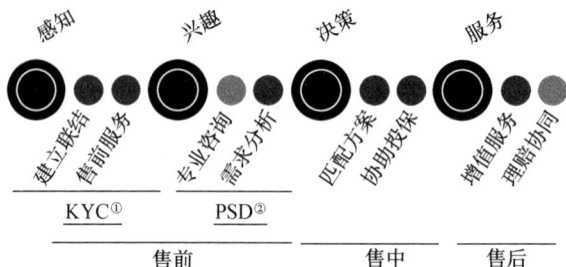

图 3-6　保险营销阶段示意图，来自《保险新趋势》

《保险新趋势》把整个营销环节分成了四个阶段：（售前）感知期、（售前）兴趣期、（售中）决策期、（售后）服务期。所以说，保险营销不是简单的一锤子买卖，而是一个完整的销售流程，不能偷工减料。

（2）第二关：不断地积累成功案例

你在实战中还要不断总结，然后再实战，再总结，就这样往复循环下去，直到至少积累100个成功案例。你遇到的大多数问题都是数量的问题，数量够了，能力自然就提升了。

（3）第三关：定位精准客群

在成功案例的基础上，要梳理出自己的精准客群，专注于这个客群去提升自己的专业能力，并通过建立长期的客户关系，形成稳定的客户资源和重复业务。

3）建立一个圈子——社会关系

人是社会动物，每个人都在社会关系的网络中。圈子越大，资源越多；圈子越好，价值越大。在现代社会，没有圈子，将寸步难行。建立自己的圈子有3个关键步骤，如图3-7所示。

（1）第一步：向外拓展网络

把自己放入圈子中，可以加入别人的圈子，也可以自己组局让别人进入你

---

① KYC（Know Your Customer，认识客户）。
② PSD（Professional Sales Development，专业销售开发）。

的圈子。多参加读书会、研讨会和社交聚
会，多结识优秀的人。凯文·凯利说，一
个人只要拥有 1000 个铁杆粉丝，这辈子几
乎可以衣食无忧。在《1000 个铁粉：打造
个人品牌的底层逻辑》一书里，作者伍越
歌给出了获得 1000 个铁杆粉丝的方法和路
径，很有指导意义。

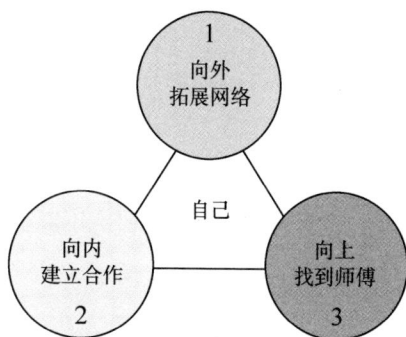

图 3-7　建立一个圈子的 3 个步骤

（2）第二步：向内建立合作

与其他团队成员、同事、上级和下级
建立良好的工作关系，互相支持和合作，共同实现团队和个人目标。

（3）第三步：向上找到师傅

找到行业内有经验和成就的师傅，最好是连续 5 年以上排名行业前 5% 的大
拿，去拜师学艺。成长的过程就是网络切换的过程，成长越快，圈子切换越快。

努力打好基础，先做好标准业务员，让自己有了生存的本领之后，得到你
想要的都是水到渠成的事。

二、总结输出，让别人能复制成功做法

赵姐在保险行业做了 5 年多了，业绩一直不错。下面是我跟她的一段对话。

我："这些年，你的业绩很平稳，你是怎么做到的？如果总结出 3 个关键点，
你认为是哪 3 个？"

赵姐："你突然这么一说，我发现我还从来没有认真思考过这个问题。"

我："你的伙伴从你身上学到了什么？"

赵姐："我天天教她们，她们就是学不会，没有一个学到东西的。"

我："你想过让你的业绩实现新的突破吗？"

赵姐："现在这个市场环境，能维持眼下的业绩就不错了，突破的难度太
大了。"

…………

许多伙伴跟赵姐一样，还停留在只顾低头自己做事，不会把自己的经验总
结成方法的阶段。在这种情况下，一方面自己越做越累，越做越难；另一方面，
团队的伙伴不能复制你的做法，始终停留在小白的阶段。

自己做绩优和别人能复制是两件事。怎么突破这个平台期？有 2 个步骤：

总结方法 + 不断输出。如图 3-8 所示。

1. 总结方法在于思考和记录

实操—总结—输出—成长是一个飞轮，如图 3-9 所示。在这个飞轮中，总结方法的前提是自己亲自实操，并且重复得到结果。总结方法的过程就是从理论到实践，再从实践到理论不断循环的过程。

实操 ① ② 总结

成长 ④ ③ 输出

总结方法 > 不断输出 >

图 3-8 突破平台期的两个步骤   图 3-9 总结方法的飞轮模式

举个炒菜的例子。

先对着视频学习，然后备料亲自实操。等到菜炒好之后，尝尝是不是好吃、盐有没有放多、调料是否合适、火候是否恰到好处……经过这么一轮复盘总结，下一次我们就知道怎么把这道菜做好了。

这个品尝的过程就是总结的过程。从品尝到再学习、再实践，要反复进行，直到把菜炒好为止。如图 3-10 所示。

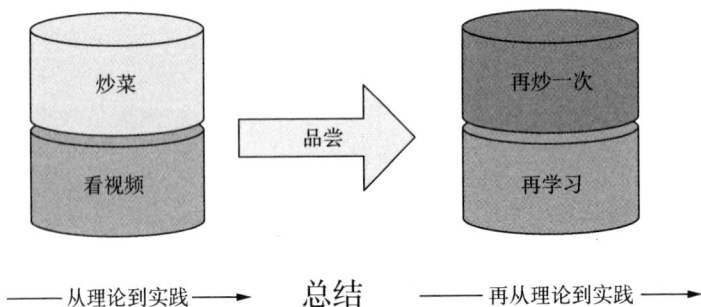

炒菜
看视频

品尝

再炒一次
再学习

—— 从理论到实践 →   **总结**   —— 再从理论到实践 →

图 3-10 炒菜的过程

回到保险工作中，总结方法就是思考和记录对的动作和需要改善的动作。比如，你今天去拜访了客户，那就要思考今天拜访客户时哪里做对了、哪里需要再完善、下次怎么做会更好，再将思考结果都总结记录下来。你可以在睡前进行思考并写到本子上，也可以随时记录在手机软件里。你还可以借助更强大的工具来辅助，让自己的做法更完善、更系统，比如制作思维导图、图表、课件等。根据个人的喜好和适应能力选择适合自己的方式就可以。

总结方法的过程，实际上也是复盘的过程。关于复盘，后面会专门讲到。

总之，善于总结思考，你才能迭代成长，突破瓶颈期。

2. 利用一切方式高频输出

费曼学习法的精髓就是用输出带动输入，教是最好的学，输出的意义在于通过理解和反思构建起新的认知框架。越分享，越成长，高频输出的过程就是思想不断升华的过程。我把我一直在用而且比较有效的方法分享一下。如图 3-11 所示。

朋友圈输出　　发短视频　　讲课分享

图 3-11　高频输出的 3 个做法

（1）朋友圈输出

我每天会把自己好的做法以模型的形式输出，并附上文字，每天发布 3 ～ 5 条。这样，有的微信好友看到了，就会转发我分享的内容，这样也会帮助到更多的人。

（2）发短视频

一个两三分钟的短视频，需要五六百字的文案，这就需要视频制作者去不断地思考表达方式，倒逼自己成长。自媒体时代，每个人都可以展现自己，不用非得把短视频拍得多专业。我的视频都是我自己拍摄、自己剪辑，很简单。

（3）讲课分享

抓住一切讲课分享的机会。我工作几十年，做过的大大小小的分享不计其数。不管是视频会议还是线下会议，不管是在本部门、本机构，还是在全市、全省，我都特别珍惜每一次亮相的机会。甚至每天一次的高频会议汇报我都不会错过，每次都用心去准备，说自己做的，做自己说的，让听的人有收获，让自己有成长。去全国各地授课也是常有的事，舞台越大，要求越高，成长越快。

输出方法除了以上这 3 种还有很多，比如写作、经营微信公众号、直播等，你可以根据自己的情况来选择。

你在专注于工作的同时，还要不断进行输出。通过不断输出，培养你的表达能力、提升你的声望，更好地与他人建立连接、为他人创造价值，同时实现自我的快速成长。

第二节　建队伍做组经理，打通晋升之路

咱们继续"打怪升级"，学第二个手艺。

如果说第一个手艺是做标准业务员的话，第二个手艺就是打造标准组。打造标准组有 3 个模块，一是找合伙人，二是做规划，三是会育成，如图 3-12 所示。

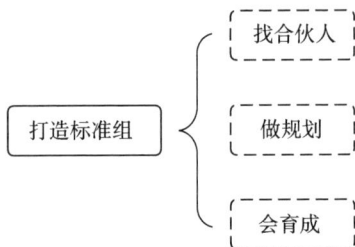

图 3-12 打造标准组的 3 个模块

一、了解建队伍本质，找到对的人

1. 建队伍的 3 个本质

建队伍的 3 个本质：常态做、讲路径、靠吸引。

（1）不是断断续续，而是常态做

前两天我在辅导王姐的时候，听到了她的抱怨。

王姐："在做业务的时候，我没有时间和精力去找合伙人，因此也错过了好几个优秀的人。"

我："这些人，有去同业的吗？"

王姐："有啊，我表姐就去了 ×× 公司，而且做得还不错，现在后悔也没有办法了。"

…………

这个问题是不是每位伙伴都遇到过呢？建队伍不是停下来去找合伙人，而是在做绩优的路上去找合伙人。取经在降妖的路上，建队伍在销售的路上。也就是说在做销售的时候不要忘记还有另一个更重要的任务，就是时时刻刻建队伍。

建队伍是给未来的合作伙伴提供职业解决方案，你要养成左手向客户提供产品解决方案，右手向合伙人提供职业解决方案的习惯，如图 3-13 所示。

很多伙伴会说找合伙人比做业务难，真的是这样吗？

我在锻炼身体的时候，总感觉我的左腿的力量不如右腿，我以为是平时坐姿不对造成的。教练说，大部分人的左侧的力量确实比右侧稍微差一些，因为我们平时习惯用右侧的肢体。

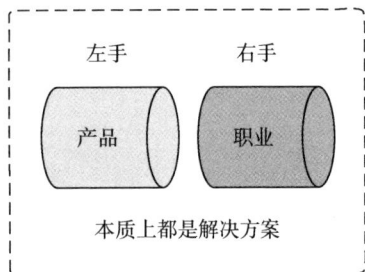

图 3-13 卖产品和卖职业，本质上都是提供解决方案

同样的道理，不是找合伙人难，而是你练习得不够。在销售的路上，多练习建队伍的能力，让自己两手都强。

（2）不是只讲支持政策，而是要讲整个职业发展路径

公司在阶段性发展队伍时，可能会给合伙人一定的政策支持。这个时候，你切记不要只盯着政策跟合伙人讲，而忽略了职业选择的其他因素。因为当下的支持政策，只告诉了合伙人"今天来干有什么好处"，没有解决"为什么干"和"怎么干"的问题。

什么时候讲支持政策呢？当你能确认合伙人有意愿加入的时候。只差最后临门一脚时再讲当下的支持政策，效果会更好。如图3-14所示。

行业　公司　自己　"保险基本法"　支持政策

图3-14　职业发展路径讲解示意图

（3）不是招聘，而是职业吸引

建队伍提供的是职业解决方案，那么，建队伍的逻辑就不再是招聘，而是职业吸引，如图3-15所示。

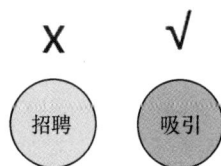

✗　　✓

招聘　　吸引

图3-15　建队伍不是招聘，而是吸引

跟大家分享一段我跟小刘的对话：

小刘："我现在最头疼的是'增'不来人。"

我："你以前是怎么做的？"

小刘："大部分时候是通过网络招聘。"

我："应聘者的年龄、学历和工作经验呢？"

小刘："学历至少是专科，工作经验比较少，年龄在25岁左右吧。"

我："他们拒绝你的理由大部分是什么？"

小刘："他们想找一份内勤的工作，觉得干不了保险。"

我："以前通过网络招聘来的人留存率怎么样？"

小刘："不是太好。"

我："你先问自己，这些人是你想要的人吗？"

小刘："我想要有经验又有学历的，可是这样的人，他们也不干保险啊！"

……………

通过上面的对话，可以看出，小刘用的是招聘思维，他招来的人大部分不

是他想要的人。因为这些来应聘的人，大部分抱着打工思维，而不是创业思维。而保险代理人签的是代理合同，你要找的是合作伙伴，是跟你一起打天下的创业者，不是来了之后只做一单两单凑人头的人。

创业者看重的是：你做这么好，我怎么才能做到？我想跟着你把你的手艺学会。这就是职业吸引。

招聘和吸引有什么区别？如图 3-16 所示。

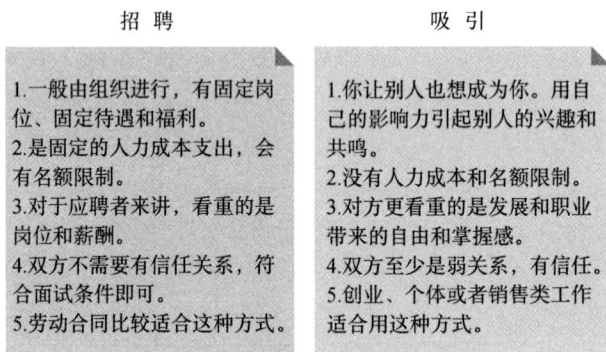

招 聘

1.一般由组织进行，有固定岗位、固定待遇和福利。
2.是固定的人力成本支出，会有名额限制。
3.对于应聘者来讲，看重的是岗位和薪酬。
4.双方不需要有信任关系，符合面试条件即可。
5.劳动合同比较适合这种方式。

吸 引

1.你让别人也想成为你。用自己的影响力引起别人的兴趣和共鸣。
2.没有人力成本和名额限制。
3.对方更看重的是发展和职业带来的自由和掌握感。
4.双方至少是弱关系，有信任。
5.创业、个体或者销售类工作适合用这种方式。

图 3-16 招聘和吸引的区别

2. 三大价值对齐认知

你在建队伍的时候，会遇到各种各样的拒绝。比如，很多人觉得"卖保险"没面子，担心亲戚朋友都因为自己做保险而远离自己；还有的是本人特别想干，但是家里人坚决反对；还有的是认为这份工作太难了，自己做不了；甚至有的人认为不如把买保险的钱存银行，没有人会买保险；等等。

以上这些是市场反馈的声音，不是他们的说法有问题，而是对保险这份工作了解得不够。下面，咱们来了解一下保险工作的三大价值：职业价值、连接价值、社会价值。如图 3-17 所示。

（1）职业价值

新人来到公司，就会参加"三讲"课程：讲行业、讲公司、讲自己。有的公司是"五讲"，再加上讲职业发展和讲职业趋势。这些都是在讲职业价值，让新人看到职业发展机会。

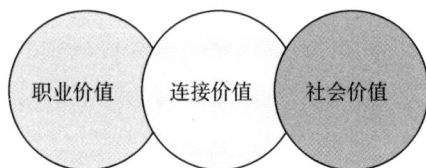

职业价值　连接价值　社会价值

图 3-17 保险工作的三大价值

（2）连接价值

职业价值之外，公司平台和团队资源也在不断提升你的连接价值。保险职业是接触人的工作，结识人的过程就是连接的过程，就是给自己"结网"的过程。

比如，你给客户提供产品解决方案，你跟客户之间就有了连接；你还可以让客户跟客户进行连接，让他们相互提供价值。结的网越大，你的连接价值就越大。当这个网络足够大时，它本身就有了价值，你就成为了网络的中心节点。

这个时候，保险工作的连接价值就超越了职业价值，因为你提供的不一定仅仅是保险解决方案，还可能是孩子教育问题的解决方案，可能是家人看病问题的解决方案，还可能是商业问题的解决方案。你通过提供连接价值，反过来换取的是保险工作的价值。如图 3-18 所示。

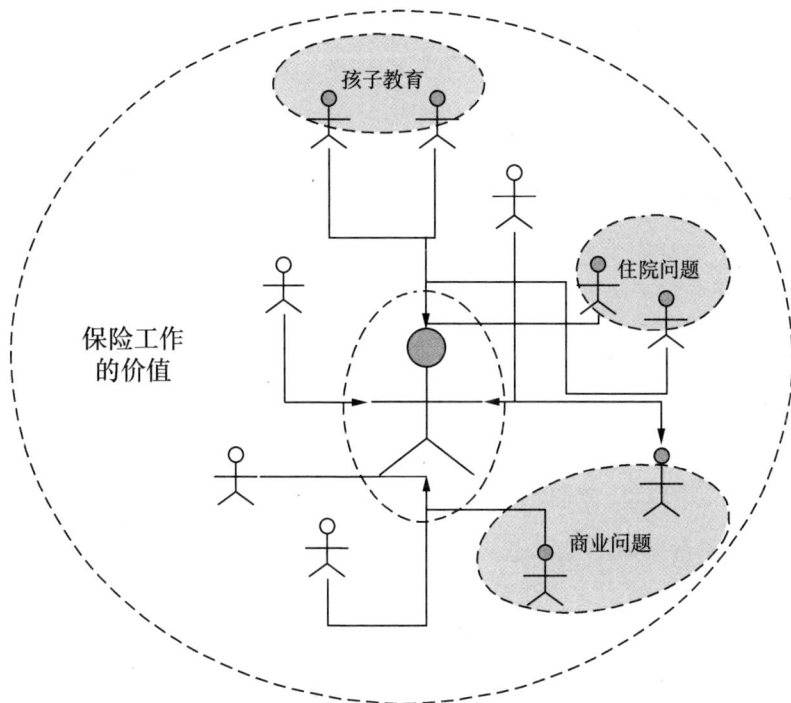

图 3-18　保险工作的连接价值

（3）社会价值

当你服务了上百个家庭时，当你解决了几十个伙伴的就业问题时，你就处在了网络的中心节点，你的社会价值也就体现出来了。如果说每个保险代理人是个体，那么，全国保险代理人就是一个行业，在为社会不断创造价值，并影响和改善着人们的生活。

3. 伙伴之间本质上是联盟关系

领英的创始人里德·霍夫曼曾经提出一个概念，叫"联盟"。对于保险代理人来讲，伙伴们之间很像是联盟的关系。因为保险代理人的组织架构相对松散，这种情况下，联盟理论就更适用。联盟有两个特点：目标一致、彼此借势，如图 3-19 所示。

目标一致　　　　　　　彼此借势

图 3-19　联盟的两个特点

（1）目标一致

目标一致是指，伙伴的个人目标正好嵌进团队的目标中。联盟理论里有一个任期制度，跟"保险基本法"的职级考核非常相似。或者说，"保险基本法"的职级考核就是任期制。从主管任期来看，在一个考核期内，团队主管带领所有伙伴完成团队目标，就完成了一个任期。从伙伴的角度来看，伙伴们不是为了主管达成考核，而是各自都有自己的任期，都要在任期内完成各自的个人目标。

这样，所有人就在任期内完成各自目标的过程中，实现了共同成长和发展。

（2）彼此借势

最希望伙伴发展的是主管，最希望主管发展的是伙伴。主管和伙伴之间，既没有岗位之争，也不存在利益之争。大家聚在一起就是去做同一件事，互相赋能，来实现同一个目标。

如果以联盟的理念去做，是不是能够吸引到你想要的合伙人呢？

4. 建队伍的 3 个适配

找合伙人的时候，要坚持一个原则：适配性原则。具体有 3 个适配：人与人适配、人与"保险基本法"适配、人与公司适配。如图 3-20 所示。

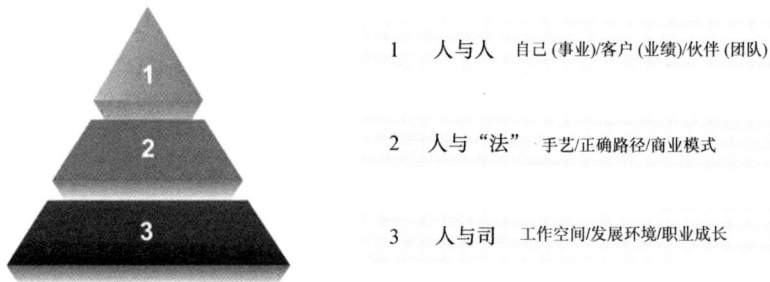

图 3-20　建队伍的 3 个适配

（1）人与人适配

人与人适配，包括合伙人是否跟自己的内心需求适配，是否跟自己的客群适配，是否跟团队的伙伴适配等。人与人适配的本质就是人与人的关系体现。

（2）人与"法"适配

人与"保险基本法"适配，指的是"保险基本法"是否能提供适合自己的职业路径，是否与自己的商业模式相匹配，是否能助力自己"3 个手艺"的提升等。

（3）人与司适配

人与公司适配，就是人与公司的价值观、管理方式、相关规定等适配，包括公司是否提供了广阔的发展空间，发展环境是不是自己想要的，是否有利于自己的职业成长等。

总结一下，建队伍在销售的路上进行，建队伍要靠职业吸引，吸引的前提是自己足够优秀。做业务和建队伍并不冲突，应熟练掌握职业解决方案，随时帮到有职业需求的人，将他们发展为你的第一批合伙人。

二、用五维模型 RISAC 规划新人职业发展路线

1. 五维模型 RISAC 规划的两个步骤

新人入职后，第一件事就是对新人进行职业规划。你可以从"保险基本法"的职责、收入、架构、行为、品质这 5 个维度出发来进行。

为什么用五维模型 RISAC 做职业规划呢？因为一个人的收入跟其他 4 个维度息息相关、相互影响，所以我们为了职业规划更客观、更具有可行性，需要从五维模型 RISAC 中的 5 个维度进行全面的分析。

五维模型 RISAC 做职业规划的两个步骤：挖痛点、提供职业解决方案。如图 3-21 所示。

挖痛点　　　职业解决方案

图 3-21　五维模型 RISAC 做职业规划的两个步骤

2. 挖痛点，要抓住 4 个关键词

一般在这两种情况下，我们会感觉到痛苦：一是对现状不满，感觉到压力或不适；二是想改变现状，期待更好的发展。此时，当下状态和理想状态之间存在很大的差距，这种失衡状态就是痛点，如图 3-22 所示。在挖痛点的时候，有几个关键词：现状、理想、担忧、打算。

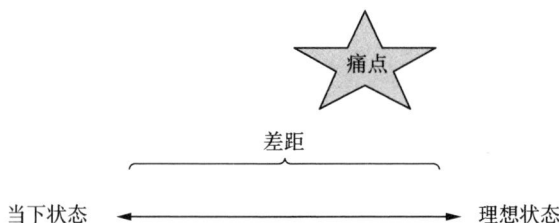

图 3-22　找到当下状态和理想状态的差距

来看一个实际例子：

小华，是小刘的同学，本科生，35 岁。在一家私企工作，年收入 12 万元左右，工作是财务部门经理。有两个孩子，一个 10 岁，另一个 6 岁。老公是上班族。

以下是小刘和小华聊天时挖痛点的关键问话：

"两个孩子平时都是谁照顾？你有时间陪孩子吗？"

"你觉得你工作这些年，有哪些收获？有哪些遗憾？你最担忧的是什么？"

"你理想的生活状态是什么样？"

"你有什么打算？"

…………

围绕哪些方面挖痛点？工作＋生活。

工作上，有几个方面：收入、工作时间、工作环境、晋升空间、公司文化等。生活上，最好能兼顾家庭、健康、个人成长等。

另外，痛点跟人生阶段、人的当下需求和人的生活观念等也有关系。比如经济压力大的人更关注收入高低，年轻人更看重成长空间，安于现状的人更看重工作稳定性和舒适度。

举一个收入和工作时间不同组合的例子，如图 3-23 所示。

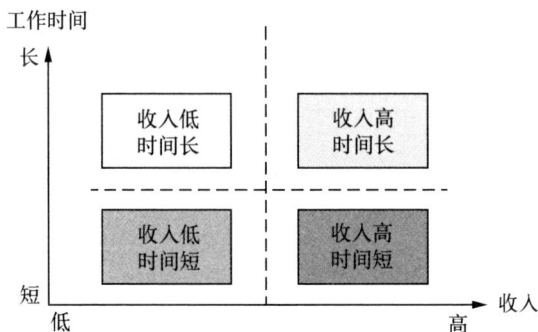

图 3-23　收入和工作时间象限图

在图 3-23 里，横轴是收入，纵轴是工作时间。这样就出现了 4 种情况：收入高时间长、收入低时间长、收入高时间短、收入低时间短。你现在所从事的工作属于以上哪一种情况？如果你现在面临很大的经济压力，而你现有的工作，无论怎么努力都不能提升收入上限的话，你就可以考虑选择工作同样的时间，收入更高的职业。这个时候，保险职业就可以作为一个备选方案供你选择。或者，原来的工作时间太长，影响了自己的生活和家庭，你就可以考虑在收入不变的情况下，从事时间缩短且有弹性的工作，这个时候，保险职业就派上用场了。

敲黑板

（1）你在找痛点的时候，要切记痛点一定要足够痛，痛到有严重后果，或者令人对未来恐惧担忧、特别想改变现状；否则它就不是痛点，只是抱怨和不满。不够痛，就很难走出舒适圈。

（2）痛点不是你觉得对方痛，而是他自己觉得痛，他自己有想改变的动机，这才是关键。

（3）除了正好在找工作的人以外，你要找的合伙人不会因为你去找他了，就立刻来跟着你干，对方做转行的决定是有决策周期的，短的几个月，长的 1～3 年。

---

3. 设计职业解决方案的两个原则

找到痛点之后，就可以设计职业解决方案了。在设计职业解决方案的时候，要坚持两个原则：变好和变现。

1）变好——看杠杆

变好就要找杠杆：要么是收入杠杆，收入至少是原来的 2 倍；要么是时间杠杆，时间是原来付出时间的 1/2，如图 3-24 所示。

以小华为例，小华原来年收入 12 万元，现在你要把小华的个人发展意愿融入"保险基本法"里，来设计一个 2 倍收入也就年

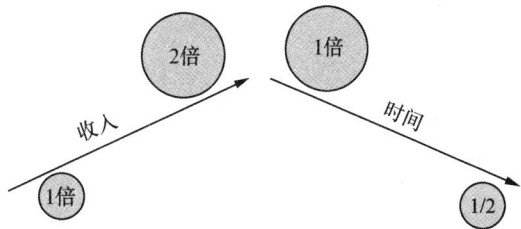

图 3-24　变好的两个维度

收入 24 万元的模型。然后再去探寻实现年收入 24 万元模型的可行性，也就是看一下小华现有的资源是否能支撑 2 倍的收入。如果不能支撑，下一步如何去做？什么时候能实现？

2）变现——看圈子

变现就是分析对方的生活、客户、伙伴这3个圈子，最大化利用资源来支撑杠杆。

（1）看这3个圈子之间是否有交集，找到小华职业变现的路径

如图3-25所示。

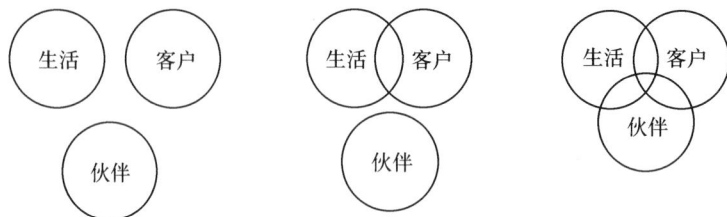

图 3-25　3个圈子的交集情况

如果3个圈子没有交集，说明小华跟客户之间的黏度和信任度不够；如果生活圈和客户圈有交集，跟伙伴圈没有交集，说明小华的销售业务潜力较大，但是找合伙人的话，需要重新进行经营和连接；如果3个圈子都有交集，说明小华的业务和建队伍潜力都比较大，业务和建队伍两条线可以并行发展。

（2）看圈子的层次高低，是否匹配，判断年收入24万元模型是否可行

如果小华的客户圈子正好跟小华的年收入圈层重合，而且客群还不错的话，达成年收入模型的可能性就较大；如果小华的客户年收入圈层较低，那么就需要调整盈利模式适应当下，同时小华也要慢慢来向上破圈；如果小华的伙伴圈子不错的话，就可以充分发挥团队的力量来达成年收入24万元。

小梅："你做的职业解决方案，小华做不到怎么办？"

我："这就是接下来我想说的，做职业解决方案的另一个重要作用——评估和筛选小华是否适合保险行业。"

所以，你在做职业解决方案的时候，变好和变现两个维度要结合来看。一方面，如果职业解决方案出来后，资源部分不能支撑收入模型，说明小华在当下不太适合这份职业，或者需要一个积累期和准备期来匹配这份工作。另一方面，你也要考量一下小华是不是你想要的人。如果你想找储备期长的潜力新人，那你就要给新人成长的时间；如果你想找资源好、变现快的优质新人，那你就要把他的资源盘整好。

4.设计职业解决方案的3个步骤

设计职业解决方案一共有3个步骤：现场勘查＋职业路线图＋月度行动清单。如图3-26所示。

1）现场勘查

现场勘查以五维模型 RISAC 为框架进行，如图 3-27 所示。具体流程是从收入入手，考虑架构，然后结合职责、行为、品质进行评估，获取一手详细资料。

现场勘查　　职业路线图　　月度行动清单

图 3-26　设计职业解决方案的 3 个步骤

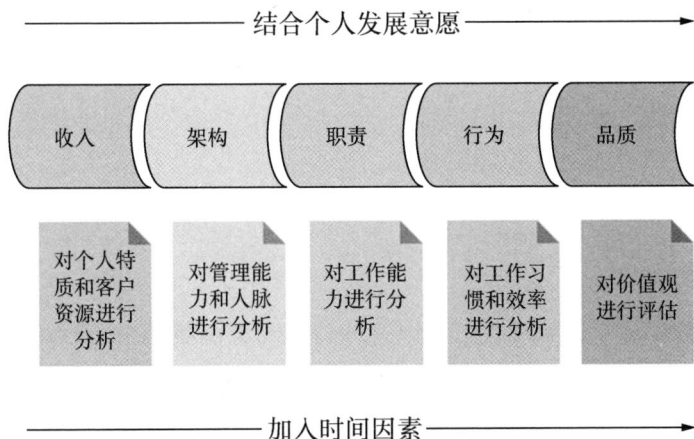

——————结合个人发展意愿——————→

收入	架构	职责	行为	品质
对个人特质和客户资源进行分析	对管理能力和人脉进行分析	对工作能力进行分析	对工作习惯和效率进行分析	对价值观进行评估

——————加入时间因素——————→

图 3-27　现场勘查围绕五维模型进行

还是以小华举例子。

从收入入手分析想法和需求——

"你对你自己当下的收入满意吗？"

"有没有想过用同样的时间获得 2 倍的收入？或者用一半的时间获取同样的收入，然后另一半时间由自己做主？"

"如果我有一个这样的解决方案，你想不想听一听？"

⋯⋯⋯⋯⋯

找社会资源分析收入模型和架构的可行性——

"你们公司有多少人？年收入在 15 万元、30 万元的分别有多少？"

"他们的保险配置情况怎么样？"

"你所在岗位平时跟哪些内部的部门和外部的企业或者机构打交道？"

"你有多少个微信好友？平时联系最多的有多少人？"

"他们的年收入？年龄？学历？在哪工作？最近都吐槽过什么？"

"你老公的同学朋友平时经常聚会吗？"

⋯⋯⋯⋯⋯

根据职责、行为、品质来评估达成的可能性——

"你平时下班和周末时间都怎么安排？"

"你喜欢什么样的生活？你又是怎么不断提升你的能力的？"

"如果真的是想有更高的收入，你愿意每天多付出 2 小时的时间来学习一门新的手艺吗？"

"如果是不想再继续现在的生活，想节省出来时间多陪孩子，那么你愿意为新的选择多付出努力吗？"

"如果选择一份新的工作，你想给自己多长时间实现超过现在的收入？"

…………

当然，这些问题应当因人而异，上面只是个了解信息的框架。

敲黑板

> 现场勘查时，主角是对方，你要结合他的发展意愿来进行，而不是把你自己的意愿强加给对方；其次就是要结合时间的维度去考量，要考虑新人成长的维度。

2）职业路线图

现场勘查获得了详细信息后，就进入根据"保险基本法"来提供职业路线图这一步。职业路线图包括时间和目标两个因素。

时间一般以季度或半年为单位，目标包括 4 个：发展目标、收入目标、对应的 FYC 目标和人力目标。发展目标指的是每个季度或半年如何发展，晋升目标是什么。收入目标跟新人技能和职级晋升都有关系。队伍发展目标和收入目标是设计出来的，而 FYC 目标是由收入目标结合"保险基本法"和公司政策倒推出来的。

跟小华了解完信息后，发现小华有管理能力，想组建团队，所以她的职业规划路线图就出来了，如图 3-28 所示。

先来看小华的发展目标：第一、二季度的发展目标是做绩优，晋升到销售经理职级；第三季度开始组建团队；第四季度晋升组经理并夯实团队。

接下来看收入目标：按照 2 倍收入目标来规划的话，年收入目标是 24 万元。第一、二季度是 5 万元，第三、四季度收入分别是 6 万元、8 万元。第三、四季度收入增加是因为组建团队会有组织利益的增加。

最后看 FYC 目标和人力目标，你先找到收入目标，对照"保险基本法"和公司政策，计算 FYC 的目标（这里不再具体计算），假定计算出来的 FYC 是 2

万元，人力是 6 人。

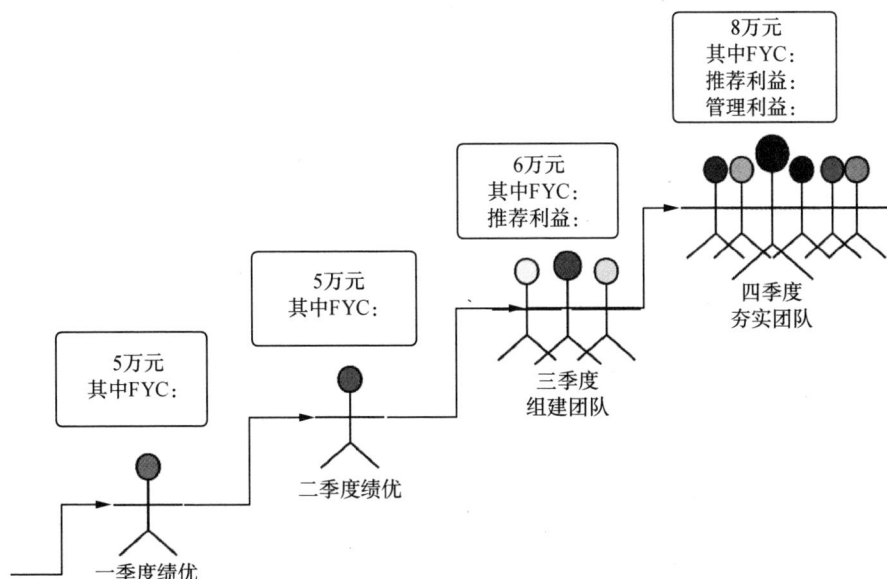

图 3-28　小华的职业规划路线图

3）月度行动清单

做月度行动清单共分两步：一是把结果目标转换成具体的行动目标；二是把行动目标放到行事历中，形成月度行动清单。如图 3-29 所示。

（1）目标转换

算出对应的 FYC 和人力目标之后，

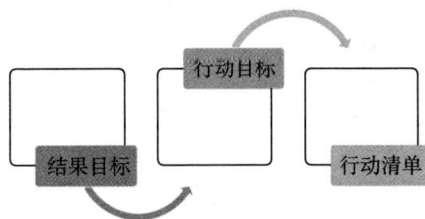

图 3-29　做月度行动清单的两个步骤

再把 FYC 目标转换成保件数。这里有个公式：FYC= 保费收入 × 佣金比例 × 件数。在前面现场勘查的环节初步了解到：小华的社会关系大多是年收入 15 万～ 20 万元之间的，年龄在 30 ～ 40 岁，高学历，中层管理者居多，有社保。他们的需求主要是大人的重疾险补充，孩子的教育金、婚嫁金、创业金的提前储备。按照家庭年收入的 10% 计算客户的年交保费，客户每年年交保费 2 万元左右，假定以 20% 计提佣金比例，每季度需要的成交保单数 =FYC 2 万元 ÷（2 万元保费 ×20%）=5 件。

这时，一年的成交保单件数、服务客群、年收入目标、合伙人画像、合伙人数就清晰了，如图 3-30 所示。

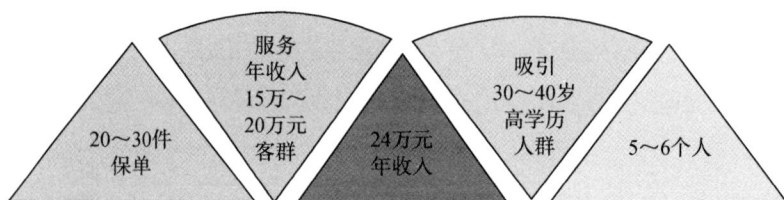

图 3-30　小华的目标转换图

到这里之后，还差最后一步，就是找到客户数和合伙人数。也就是说，保单件数需要对应到具体的客户名单上。这就涉及前面提到过的一个概念：转化率。假设转化率是 20% 的话，每季度 5 件保单需要 25 个准客户。这 25 个准客户在哪儿、怎么去经营，才是小华工作的目标。人力目标 6 人，转化率是 30% 的话，第 1 ～ 3 季度需要 20 个准合伙人，也需要落实到合伙人名单上。

落脚到小华的行动目标上，有两个：一是每季度 25 个年收入 15 万 ～ 20 万元客户的名单；二是前三季度 20 个 30 ～ 40 岁高学历合伙人的名单。

（2）行动清单

为了更好地行动，将上面的名单加上时间因素，植入每天的工作当中，就做出了一个月度行动清单，如图 3-31 所示。

小华　**月行动清单**

日期	行动	客户名单	服务形式	服务目的	收获
1.1下午3点	王总办公室初次面见	王××	约喝茶	获取家庭信息、保单信息	略

图 3-31　小华的月度行动清单表

在做行动清单的时候，五维模型 RISAC 中的行为、品质这两个维度很重要，直接决定着行动清单能否落实。你要结合小华的时间、行为习惯合理制订符合她情况的行动清单。

好了，设计职业解决方案的 3 个环节就完整介绍完了。职业解决方案的本质是把 "NO" 变成了 "HOW"，也就是把 "做不到" 变成了 "怎么做"。如果你按照这个规划图的路径去做，让小华提前看到自己的职业发展蓝图，是不是会提升她的职业目标的确定性和她的安全感？

赶紧拿起职业解决方案这件武器，跟魔法师一样，让优秀的人在保险这条赛道上通过资源变现，让自己变得更好！

5.设计职业解决方案的3个挑战

最后，不得不再提醒下，实际工作要复杂得多，做职业解决方案时，还会遇到很多挑战，比如：职业方案的变动性、新人个人方向不明确、受到资源和机会的限制等。如何应对？如图3-32所示。

图3-32　设计职业解决方案的3个挑战

（1）应对变动性，实时调整

职业解决方案在执行过程中，不是一成不变的，会受各种内、外部因素的影响，需要你在原职业解决方案的基础上不断调整。

（2）应对个人意愿和方向不明确，先规划再调整

新人可能自己都不清楚自己的职业方向，从而影响其提供的信息的真实度，这也很正常。可以先做一个相对合理的职业解决方案，先行动起来，然后在做中学，在做中悟，在做中找方向。

（3）应对资源和机会的限制，多做几套方案

做职业解决方案时要考虑到可能会遇到的一些突发事件的影响以及一些政策条件的制约，职业解决方案要保留弹性。最好的方法就是做至少3套解决方案，来应对变化。

第三节　辅导新人，设计合身的盈利模式

一、出发前做好两件事：确定新人的角色定位和盈利模式

新人入司之后，就会涉及真正的辅导动作了。在辅导新人之前，组经理要做好两件事：帮助新人做好角色定位、设计好盈利模式。如图3-33所示。

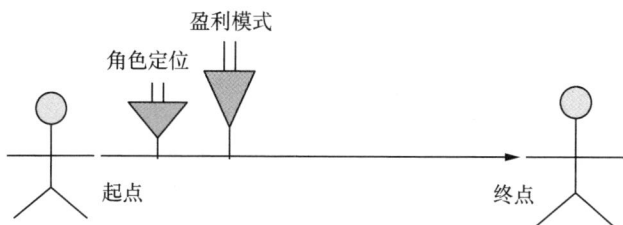

图3-33　组经理辅导新人之前要做的两件事

1. 清晰的角色定位，避免内耗

很多伙伴工作半年了，都不好意思跟别人说自己在从事保险工作。这就是角色定位的问题。新人从一开始就要有清晰的角色定位，带着正确的职业心态和工作态度投入工作，才会事半功倍。

角色定位的目的是让自己的思想和行为逻辑自洽，认可这份工作并愿意为之付出努力，减少不必要的精神内耗。新人的角色定位，简单说就是：我是谁？我去向哪里？如图 3-34 所示。

我是谁？我是保险代理人。作为保险代理人，我有哪些职责？我要服务哪类群体？我能为客户提供什么样的服务？

我去向哪里，也就是我的职业发展方向是什么，我今年要服务多少家庭，等等。比如：1 年内带一个

我是谁？　　我去向哪里？

图 3-34　角色定位需要思考的两个问题

10 人的团队，5 年内带一个 20 人的团队，10 年内带一个 30 人的团队。

"我是谁"就是起点，"我去向哪里"就是终点。固定好起点和终点，两点之间就有了一条从起点向终点的行动路径。就好比测量距离，先要把起点和终点定好，才能用尺子量出长度。

2. 匹配的盈利模式，确保顺利达成目标

有了定位，还得知道走哪条路来实现目标。也就是要确定好新人的盈利模式。

比如从广州去大连的交通方式是选择水路、陆路还是航空？还是先陆路后水路？小华想实现年收入 24 万元的目标，是通过业绩还是团队来实现？还是先业绩，然后业绩＋团队来实现？

确定盈利模式，分两步：一是确定小华是哪种类型的保险代理人，二是找到匹配的盈利模式。

（1）保险代理人类型

保险代理人分为服务型和资源型两类。确定保险代理人类型，你可以从社会关系和个人特质两个维度来考虑，如图 3-35 所示。一般来讲，个人特质强的是服务型；社会关系强的是资源型。

经分析，小华在第 4 象限，个人特质强、社会关系弱，属于服务型的伙伴。

（2）盈利模式

小华入司后，该怎么去设计她的盈利模式呢？先看下面这个保单生产过程，

如图 3-36 所示。

社会关系

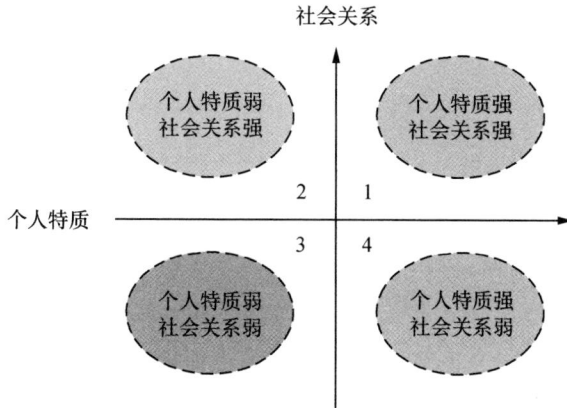

图 3-35 从社会关系和个人特质角度划分的代理人分类图

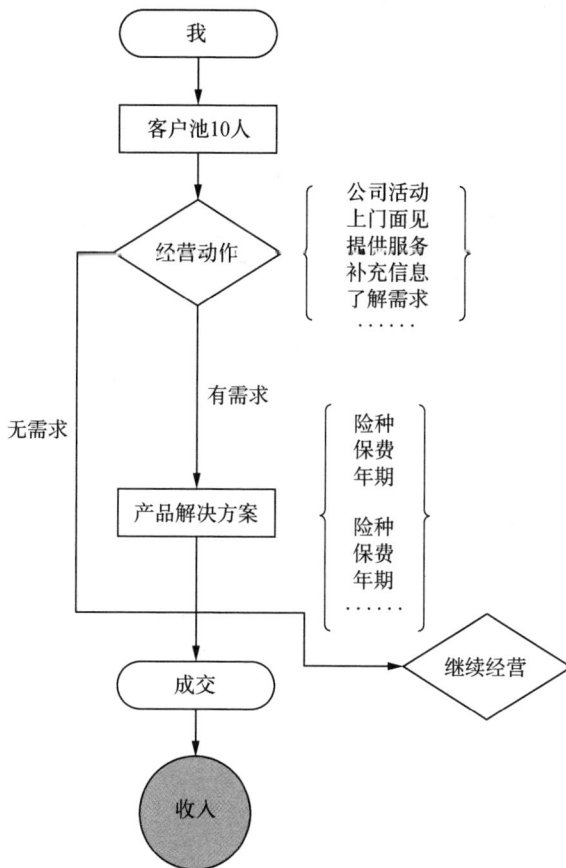

图 3-36 保单生产过程

在整个生产过程中，涉及销售方式、经营方式、客户层次、产品策略这 4 个盈利模式的核心要素。

① 销售方式：小华可以通过将个人工作室和公司资源相结合的方式进行，在体现自己专业度和差异化的同时，强化客户的体验感，塑造自己的品牌。

② 经营方式：小华的客户圈子和伙伴圈子是一致的，年龄和学历比较匹配，这样就减少了建队伍的阻力，她可以在第三季度发力建队伍，开凿出第二个盈利管道，让职业之路越走越稳。如图 3-37 所示。

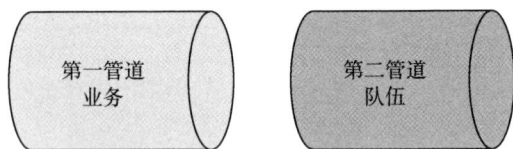

图 3-37　小华的两个发展管道

③ 客户层次：年收入 15 万～ 20 万元，年龄在 30 ～ 40 岁，中层管理者居多。虽然小华平时的工作没有主动连接这类人群，但是基于小华自己的强个人特质，她可以通过专业能力的提升，在工作中边挖掘边积累，不断扩大自己的资源池。将资源池中的准客户由 10 个变成 20 个，再变成 30 个。

④ 产品策略：跟客户层次和小华的专业度息息相关。产品可以聚焦家庭保单和高件均的产品方案。

新人的盈利模式从一开始就要搞定，然后在做的过程中再逐渐优化和完善，才能确保新人的收入目标能够达成。

总结一下，角色定位和盈利模式就是旅途中的导航仪，要放在背包里，随时拿出来看看，别偏离了方向。

二、制定主管和新人前两个阶段的行动路径

有了角色定位和盈利模式，小华开始行动了。明确的行动路径就跟旅行中的地图一样重要。而入司后的第一个半年更是最关键的时期，行动路线图就需要更详细。

行动路径就是践行职业解决方案的流程，前面咱们讲过新人"334 原则"。第二个"3"就是 3 件事。在规划行动路径的时候，重点就是每季度的 3 件事怎么去落地实施。下面以新人第一年内 4 个阶段的前两个阶段为例，分别规划主管和新人的行动路径。

1. 第 1 阶段：第 1 ～ 3 个月行动路径

这个阶段新人的重点是掌握产品及保险知识，熟练设计产品解决方案；同

步收集客户反馈，找到下一步经营动作，在实践中练就销售技能，完成收入目标。

1）第 1 个月最关键

（1）新人行动路径

比如，小华第 1 个月的目标是帮 30 位精准客户设计产品计划书。这个 30 人的名单先按照客户分类梳理，然后进行排序，按照顺序每天去面见。这样，把晦涩的知识用在实践中去消化，既锻炼了沟通能力，又提升了产品方案设计能力。

接下来的动作，就是制订行动计划和路线图，如图 3-38 所示。

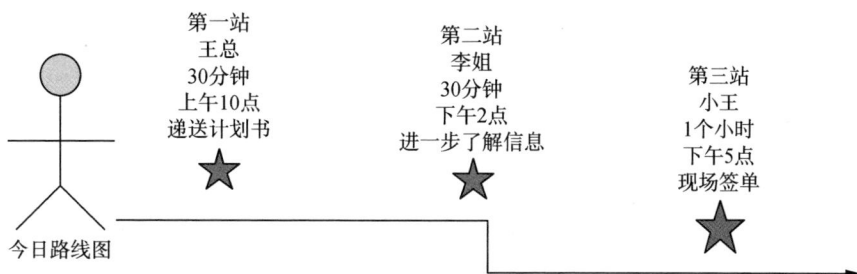

图 3-38 第 1 个月新人行动计划和路线图

罗振宇老师曾分享过一个他自己工作的秘诀——把任务嵌进时间表里，从而确保目标达成。《罗辑思维》每天发 60 秒语音坚持了 10 年，要连办 20 年的跨年演讲一直在进行，即使是新冠疫情期间也没有停止，这就是时间表的力量。

（2）主管行动路径

主管在早会、正常经营和训练之外，还要在小华进市场的过程中，像导师一样，同步制定一个辅导行动路径图，以便随时提供支持，如图 3-39 所示。

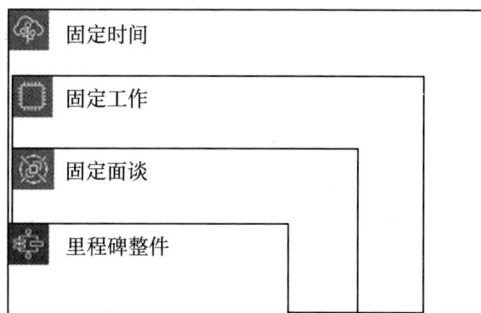

固定时间：每天 1 小时复盘辅导，雷打不动。

固定工作：产品计划书辅导 + 客户反馈总结 + 下一步 3 个具体经营动作。

图 3-39 第 1 个月主管辅导行动路径图

固定面谈：月度 1 小时面谈总结，启动下面的工作。

里程碑事件：完成 10 份计划书递送、成交第一张保单、积累到 10 个客户等，有仪式感地推进。

敲黑板

案例中，第 1 个月没有给小华设定成交目标，不等于不成交。

如果小华当下客户积累多且比较优质，不要放弃成交的机会，让其从一开始就在高点起跳。如果小华跟客户之间的信任度不够，需要重建联系，保持平常心，提高活动量，然后交给概率和时间。

有的新人在第 1 个月业绩就大爆发，原因正是入司前的积累。有积累时，就要挖掘透资源，不要浪费；没有积累时，还是要保持耐心。毕竟每个人所处的阶段不一样，花期自然不同，努力去做，静待花开。

不设定成交目标，是让新人在第 1 个月减少压力，确保动作不走形，在此基础上寻求结果和收获意外之喜。

2）第 2～3 个月，加量加料，结果导向

在第 1 个月的基础上去做加法，要有进球。一方面是先活下来再活好，另一方面用正反馈来提升新人从业信心。这个阶段，是新人销售技能不强的时候，正处于爬坡期，如图 3-40 所示，让新人学会借力是最重要的。你作为主管就是新人登山暂时离不了的那根拐杖。

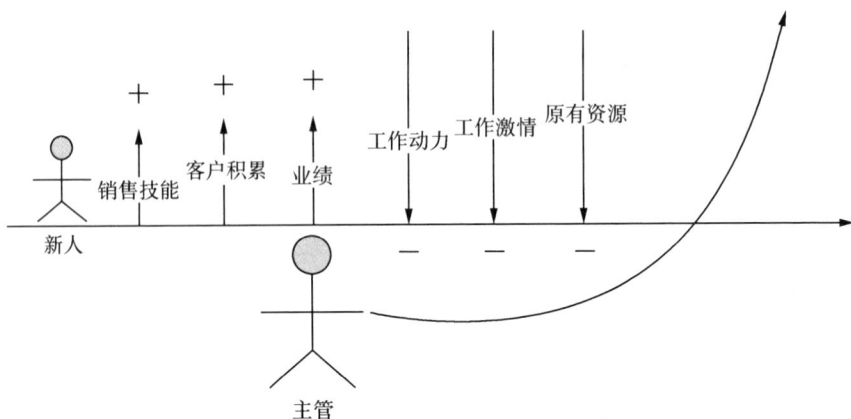

图 3-40　第 2～3 个月主管辅导重点

（1）新人行动路径

新人工作习惯的养成对职业发展至关重要。主管要保证新人做到出勤又出力，出现又出单，永远坐在第一排。在这个阶段，新人的 3 件事是梳理现有资源、扩展新增资源、持续销售动作，如图 3-41 所示。

第 1 件事，梳理现有资源：从整理通讯录和微信好友开始，把无用的删除，

有用的标注好信息和准备见面的时间。入司前名单只是名单，入司后名单就要变成资源，结成网络，然后产生价值。在《我能做保险代理人吗》这本书里，程智雄老师给出了一张"客户情况梳理表"，如表 3-1 所示，你可以借鉴一下。

图 3-41　第 2～3 个月新人 3 件事

表 3-1　客户情况梳理表，来自《我能做保险代理人吗》

项　　目	情　　况	评　　分
年龄		
家庭状况（婚否、子女情况）		
年收入		
职业背景		
熟悉程度（认识年限+交往程度+接近难度）		
转介绍能力		
总分		

第 2 件事，扩展新增资源：对梳理之后的名单进行加工分类，对优质名单进行扩展，重点经营。

第 3 件事，持续销售动作：跟第 1 个月一样，按照相应需求给不同的客户设计产品计划书，并按销售流程去经营。

做完以上动作之后，再遇到问题，新人可以第一时间借助公司的资源，增加客户的信任度；也可以借主管的辅导，不断提升自己的销售技能。

敲黑板

遇到问题，寻求帮助，不要自我放弃。

很多新人不好意思求助公司和主管，自己又解决不了当下的问题，久而久之，就不想干了。在这里做个提示：新人要追着主管问，如果你的主管解决不了，就去问别人，直到把问题解决掉为止。

（2）主管行动路径

主管辅导新人的目的是用辅导换结果，用结果换信心，用信心换发展。为此，主管要同步做好 3 件事：收入规划、案例辅导、每周面谈，如图 3-42 所示。

图 3-42　第 2～3 个月主管 3 件事

第 1 件事，收入规划：月初或上月末，结合"保险基本法"给新人做月度规划。

第 2 件事，案例辅导：主管除了按照"我做你看，我说你听；你做我看，你说我听"的十六字方针，以现场教学、现场演练的方式进行辅导外，还要针对新人的实战案例进行拆解分析，也就是案例辅导。通过对真实案例的具体分析，帮助新人找到下一步经营动作，持续向前推进销售动作。

咱们以建队伍为例，从 6 个维度进行案例分析，以下是案例辅导的模板，如表 3-2 所示。

表 3-2　建队伍——新人案例分析的 6 个维度

新人姓名：	辅导记录	填写说明
1. 他是不是你想要的人？		新人信息、基本评估
2. 他的职业痛点是什么？		痛点+后果
3. 他的优势是什么？		从销售、增员、管理三个维度评估
4. 你对他的价值是什么？		帮新人做什么
5. 你准备怎么借势去经营他？		写出3个经营动作
6. 他入职最大的担忧是什么？		瓶颈和担忧

第 3 件事，每周面谈：每周至少一次 1 小时的一对一面谈，随时为新人加油充电，陪伴成长。如果有需要的话，主管还要对新人进行差异化辅导和陪访，以激发出每个人的最大潜能。

最后，主管要把这 3 件事跟自己的销售动作结合在一起，合理安排时间，制定出行动路线图和周工作时间表去落地执行，如图 3-43 所示。

2. 第 2 阶段：第 4～6 个月行动路径

（1）新人 3 件事

有了前 3 个月构建的工作模式之后，新人第 4～6 个月的行动路径就简单多了。这个阶段还是以"保险基本法"为核心，围绕持续做绩优这个目标去行动，并在此基础上，去改善这 3 个动作：总结销售方结、迭代学习内容、持续案例积累，如图 3-44 所示。

周工作时间表

周一下午2—3点给新人做月度收入规划

周三上午10—11点给新人做案例辅导

周五下午5—6点给新人做本周工作面谈

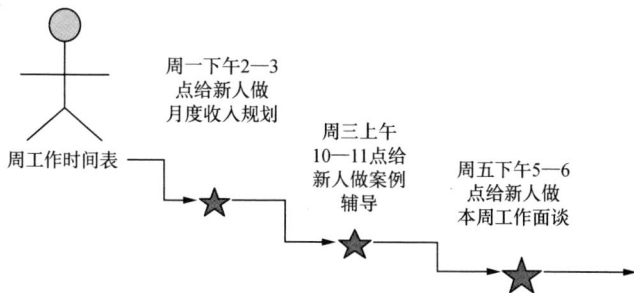

图 3-43　第 2～3 个月主管行动路线图和时间表

① 第 1 件事，总结销售方法：新人要边做边总结：自己在销售习惯、客户圈层、销售技能等方面有哪些做得好的地方？哪方面需要提升？怎么让这些优势变成自己的手艺？在《最强身心》这本书里，作者山田知生给出了一个稳步前进方法的路径图，如图 3-45 所示，思考总结就是其中重要的一环。

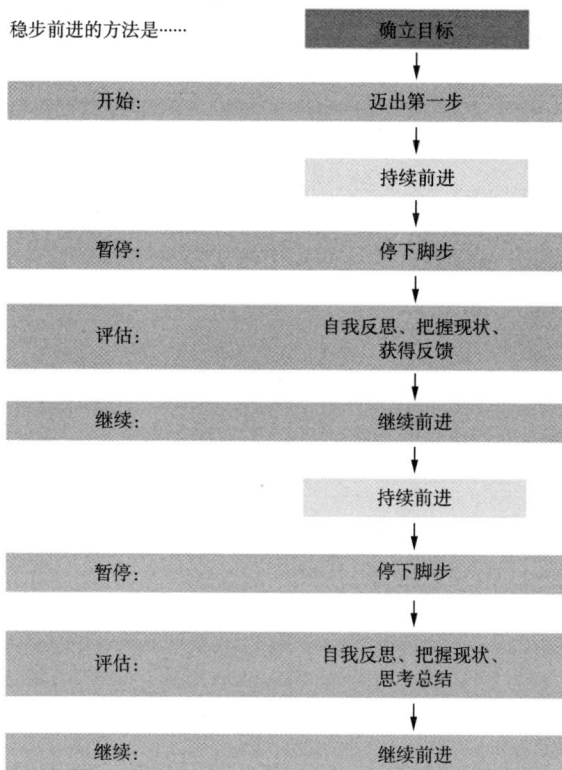

总结销售方法　＋　迭代学习内容　＋　持续案例积累

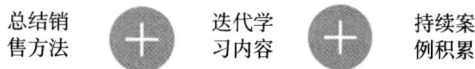

图 3-44　第 4～6 个月新人 3 件事

稳步前进的方法是……

	确立目标
开始：	迈出第一步
	持续前进
暂停：	停下脚步
评估：	自我反思、把握现状、获得反馈
继续：	继续前进
	持续前进
暂停：	停下脚步
评估：	自我反思、把握现状、思考总结
继续：	继续前进

图 3-45　稳步前进方法路径图，来自《最强身心》

② 第 2 件事，迭代学习内容：在实践中，哪些知识需要重构？哪些技能需要精进？让自己强大是解决问题的唯一方法。在《有解》这本书里，奉湘宁、顾淑伟两位作者给出了一个解决问题的 KSME 模型。K 指的就是知识（Knowledge），也就是要具备完整的知识体系，并保持先进性。S 指的就是技能（Skill），技能是通过训练习得的。有了知识，需要转化为技能，这需要在实践中积累，没有捷径可言。

③ 第 3 件事，持续案例积累：失败案例和成功案例的积累，可以加速自我迭代的步伐。所以，案例的持续积累是销售中的一大法宝。一般的公司都有自己的案例库，这些案例都是公司的宝贵资产，比如，得到高研院专门有一个实干家案例库。对于新人来讲，也要建立自己的案例库，做未来的自己的老师。

你可以根据伙伴分享和自己的实践来建立案例库。刚开始，不用追求完美，只要把每个案例记下来就可以，以后有时间了再分类总结。记录的时候，分 3 部分：技法 + 心法 + 感悟。"案例库登记表"模板如表 3-3 所示。

表 3-3　案例库登记表

项目	结果
案例名称：	
1. 技法	
有哪些坑不能踩？	
工作流程是什么？	
关键点是什么？	
其他	
2. 心法	
为什么这么做？	
他是怎么想的？	
其他	
3. 感悟	
我可以借鉴的是什么？	
能用在哪些方面？	
准备怎么去改善？	
其他	

一年以后，当你积累了 100 个以上案例的时候，你就拥有了比别人更强的铠甲和底气了。现在就从第一个案例开始搭建自己的第二大脑吧。

（2）主管 3 件事

同样，主管在新人入司后第二个季度里，根据新人的成长进度，要进一步明确其发展方向，调整辅导节奏和方法，重点有以下 3 项内容，如图 3-46 所示。

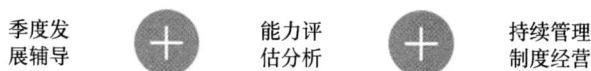

季度发
展辅导　　＋　　能力评
估分析　　＋　　持续管理
制度经营

图 3-46　第 4～6 个月主管 3 件事

① 第 1 件事，季度发展辅导：在第 4 个月月初的时候，主管要给新人做季度发展辅导，以"保险基本法"为核心聚焦绩效辅导。"季度发展辅导表"见表 3-4。

表 3-4　季度发展辅导表

项　目	结　果
1. 前三个月的绩效表现	
其中：优秀的表现	
需要改进的表现	
2. 下个阶段工作规划	
3. 为达成下阶段计划，需要采取哪些措施？	
4. 需要什么帮助和支持？	
5. 主管同步做的几件事情	
6. 其他	

② 第 2 件事，能力评估分析：在新人前 3 个月的实战中，能力评估是很重要的内容，能力成长线是业绩指标下的另一条主线，只有能力和业绩同步成长，才能不断支撑新人的职业发展。"能力评估表"见表 3-5。

表 3-5　能力评估表

一　阶　段	自我打分（0～10分）	差距在哪儿？
1. 知识进步速度		
2. 技能进步速度		
3. 核心能力进步速度		
4. 哪方面能力需要辅导和支持？		
二　阶　段	内　容	期待得分（0～10分）
重点提升哪方面能力？		

③ 第3件事，持续管理制度经营：任何时候，"保险基本法"都是一条中心线，也是工作的核心标准，不能偏离，主管要围绕这条中心线去辅导新人的工作。

三、后两个阶段：调整工作模式，做好身份转换

小华入司后第三、四季度处于建队伍并晋升为主管的阶段。这个时候，她的工作就不是单一的销售工作，而是销售、增员和管理3项工作。这就需要小华做身份转换，重新调整工作模式。

面对工作任务的增加，小华该怎么办呢？如图3-47所示，拆开这3封信会助力她尽快适应主管这个职级。

做好身份认同　　　知识体系搭建　　　高效率工作

图3-47　主管调整工作模式的3封信

第1封信：做好身份认同

晋升主管后，小华自己要先接受并认可主管这个身份。《身份认同》的作者提到这样一个观点：一个人的偏好会受社会身份的影响，在某种意义上，社会身份就代表你这个人。现在，主管就是小华的职业身份，主管就代表小华这个人，小华要确保行为和身份的一致性。

换句话说，小华要开始履行主管的职责了。比如，团队的目标就会由小华负责，而不是由团队的伙伴负责，这是由主管这个职业身份决定的。

第2封信：知识体系搭建

遇到新的挑战就要补充新的弹药，这个时候小华不再是单枪匹马，而是拥有一个团队。那么，要把自己的小组管理好，就要把团队管理纳入自己的知识体系和学习地图。刘澜老师在《极简管理学》这本书中，这样定义管理：管理就是利用资源实现目标。管理者就是利用资源实现目标的人。主管要利用一切资源实现团队的目标。

第3封信：高效率工作

任务增加了，时间没有增加，小华只能改变效率这个变量。也就是说原来在1个小时之内搞定的事情，现在就要在半小时甚至15分钟内搞定。任务多

了，时间颗粒度要变小，要让自己的能力与职级和责任相匹配。

本章到这里就结束了，小华从一个标准业务员华丽转身为新锐主管，在此过程中，经过了做绩优、教别人做绩优、找合伙人建队伍、辅导新人等精彩的工作历程，让咱们共同期待小华的职业发展路径越来越广阔。

本章思维导图见图 3-48。

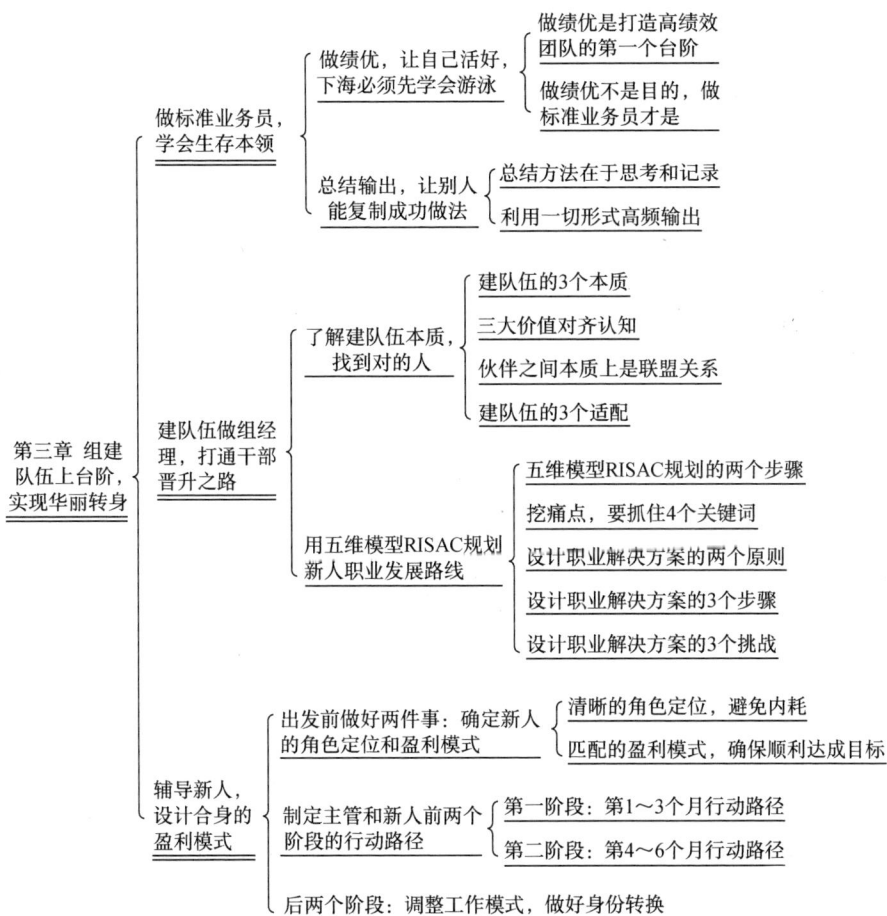

图 3-48 本章思维导图

第四章

晋升营业部经理，自己做老板

过完上面的 3 关，把基础夯实之后，就可以为晋升营业部经理做准备了。本章，我们将继续通关：一是为育成组做好准备；二是不断育成组；三是制订主管陪跑计划，实现组强部强。如图 4-1 所示。

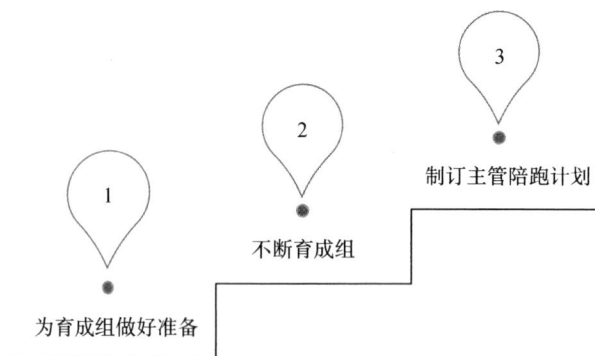

图 4-1　晋升营业部经理必过 3 关

第一节　职级晋升不是直线上升，而是春种秋收

小梅："小华刚当上组经理就晋升部经理，是不是太快了？"

我："你说得太对了，地基不牢，地动山摇。小华在晋升下一个职级前要夯实 3 项基本功：一是做好标准组；二是做强直辖组；三是双倍储备干部。如图 4-2 所示。小华在做到了这 3 点以后，才能做下一步动作：育成架构。"

图 4-2　晋升部经理前要夯实 3 项基本功

做好标准组就是扎马步，不但要保证小组整体达标，还要保证小组内的伙伴人人达标。做强直辖组就是把蓄水池蓄满水，是在做好标准组的基础上，提升产能、增加人力。双倍储备干部是飞机进入跑道前的准备，是在直辖组做强的基础上，培养干部，为职级晋升做好冲刺准备。

一、夯实赛道，做好标准组，先滑翔再起飞

小华晋升组经理后的第 1—2 季度，最重要的事情就是夯实小组，打造标准

组。也就是说，小华从做绩优、建队伍，走到了打造标准组这一步，如图 4-3
所示。组是架构的第一级台阶，是最小的组织单元，承担着业务和任务的具体执行，在整个组织结构中具有重要的作用和功能。

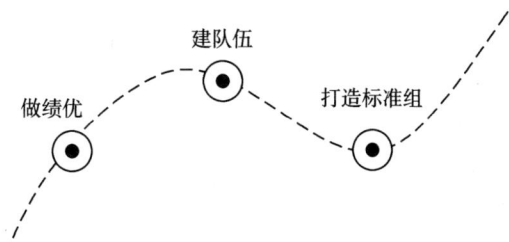

接下来咱们分 4 部分内容来了解。一是这里所说的标准组跟"保险基本法"中的标准组是否一样，二是为什么要打造标准组，三是怎么打造标准组，四是形成标准组的手艺分几个阶段。如图 4-4 所示。

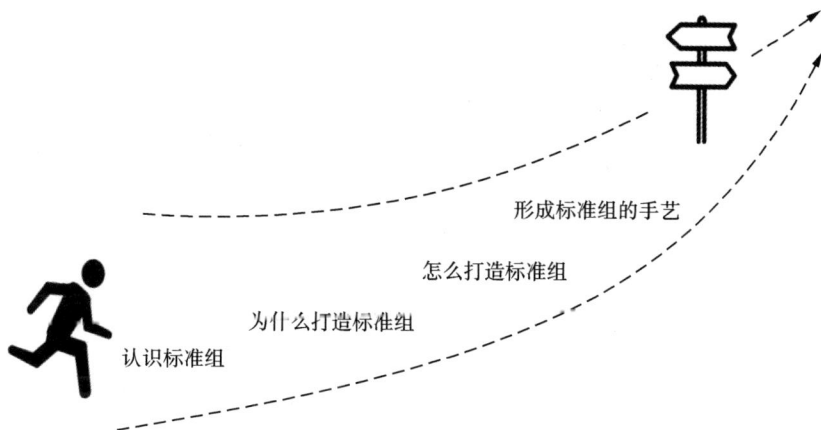

图 4-3 小华职级晋升的职业旅程——打造标准组

图 4-4 打造标准组的 4 个阶段

1. 标准组的 3 个衡量维度

前面咱们讲过标准业务员，这里讲一下标准组的概念。在各家公司的"保险基本法"里，都有相应的标准组的认定标准，主要是从小组人力、FYC 等维度来评价组经理的经营和考核情况。

标准组是自己的旗舰店，除了达成"保险基本法"的考核外，还要有以下 3 个衡量维度：有标准、可复制、可裂变。如图 4-5 所示。

图 4-5 标准组的 3 个衡量维度

（1）有标准

小组有自己的工作模式，比如：面访客户、会议经营、团队管理等有标准化的工作流程和工作要求，小组成员有良好的工作习惯，工作效率能支撑绩效目标实现。

（2）可复制

小组的工作方法和运营模式能够复制传承，产能和人员相对稳定。

（3）可裂变

小组内工作1年以上的伙伴居多，且有发展意愿，新增和发展形成良性循环。在"保险基本法"下，有良好的内部创业氛围。

有了这3个衡量维度，在"保险基本法"标准组的考核标准之上，你可以根据你团队的年收入模型设置新的标准。

2. 打造标准组不只是为了增加收入

打造标准组有3个目的：增加收入、做强团队和练就手艺，如图4-6所示。增加收入是做标准组的基石，有了这个基石之后才能做强团队和练就手艺，但不意味着做标准组就是为了增加收入。

（1）增加收入

小华晋升不是为了顶一个主管的头

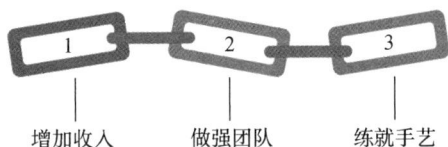

图4-6 打造标准组的3个目的

衔，而是要带领团队一起提升收入。刘润老师在《关键跃升》这本书里提到：管理者要用管理效率打败自然效率，创造更大的价值。书里举了个例子：原来10个人一天只能种20棵树，因为你当主管了，团队管理得好，现在10个人一天能种80棵树了。一天种20棵树就是自然效率，一天种80棵树就是管理效率。

每月打造标准组就是小华提升管理效率的关键路径，也是小华的工作重点。

（2）做强团队

虽然增加收入很重要，但是收入只是副产品，不是目标。打造标准组的目标，除了让团队伙伴的利益最大化以外，更重要的是给团队伙伴下一步的发展提供优秀范本，做强团队，不要让自己的团队刚晋升出来就处在不健康的状态。

（3）练就手艺

海尔在海外有100多家机构，有很多是兼并的企业，但是海尔没有派人过去，却实现了扭亏为盈，原因是海尔输出了成熟的"海尔制"管理模式。打造标准组，是为了学会打造标准组的手艺，然后复制和传承下去，实现内部创业，稳步做大团队。

3. 打造标准组的3个关键动作

《精益商业思维》里说，未来的商业就是精益创业。什么是精益？用两个字来说：试错，用 4 个字说：快速试错，用 7 个字说：低成本快速试错。打造标准组也是一个快速试错的过程。

试错就离不开一个概念，最小可行产品（Minimum Viable Product），简称 MVP。MVP 是一种敏捷开发和创新的方法，通过最小限度的产品功能和资源投入，快速验证产品的可行性和市场潜力，以更高效和低成本的方式推动产品的发展。

标准组就是你建队伍的最小化产品。你用最少人力、最低考核标准晋升到组经理职级，然后投入战斗中去拉练，并不断试错，再根据市场反馈，最终找到自己想要的队伍和最适合的团队。

打造标准组有 3 个关键动作：建立标准、成员共识、共同实践。如图 4-7 所示。

（1）建立标准

什么是标准？比如，空腹血糖正常值范

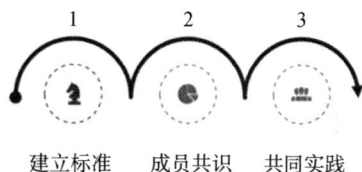

图 4-7　打造标准组的 3 个关键动作

围应为 3.9 ～ 6.1 毫摩尔 / 升。这就是正常血糖的标准。同样，小组也有标准，组的标准可以是"保险基本法"里的考核标准，可以是结合团队每个成员的具体情况制定出来的一个统一的标准，还可以是以年收入模型倒推出来的指标。总之，一定是先有小组的标准，才谈得上标准组的打造，如表 4-1 所示。

表 4-1　标准组参考表

指标（月）	标准（万元）
个人FYC	
团队FYC	
标准业务员人力	
个人收入	
伙伴最低收入	
其他	

（2）成员共识

建立成员共识的目的是建立信任，激发内动力，共同努力，确保达成目标。你不是为了给团队下任务指标而订立标准，而是让团队伙伴在工作中有一个衡量尺度和检测线，来判断自己在团队中处于哪个层级、如何让自己做得更好。建立共识可以用团队共创的方法进行。在《共创对话：从头脑风暴到决策共识》这本书里，作者给出了一个钻石模型，如图 4-8 所示，你可以参考去做。

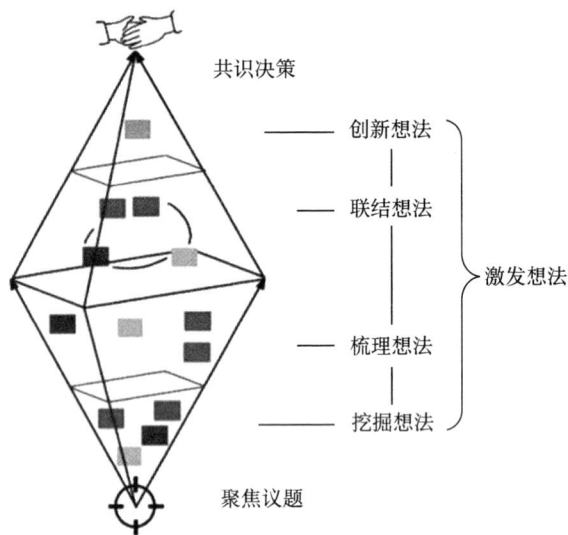

图 4-8　钻石模型，来自《共创对话：从头脑风暴到决策共识》

通过成员共识共创出来的新标准如果与原来的"保险基本法"标准或者自定标准不一样，可以对原标准进行完善和修订，最后形成可执行的最终标准。

（3）共同实践

在打造标准组的过程中，共同实践指的是团队成员共同参与，实际操作和实践标准的过程。在这个过程中，有经验共享和知识传递，伙伴们把战场当成学习和交流的平台。同时，共同实践是一个持续改进的过程。你可以根据客户的需求和市场的反馈，不断迭代和优化工作和服务的标准，提升自己的专业能力，从而不断提高团队的效能和绩效。

敲黑板

标准组的打造是一个持续精进的过程。

你的目标是一年中 12 个月都是标准组，或者连续 5 年都是标准组，还可以把目光放远到 10 年来考量。随着团队人力的增加和技能的提升，你可以不断调整标准的档次，向更高的目标进发。在这个过程中，应该形成打造标准组的一套方法论，为复制标准组夯实基础。

总之，标准组是架构的地基，你想建多大的团队，就要有多强大的标准组。

4. 形成打造标准组的手艺，要经历 4 个阶段

在打造标准组的过程中，要及时萃取经验和复盘，最终形成打造标准组的手艺。换句话说，要把经验变成可复制的规律。手艺说白了就是本事，比如：如何在 9 个月内从零建成标准组？

形成打造标准组的手艺有 4 个阶段，每个阶段对应着 1 个手艺，也就是总共 4 个手艺。第 1 阶段：打造销售手艺；第 2 阶段：打造建队伍手艺；第 3 阶段：复制销售手艺；第 4 阶段：复制建队伍手艺。如图 4-9 所示。

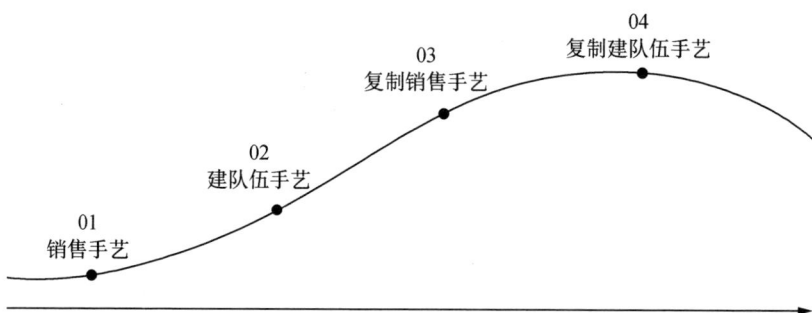

图 4-9　打造标准组的 4 个手艺

前两个阶段是打造手艺，后两个阶段是复制手艺。打造手艺和复制手艺的区别：打造手艺是自己做，自己总结；复制手艺是教别人做，然后再总结自己是怎么教别人做的。

（1）第 1 阶段：打造销售手艺

打造销售手艺，就是自己先要有一套做业务的本事。

给自己 9 个月的时间，在第 1 ~ 9 个月里不断摸索、试错，最后形成自己的方法论。比如：我是怎么在 9 个月内都做到 FYC 6000 元 / 月的？第 10 个月以后，用自己的方法论去做销售；之后，边实践边迭代边升级。

（2）第 2 阶段：打造建队伍手艺

打造建队伍的手艺，就是自己要有能找来合伙人的本事。

建队伍本质上是在卖自己的销售手艺。卖给谁？就是伙伴。给自己 6 个月的时间，在入司第 4 ~ 6 个月做积累和储备，第 7 ~ 9 个月重点去建队伍，第 10 个月形成建队伍的方法论。比如：我是怎么在 6 个月内找到 5 个合伙人的？以后按这个方法论常态化去做。

（3）第 3 阶段：复制销售手艺

复制销售手艺，就是教会伙伴做业务的本事。

在入司第 10 个月之后去做，边做边形成复制销售手艺的方法论。比如：我是怎么在 9 个月内教会新人一年内做到 FYC 6000 元 / 月的？

（4）第4阶段：复制建队伍手艺

复制建队伍手艺，就是教会伙伴做团队的本事。

这个动作要在复制标准组的时候进行，没有具体的时间，按照自己的职业发展进度进行就可以，关键是要总结出方法论。比如：我是怎么手把手教会新人在6个月内找到5个合伙人的？

小梅："看来，打造标准组决定着架构的稳定性，花多长时间来做这件事都值得。"

我："太对了。只有做好这一步，才能进行下一步。有的团队主管就是因为这一步没有做到位，盲目晋升了更高职级，结果不但收入没有提升、团队不稳定，需要管理的事还多了。"

二、做强大本营，夯实基本盘

1. 提升胜任能力，做强直辖组，蓄势待发

有一家机构，团队中有两个主管。李主管晋升组经理后，在主管这个位置上做了五六年，一直没有晋升到更高职级。刘主管晋升后，育成了另一位主管，自己的直辖小组的人越来越少，成了光杆司令，面临降为业务员的风险。李主管给自己的职业路线画了一条直线，刘主管画了一道弧线，如图4-10所示。

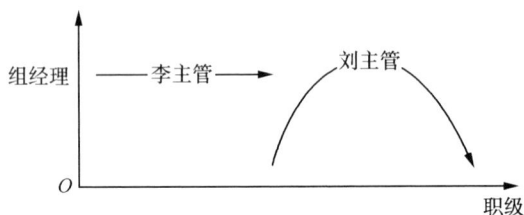

图 4-10 两位主管的职业路线

李主管想晋升更高职级却没有升上去，她忽略了哪些动作？刘主管育成另一位主管后，反而从高点跌落下来，她又忽略了哪些动作？

经过面谈，发现李主管是因为自己的直辖组里没有可育成的人选，不能晋升；刘主管是因为直辖组没有新增人力，不能维持直辖组的绩效。两位主管的困境，归根结底，都是直辖组不强的结果。

所以，在做好标准组的同时，想要晋升部经理，就要再做强直辖组。我们接下来就来到了职级晋升的第二步：做强直辖组，如图4-11所示。

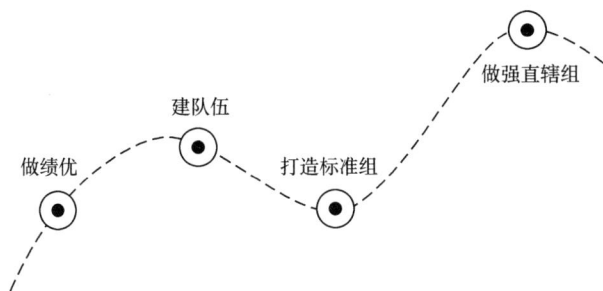

图 4-11　小华职级晋升的职业旅程——做强直辖组

如何做强直辖组？

有两个方针：一是避免熵增，二是阵型不变。如图 4-12 所示。

（1）避免熵增

主管要持续对小组进行加固，确保稳定性，不降级。一是人力的加固，保证有足够多的新人进来，保持流动性；二是人效的加固，用技能辅导和团队管理，提升留存人力的产能。

图 4-12　做强直辖组的两个方针

（2）阵型不变

当小组内有伙伴晋升时，主管不会母体虚弱，元气大伤，而是依然能达成标准组的标准，保持阵型不变。

小梅："两位主管不知道做强直辖组吗？"

我："肯定知道。"

小梅："那她们为什么没有做到？"

我："做强直辖组，本质上是提升主管的胜任能力，也就是前面讲到的胜任力 PLIS 矩阵中的 4 项能力，这是所有动作的基础。两位主管表面上看，是没有做强直辖组，实际上是胜任力跟职级不匹配。做强直辖组的第一步，就是要提升胜任力。"

2. 做强直辖组的 3 种路径

怎么做强直辖组？一般有 3 种路径：一是人多力量大，3 个顶 1 个，可以做强；二是人均产能高，1 个顶 3 个，也能做强；三是人多且产能高，这就是真正意义上的做强了。如图 4-13 所示。当然，现实中团队中不可能都是高手，也不可能都是产能低的伙伴。就看人和产能哪个要素起决定作用。

（1）人多

主管自己发展的人多才算人多，不能指望别人。人多不是人头多，而是标准业务员多。多少人才算人多呢？能支撑标准组的 1.5～2 倍人力就可以，最低也不能低于"保险基本法"考核标准的警戒水位，如图 4-14 所示。

图 4-13　做强直辖组的 3 种路径

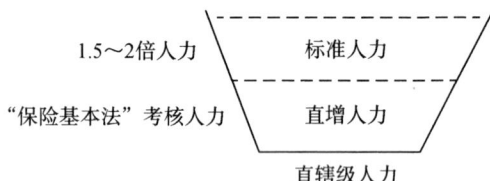

图 4-14　直辖组人力警戒线

（2）产能高

产能多少才算是产能高呢？你可以把平均产能的 2 倍以上定义为产能高。比如，你公司入司 3 年的业务系列同一职级的伙伴，FYC 为 3000 元 / 月，那么 FYC 达到 6000 元就是高产能。

做到产能高需要过 3 关。第 1 关积累关，《成交闭环》的作者莱恩·塞尔汉，是一位顶级房产经纪人，他说，销售是一件以量取胜的事情，就是这么简单。大多数伙伴产能低的原因，就是客户数量不够，就靠着几个客户出单，等这几个客户没有交费能力的时候，就坐吃山空了。第 2 关是专业关：扩展认知边界，提升专业度，打造差异化。第 3 关是实战关：提升实战能力，不断用小胜积累大胜，建立自己的壁垒。如图 4-15 所示。

图 4-15　做到产能高，需要过 3 关

（3）人多且产能高

人多且产能高是实现"保险基本法"下年收入模型的需要。前面说的李主管，不应该只盯着职级这一个维度，而应该强力打造直辖组这个基本盘，做到人多且产能高，让自己重新上一个大的台阶。刘主管呢，在育成伙伴后，最重要的事情也是先补人力，做到人多，让架构不虚弱；同时要提升产能，让收入不降低。

以上 3 条做强直辖组的路径，表面上是人力或者产能的提升，实际上是在建自己的"革命根据地"，有了稳定的"大本营"和主要收入来源，才能放心地去拓展新的市场和疆域。

三、做好双倍储备干部，蓄势晋升

1. 双倍储备干部的两个原则

把直辖组做强之后，你就可以进行下一步——双倍储备干部，为扩大生产做准备，也就是为下一步复制标准组完成助跑动作，如图 4-16 所示。

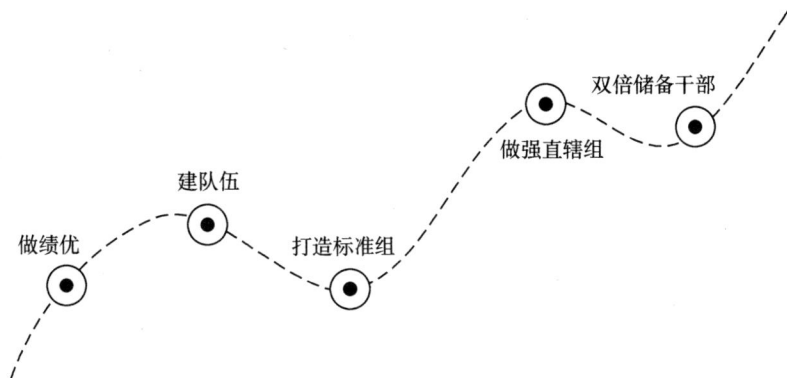

图 4-16 小华职级晋升的职业旅程——双倍储备干部

双倍储备干部，指的是如果想晋升下一个职级——部经理，一般会有 3 ～ 4 个架构的要求，搭建架构就需要先储备足够量的干部。储备干部有两个原则：找——先将后兵、育——培养周期。

（1）找——先将后兵

"千军易得，一将难求"，说明了"将"的重要性，有多少兵都不敌一个"将"。"将"在今天来讲，就是干部。一个人就是一个团队，这里的"人"，指的也是干部。完成组经理到部经理的跨越，要做的不是直接找一堆人，而是先求将后招兵，先储备干部，再蓄势晋升。这就好比你要开店，先雇店长，而不是店员。

（2）育——培养周期

找到干部之后，就要培养。任何成果都是时间的孩子，没有时间，什么都没有。即使再优秀的人，换到一个新环境、新平台也需要适应和成长期，要提前留出培养时间，让储备干部去成长。

培养干部按照这个路线进行：做绩优—建队伍—打造标准组—做强标准组。一步一步扎实去做。干部的培养应以季度为单位进行，并在每个月定一个里程碑计划，将理论和实践结合到一起去落实培养计划。储备干部可以多给几个周期进行培养，直到能胜任下一个职级再结束。

2. 培养储备干部的 4 个动作

很多企业领导终其一生都在找接班人，这也是身为领导要面对的最大难关。在保险行业同样如此，主管要把培养储备干部这件事当作一件秘密的大事来做，要舍得投入精力和时间。

培养储备干部不是盲目地投入时间和精力，而是有针对性对潜力人才进行培养，具体有 4 个动作：寻找潜力、提供机会、给予挑战、单独指导。如图 4-17 所示。

（1）第 1 个动作——寻找潜力

有句话我经常说：念念不忘，必有回响。天天惦记着，就有机会。找潜力人才，你就要发扬这种天天惦记的精神，随时随地关注团队人员的潜力和表现，第一时间识别出具有高潜力的伙伴，并将其作为种子干部进行储备和培养。

图 4-17　培养储备干部的 4 个动作

（2）第 2 个动作——提供机会

找到储备干部之后，接下来就是给他们更多展示和发展的机会。比如，参与团队研讨、承担主管角色、参加培训等，让他们在这些机会中，不断学习和成长，充实自己的能力和经验。

（3）第 3 个动作——给予挑战

对于储备干部，不能只提供机会，要分配独立的任务，让他们承担更多的挑战和责任，也就是在事中磨，放手让他们去试错。比如，牵头组织一场重要的活动，或者帮助主管辅导伙伴、进行陪访等，让他们锻炼能力、提升自信心，在团队中树立良好的口碑。这里需要提示的是，你可以给高潜力伙伴多次不同类别的挑战机会，以便你去观察他们在不同的挑战中是否能胜任，以及在哪方面更有优势。

（4）第 4 个动作——单独指导

最后，就是定期的单独指导，因材施教，有针对性地给予储备干部相应的支持和帮助，做好"最后一公里"的助推。

总结一下，培养储备干部，需要常态化、流程化去做。在电视剧《亮剑》中，李云龙说，一支具有优良传统的部队，往往具有培养英雄的土壤。同样，一个优秀的团队，也必然是良将如潮的团队。你既要给储备干部低成本试错的机会，保持耐心；又要当好教练，陪着他们一起成长。

第二节 没有架构育成，就没有架构倍增

一、育成是我成就你，你成全我

1.育成有两种形式：育成平级主管和育成下级主管

小梅："育成是不是就等同于开店？"

我："是的，晋升组经理是找人跟自己一起干，育成是开分店，让他自己干。"

所以说，储备干部之后，紧接着就进入育成主管这个环节了，如图4-18所示，这里讲的育成主管，指的是直接育成，不是间接育成。

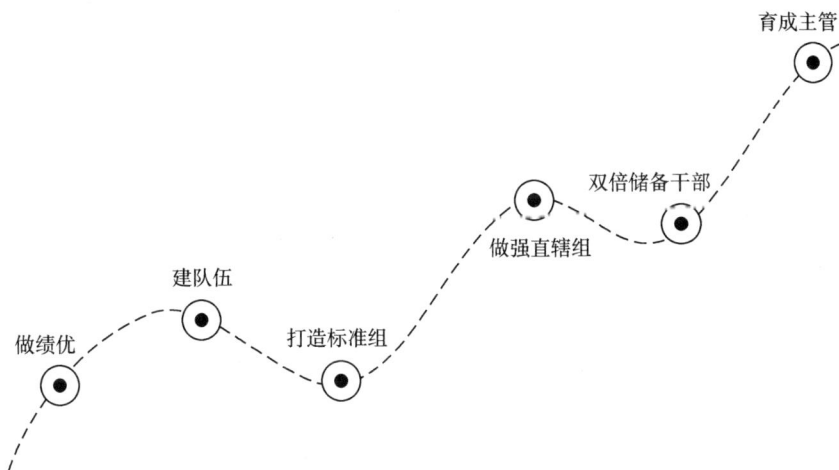

图 4-18 小华职级晋升的职业旅程——育成主管

育成主管就是育成架构，根据主管之间关系的不同，育成主管分为两种情况：组经理育成组经理，叫作育成平级主管；部经理育成组经理，叫作育成下级主管。如图4-19所示。

育成既然是开店，就要让开出的店能活下来，所以，育成不只是晋升。育成有两个步骤：一是晋升，二是打造标准组。也就是说育

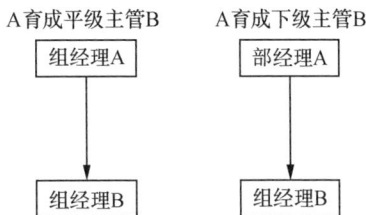

图 4-19 育成主管的两种情况

157

成＝晋升＋打造标准组。举例：组经理A育成B＝帮助B晋升＋把B的团队打造成标准组。下面谈到的育成都是这个逻辑。

1）育成平级主管

咱们从以下两个方面来了解什么是育成平级主管。

（1）育成本质

在组经理晋升部经理的路上，绕不开的就是育成平级主管。育成平级主管本质上是复制标准组的模式，也就是复制销售手艺和建队伍手艺的过程，育成的组经理B是组经理A开出的第一个"加盟店"。

（2）关系状态

在组经理A没有晋升到部经理A之前，他跟育成主管B是两个相同的小组单元，是平级关系。但是这种平级的关系，只是一个过渡，是组经理A向部经理A前进路上暂时的关系状态，最终会因为组经理A晋升到部经理A而形成上下级的关系；或者组经理A没有晋升，而组经理B晋升为部经理B，反而超越了组经理A的职级，这种情况在有些公司的"保险基本法"规定中，A和B脱离，且不再有利益关系。

2）育成下级主管

育成下级主管也是复制标准组，不一样的是，育成下级主管不是为了晋升，而是为了架构稳定和利润最大化。

（1）架构稳定

部经理不是把精力放在"保险基本法"的被动考核上，而是主动聚焦团队成长和发展，按规律做事，通过育成下级主管，保持架构持久稳定。

（2）利润最大化

育成下级主管，就是增加作战单元，创造更多的利润，从而实现被动收入远远超过销售收入。

总结一下，育成能力就是复制标准组的能力，是主管在职业发展中的核心能力之一。

2.育成中有两种力在起作用

对于组经理A来讲，是育成；对于组经理B来讲，是晋升。育成是向下的力，晋升是向上的力，两股力量汇聚在一起，形成合力，如图4-20所示。

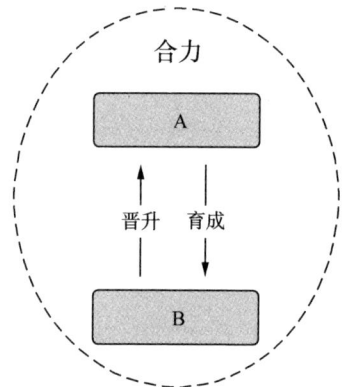

图4-20　育成中的两种力

A育成B，相当于把自己放在了导师的位置上，用自己的方法帮助B成功晋升为组经理，并把B的团队打造成标准组。所以，育成是一系列动作的集合。

同样，B的晋升也是一系列动作的集合：做绩优、建队伍、打造标准组等。

小梅："向上的力和向下的力哪个更重要？"

我："看情况。"

在B想晋升的前提下，A施加的向下育成的力更重要。原因是A有成功地打造标准组的方法，B照着去做就可以，能少走很多弯路。如果单靠B自己去摸索的话，很可能没到终点，半路上就放弃了。

在B不想晋升的情况下，A育成的力再大也没有用。这就跟"皇上不急太监急"一样。这个时候，B向上晋升的力就更重要。

所以你看，A育成B，是我成就你，你成全我。A和B，在不同时间和空间上，彼此为对方提供了价值，实现了共赢。

二、育成平级主管，扶上马，送一程

1.育成平级主管的九字方针

A是组经理，想育成B为组经理，此时，A和B是平级主管。怎么育成平级主管？在这里，先讲育成第一步：B晋升。九字方针交给你：卡时间、找差距、给路径。如图4-21所示。

图4-21　育成架构的九字方针

1）卡时间

B晋升的第一步就是卡时间。卡时间就是确定两个阶段：一是B的准备期；二是B的晋升考核期。以季度为考核期举例，如图4-22所示，A要先把晋升考核期的时间确定下来，再倒推出准备期的时间。比如，B晋升考核期为入司后第7～9个月，那么，A就可以把B入司后第4～6个月定为准备期。

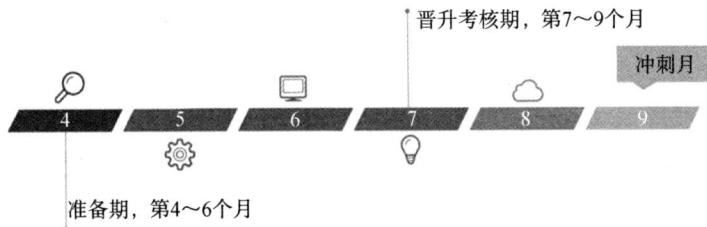

图4-22　卡时间的两个阶段

159

晋升考核期的时间是"保险基本法"规定的时期，假如是一个季度，你就没办法调整成半年；但是准备期是人为制定的，根据情况，可长可短。如果 A 觉得对于 B 来说只有 3 个月的准备期在时间上不够充裕，就可以把准备期调整为 6 个月。这样下来，两个阶段的时间就是这样的：B 晋升考核期为入司后第 10 ～ 12 个月，准备期为入司后第 4 ～ 9 个月。但是无论怎样，A 都要用以终为始的思维去考虑问题，因为卡时间，就相当于把目标定下来了。

2）找差距

卡好时间后，A 要对照"保险基本法"把 B 与晋升考核标准的差距找出来：具体差哪几项？哪项指标最难达到？怎么突破？需要哪些帮助？每个月分别做什么？

举例子，假定 B 的准备期为 4 ～ 6 个月，晋升期为 7 ～ 9 个月，与晋升考核标准的差距为：个人 FYC 0.9 万元，团队 FYC 2.5 万元；团队有效人力 5 人。"B 晋升组经理进程表"见表 4-2。

表 4-2　B 晋升组经理进程表

晋升指标	晋升标准	晋升差距	晋升期		
			第7个月	第8个月	第9个月
个人FYC（万元）	0.9	0.9	0.3	0.3	0.3
团队FYC（万元）	2.5	2.5	0.9	0.9	0.7
有效人力（人）	5	5	2	2	1
……					

3）给路径

进程表定下来之后，就要找到具体的达成路径。怎么走？交通工具是什么？是否可行？为了确保目标达成，预案是什么？下面，咱们分准备期路径和晋升期路径依次来说。

（1）准备期路径

准备期的路径涉及销售路径和建队伍路径，A 可以按下面这个"1121 模型"给 B 制定出准备期达成路径，见表 4-3。

"1":1 个结合

A 在给 B 设计路径的时候，要做到 1 个结合：把"保险基本法"考核和自己的年收入模型结合起来。举个例子：假定在"保险基本法"里，晋升组经理需要 5 个有效人力，自己的年收入模型需要 6 个 FYC 3000 元 / 月的人力，那么，B 就要按照年收入模型需要的 6 个标准人力去找合伙人。

表 4-3 B 准备期达成路径

准备期指标	目标	路径	准备期		
			第4个月	第5个月	第6个月
合伙人	6人	网络	1人	1人	
		转介绍	1人	1人	1人
		其他			1人
个人FYC	0.3万元/月	线下活动		0.3万元	
		线上经营			0.3万元
		独立自展	0.3万元		

"1":1 个目标

A 的目标是育成 B，对于 B 来讲，由业务员向主管的转换过程中，最重要的就是人力的增加，所以，B 要达成的目标就是人力目标。假定目标是 6 个标准人力，在准备期，先把至少 6 个合伙人找到。

"2":2 条路径——做绩优 + 储备合伙人

在准备期，B 有两件事要做，即做绩优和找合伙人，所以，A 要把这两条路径同步设计出来。一是 B 自己每月常态做绩优的路径，要保证月月有收入；二是 B 找合伙人的路径，这也是准备期的重点工作。

"1":1 个同步

1 个同步，就是 A 要在准备期同步教会 B 销售手艺和找合伙人的手艺。

（2）晋升期路径

在晋升期，A 可以按照"1311 模型"，给 B 设计晋升期达成路径，见表 4-4。

表 4-4 B 晋升期达成路径

晋升指标	晋升目标	晋升路径	晋升期		
			第7个月	第8个月	第9个月
合伙人	再增加3人（备用）	网络			
		转介绍	2人		
		其他		1人	
B个人FYC	0.9万元	线下活动	0.3万元		
		线上经营			
		独立自展		0.3万元	0.3万元

晋升指标	晋升目标	晋升路径	晋升期		
			第7个月	第8个月	第9个月
新人 C个人FYC	0.9万元	线下活动	0.3万元	0.2万元	
		线上经营			
		独立自展			
新人 D个人FYC	0.6万元	……			
新人 E个人FYC	……	……			

"1":1个目标

A的目标就是B健康晋升。健康晋升是用收入模型框架代替晋升考核框架，指的是在年收入模型下的稳健晋升。

"3":3个考核指标

假定B的晋升考核指标有3项：个人FYC、团队FYC和团队有效人力，那么，B在晋升期的行动路径就要围绕这3个指标如何达成来设计。

"1":1个动作

A要提醒B继续增加人力，确保有效人力数目标的达成。

"1":1个同步

在晋升期，B把销售手艺复制给新伙伴，此时，A要给B做辅导。

总结一下，育成既是马拉松，又是一个接一个的百米冲刺。说是马拉松，是因为至少需要准备期和晋升期2个阶段来做这件事。说是百米冲刺，是因为在这两个阶段，至少6～9个月内，有一个又一个小目标要去冲刺达成。所以，A和B都需要心无旁骛去做这一件事，不能分心。就跟穿越大沙漠一样，他们面前有且只有一条向前的路，没有选择，只能向着目标往前走，直至到达终点，方能举杯相庆。

敲黑板

> **育成B之后，A还要继续辅导B打造标准组。**

这个时候，A对B的辅导发生了变化。因为，B小组是通过B管理他的团队来达成任务指标的，而不是A跟保姆一样"隔代"去"带孩子"。所以，A要辅导B达成标准组，也就是A要学会复制打造标准组的手艺。

2.育成后，A辅导B，不要踩这3个坑

B晋升之后，A还有更重要的工作要做，也就是育成的第二步：B打造标准组。B是A的一面镜子，B也是A开出的第一家"分店"，B晋升后不等于就育成了B。把B的小组育成为标准组，才会有继续开更多"分店"的可能。A在帮助B打造标准组的过程中，要注意这3点：不要过度干预、不要甩手不管、不要过分对立。如图4-23所示。

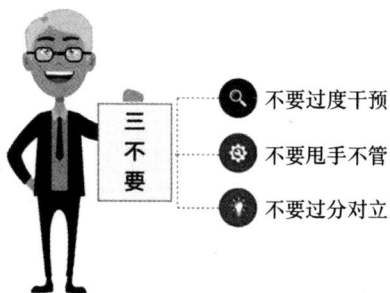

图4-23 育成后的辅导不要踩的3个坑

（1）不要过度干预

在平级关系中，一般情况下，不是因为A想过度干预B，而是B作为新主管，因为能力欠缺导致依赖A造成的。

这个时候，A要有边界感，要警惕B提出"我带不了，你帮我带"的想法。A可以辅导B如何履行主管职责，如何打造标准组，而不是直接接管B的小组。一旦B达到能独立工作和管理团队的水平，就应该给予他足够的自主权和责任，避免过度干预限制B的成长和发展。

（2）不要甩手不管

不过度干预不等于撒手不管。A不要以没有时间为借口，不履行主管职责，忽略了对B的辅导和B小组标准组的打造。否则，A就会失去B的信任，同时给团队伙伴造成不良的影响，育成也将失去意义。

（3）不要过分对立

A和B在打造标准组的过程中，可能会有不同的观点和提议，B的反馈对于A团队和组织的发展非常重要。A面对不同意见，不要认为B不服从管理，形成对立，而是要认真倾听，求同存异，以促进团队的共同成长。

3.育成后，B如何跟A携手共赢？

B如何跟A携手共赢也很重要。B的目标是跟A学会打造标准组的手艺，快速成长，为此有以下3点建议：建立良好沟通、理解A的期望、承担责任并展现结果。如图4-24所示。

01	02	03
建立良好沟通	理解A的期望	承担责任并展现结果

图4-24 给新主管跟上级主管协作的3点建议

（1）建立良好的沟通

人跟人之间的大多数问题出在信息不对等上，所以，保持开放和透明的沟通，降低管理成本，把精力聚焦在团队发展上是关键。B 要主动与 A 建立互信的关系，每天主动与 A 沟通，及时分享团队的进展、问题和需求，寻求反馈和指导。

（2）理解 A 的期望

B 要了解 A 对自己的期望和为自己设定的目标，明确自己的角色和责任。确保双方对工作目标和期望有清晰的认识，不要南辕北辙，背道而驰。

（3）承担责任并展现结果

B 作为新主管，平时应尽量积极主动承担团队的任务，并通过实际的成果证明自己的价值，让 A 看到自己的能力和贡献。

总之，平级主管之间相处的关键是建立互信、良好沟通，相互借力，共同成长。

三、育成下级主管，生生不息保稳定

1. 育成下级主管时，利润优先

如果说育成平级主管是为晋升更高职级夯实基础，那么组经理 A 晋升到部经理 A 后，持续育成下级主管，就像是总店开分店一样，是为了获得更多利润，这就是利润思维，如图 4-25 所示。

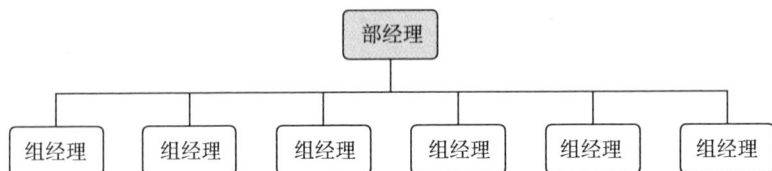

图 4-25　利润思维下的部经理架构

1）利润思维

"保险基本法"里的利润一共包括 3 部分：本人的 FYC 带来的利润、直辖组 FYC 带来的利润、育成组 FYC 带来的利润。如图 4-26 所示。

接下来咱们用利润思维，从利润占比分析、模块化思考、终局思维这 3 个角度来分析育成这件事。如图 4-27 所示。

（1）第 1 个角度：利润占比分析

这 3 部分利润的占比，跟营业部建立的时间长短、队伍类型、架构规模都有关系，没有一个具体的标准。咱们以 3 个部分各占 1/3 为例，看一下在一般情况下（不包括大单等特殊因素），低于或高于这个数值意味着什么，见表 4-5。

图 4-26 "保险基本法"中的 3 部分利润

图 4-27 利润思维的 3 个角度

表 4-5 利润占比分析表

利润来源	低于1/3	高于1/3	对应能力
本人	弱	强	业务能力
直辖组	弱	强	管理能力
育成组	弱	强	育成能力

当本人利润占比低于 1/3 时，说明部经理业务能力较弱；高于 1/3 时，说明部经理业务能力较强。

当直辖组利润占比低于 1/3 时，说明部经理管理能力较弱；高于 1/3 时，说明部经理管理能力较强。

当育成组利润占比低于 1/3 时，说明部经理育成能力较弱；高于 1/3 时，说明部经理育成能力较强。

虽然这只是一个参考数字和粗线条的分析，但是你可以看出，利润的高低跟部经理的业务能力、管理能力、育成能力这 3 种能力相关，如图 4-28 所示。3 种能力平衡，利润才稳定。

在实际工作中，有的部经理只盯着个人利润和直辖组利润，忽视了育成利润，导致一方面是部经理的育成能力迟迟得不到提升，另一方面是部经理团队做不强、做不大。

图 4-28 影响利润的 3 种能力

（2）第 2 个角度：模块化思考

利润率在前面讲到过，除了追求最高利润率之外，最重要的是用另一种方式来思考——模块化思考，也就是把一个业务员、一个组、一个部分看成一个模块，单独来分析利润。

一个标准业务员一年给自己创造多少利润？此时利润率是多少？

一个标准直辖组一年给自己创造多少利润？此时利润率是多少？

一个标准育成组一年给自己创造多少利润？此时利润率是多少？

小梅:"假定我是一个组经理,一个标准业务员一年给我创造 1.2 万元的利润,相当于每个月创造 1000 元的利润。"

我:"是的,这就是模块化思考。"

小梅:"接下来,要思考的是不是:我怎么让一个标准业务员创造出 1.2 万元 / 年的利润?"

我:"是的,这就是下面我要说的终局思维。"

(3)第 3 个角度:终局思维——以终为始

终局思维就是你要达到理想的利润,应该怎么做?比如:

我想让直辖组的伙伴一年给我创造 1.2 万元的利润,此时利润率是多少?这个伙伴需要做到多少 FYC?我如何帮助他做到?做到之后伙伴的年收入是多少?

我想让一个直辖组一年给我创造 5 万元的利润,此时利润率是多少?这个直辖组需要多少人力?多少 FYC?我如何做到?

我想让一个育成组一年给我创造 3 万元的利润,此时利润率是多少?这个育成组需要多少人力?多少 FYC?我怎么帮他们做到?达成之后,这个育成组主管的年收入是多少?

2)衡量指标

有了利润思维,衡量利润的标准是什么?这里有两个绕不开的关键指标:育成组生存率和育成组利润率。

(1)育成组生存率

育成组生存率指的是组经理这个单元的"保险基本法"考核通过率,也就是能否活下来的问题。假定以季度为标准来看,如果部经理 A 有 6 个组经理,假定有 3 个组经理在二季度考核达标,此时,考核通过率为 50%,你就可以理解为部经理 A 的育成组生存率为 50%。如果低于这个数字,也就是低于 3 个考核达标的组,部经理就可能在自己的考核期面临降级的问题了。这就是说,部经理 A 要的不是育成组的数量,而是考核达标组的数量。

(2)育成组利润率

部经理不但要关注活下来的问题,更要解决活得好的问题,也就是要关注育成组利润率。育成组利润率指的是已经通过"保险基本法"考核的小组的利润占比。关注育成组的利润率包括关注以下问题:组经理收入是多少?小组的伙伴收入是多少?是否达到了预期?如果没有达到,如何进行辅导?

2. 部经理怎么做到当下利润最优?

部经理的所有工作都是以各层级的当下利润最优为中心来开展。怎么做到当下利润最优? 有 3 个动作不能走形: 兜底线、教手艺、算利润。如图 4-29 所示。

1) 兜底线

部经理制定的所有指标不是以"保险基本法"最低考核为准，而是以年收入模型为准，找到当下个人与团队利润的最优结合点。比如，部经理本人的最低考核 FYC 是 9000 元 / 半年，相当于个人 FYC 1500 元 / 月。如果团队每个人都按 FYC 1500 元 / 月这个标准来做的话，"保险基本法"的考核就完不成，更不用说拿到"顶薪"了。这个时候，部经理就要结合"保险基本法"考核和年收入模型来调整自己的 FYC，确保利润最优。

2) 教手艺

育成下级主管，就是教会新主管打造和运营团队的手艺，这就是师徒制，也就是"传帮带"，如图 4-30 所示。

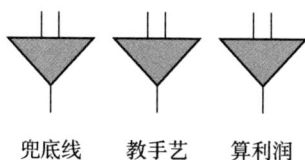

图 4-29　做到利润最优的 3 个动作

图 4-30　教手艺的 3 个动作

俗话说: 单丝不成线，独木不成林。部经理要帮助下级主管全面掌握和运用销售技巧、团队管理和业务规划等方面的知识和技能，使其能够独立负责和管理一支高效的销售团队。

(1)"传"——传授销售手艺 + 建队伍手艺

部经理需要传授下级主管销售手艺，包括如何开展销售拓展、建立客户关系、进行需求分析等;还要传授建队伍手艺，包括招募、约访、面谈、规划等。部经理要通过实际示范、模拟演练和反馈指导等手段，教会组经理。切记，部经理不要成为组经理的天花板。

(2)"帮"——强化团队管理能力

团队管理能力包括会议经营、培训与发展、激励和引导等方面。部经理要通过培训和指导，帮助下级主管学会如何组建和管理团队以创造高绩效。

(3)"带"——亲自带着下市场实战

部经理要带着组经理亲自下市场进行实践，现场给予指导和反馈，也就是我们平常说的陪访。

"传帮带"是持续的过程。直到下级主管成为一个优秀的主管,能够独立运营和管理自己的团队,取得出色的业绩,最终实现自运转,部经理才能放手。

3) 算利润

部经理每月要召开利润分析会,不但要对营业部整体做分析,还要对小组和个人做分析。有哪些利润没有拿到?增加哪些投入可以带来多少利润?对本月的利润是否满意?准备提升多少利润?怎么提升?最终用利润来指导行动。

四、形成双钻模型,各自发光,相互成就

1. 双钻模型交相辉映

我:"小梅,旅程到这里,你已经翻越了两座山,看到了不一样的风景。"

小梅:"嗯,这两座山,一个是组架构,另一个是部架构。"

我:"这两个架构相互依赖、相互成就,又各自发光,形成了一个双钻模型。主管钻与经理钻交相辉映,彼此赋能。"如图 4-31 所示。

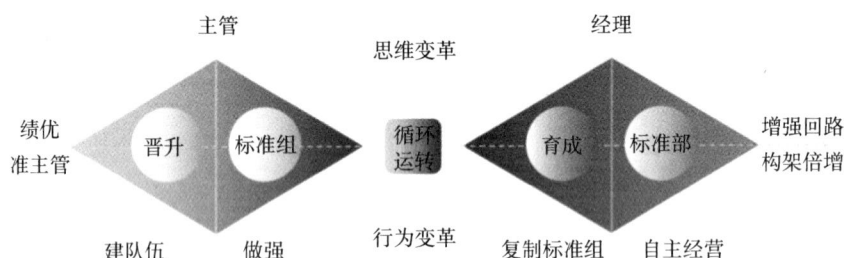

图 4-31 双钻模型

(1)运行主管钻就是打造标准组,是一系列的生产流程

组织架构的第一级就是组架构,你从做绩优开始,先升到到准主管,再到主管,一路向上攀登,以便带着伙伴早日上山,如图 4-32 所示。

图 4-32 运行主管钻的 3 步进阶路径

晋升之后经过打造标准组、做强直辖组、储备干部这 3 件事,能够顺利实现

身份转换。然后，让思维和行为持续变革，不断循环，不断打磨，经过时间沉淀，形成光彩熠熠的主管钻，如图 4-33 所示。

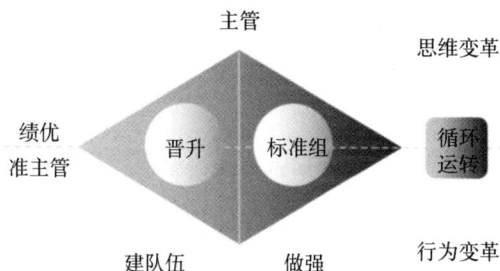

（2）运行经理钻就是复制标准组，找合伙人来加盟你的团队

组织架构的第二级就是部架

图 4-33 主管钻

构，从主管到准部经理，再到部经理。组经理通过复制标准组不断育成组经理，让自己晋升到营业部经理职级，如图 4-34 所示。

图 4-34 运行经理钻的 3 步进阶路径

然后你要开启打造标准营业部之旅，真正实现自主经营，经过不断磨合、整合和蜕变之后，破茧成蝶，最后形成经理钻，如图 4-35 所示。

2 组经理和部经理哪个职级好？

职级没有好坏之分，你可以从这两个方面来确定自己的职级：成长阶段和职业目标。

（1）不是职级高就一定好，每个人的成长节奏不一样

适合自己的就是最好的，不

图 4-35 经理钻

要把别人而要把自己作为参照物。每个人的成长节奏不一样，无论处在哪个职级，都不能好高骛远，能否拿到最大利润才是衡量职级是否适合自己的标准。

（2）做组经理和部经理都有挑战，职级选择主要取决于个人能力和职业目标

做组经理更接近销售一线，销售业绩的影响更直接，对销售技能的要求更强。做部经理要管理全局，需要具备更强的领导能力，责任更大，要参与决策和战略规划，推动营业部目标的实现。

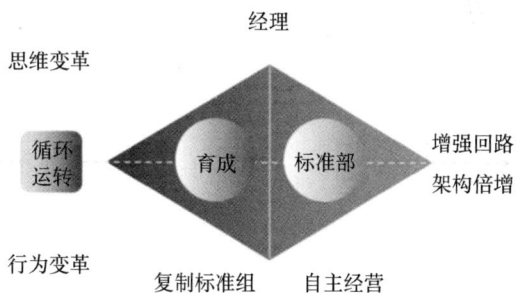

第三节　制订新主管陪跑计划，实现部强组强

有一次，我去某机构做辅导，机构负责人给我介绍团队的情况："咱们去的这几家机构，一家是部经理很强，组经理较弱，部经理累得焦头烂额；还有一家机构正好相反，部经理较弱，组经理相对较强，在管理上很牵扯精力。"部强组弱或者部弱组强，这样的团队占比还不小。

如何实现部强组强？一是部经理自身能力要与职级匹配；二是部经理要会教组经理带团队；三是针对不同的小组，部经理要进行差异化管理。

一、强部经理能力，当好"火车头"

对部经理的能力要求跟对组经理的要求不同，部经理作为营业部自主经营的负责人，需要具备相应的能力，来带领组经理实现整个营业部的发展。

除了前面讲到的主管四力外，部经理还要具备以下 4 种能力，分别是时间管理能力、精力管理能力、情绪管理能力和教练能力，如图 4-36 所示。

图 4-36　部经理需要具备的 4 种能力

1. 时间管理能力

很多主管都会陷入"忙、盲、茫"的状态，总感觉时间不够用。问题主要集中在两个方面：一是任务多了，二是不会教。

（1）任务多了

组经理在晋升部经理后，事情多了：既要管理团队，又要与上级和其他部门沟通，还要做团队策划和决策等。这些任务都会挤占部经理的其他时间，比如销售时间、学习时间等。有的部经理晋升以前业务不错，后来做了几年部经理反倒业务减少很多，没有分配好时间就是一个主要原因。

这个问题如何解决？在现实生活中，大部分工作你没有办法选择不去做，比如开会、培训等，而这些工作占用的时间最多。选择权不在你手里，时间又是固

定的，你想做到"既要也要还要"，那该怎么办呢？有一个方法叫时间折叠。

你不能不去开会，但是你可以边开会边思考；你坐地铁的时间可以用来学习，你跑步的时候可以听书；你在等客户的时候可以总结当天的规划等。

我记得有一个作家，他在跑步机上边跑步边写作。这样既避免了久坐带来的身体损伤，同时把运动的时间和写作的时间进行了折叠。

优秀的人都是时间管理的高手。你如何度过 24 小时，这才是决定你与别人的差距的关键。任务增加了，就要学会用时间折叠的方法，让自己能够在多任务情况下，高效地去处理各种事情，就不会顾不上做某件重要的事情。

（2）不会教

我曾经面谈过一个部经理，她累得每天睁不开眼。她不但管着她自己的直辖组，连其他组的所有伙伴也一起管着。她外出培训，都得每天在群里发红包来督导业务。表面上看，是她的组经理弱；但本质上是她没有教会组经理如何带团队，最后造成团队每位伙伴有事就直接去找她，占用了她大量的时间。

这种情况在许多团队中屡见不鲜，部经理出于对团队的责任心和对工作的高标准要求，事事亲力亲为，总觉得下属无法将任务做到尽善尽美，却忽略了团队成员能力的培养。长此以往，部经理被琐事缠身，分身乏术，而组经理得不到锻炼，始终无法独当一面，团队整体发展也受到严重制约。

要解决"不会教"的问题，本质上是部经理自身定位出了问题，也就是说部经理应该是"教练"而不是"保姆"，这样就可以通过以下 3 个步骤解决"不会教"的问题：

一是制订训练计划：部经理要像教练制定训练方案一样，针对组经理的岗任需求与个人能力短板，规划系统培训内容。例如，每月开展两次管理技能专项培训，包括目标设定、团队激励等；每季度组织模拟业务场景训练，让组经理在实践中提升应对复杂情况的能力。每次培训和训练后，设置考核环节，确保组经理掌握要点。

二是引导自主探索：教练不会时刻代劳运动员的事务，部经理也应如此。在日常工作中，部经理要给予组经理充分自主空间处理团队事务，如人员分工、日常业务跟进等。当组经理遇到问题求助时，部经理不直接给答案，而是通过提问引导其思考，如"你觉得目前问题的关键在哪？""之前类似情况有什么经验可以借鉴？"让组经理在自主探索中积累经验、提升能力。

三是持续复盘优化：如同教练会定期复盘运动员表现，部经理需与组经理每周进行一次工作复盘。回顾本周工作成果与问题，共同分析原因。对于成功经验，总结提炼以便推广；针对失误，探讨改进措施。同时，根据复盘结果，调整后续带教计划与工作安排，形成良性循环，不断提升组经理的管理能力与团队整体效能。

2. 精力管理能力

保证出现是一种能力。保证每天精神饱满地出现是一种更强的能力。作为部经理，团队带头人，每天出现的意义非同小可。这就需要你做好自己的精力管理，无论年龄大小，人的精力都不是无限的。你只有提高自己的精力水平，才能更好地管理团队，并为团队的成功做出贡献。

怎么做好精力管理?

张遇升老师在"怎样成为精力管理的高手"的课里，分享了一个精力管理的金字塔模型，如图 4-37 所示。

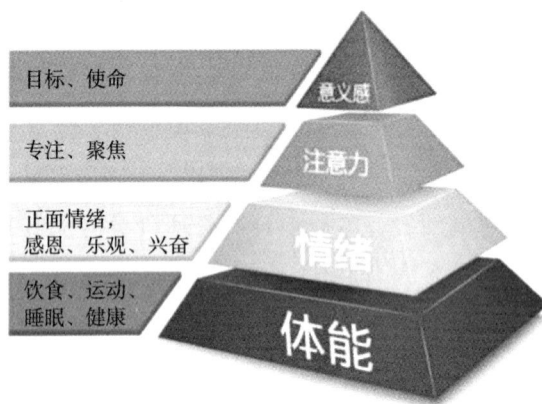

图 4-37　精力管理的金字塔模型，来自"怎样成为精力管理的高手"课程

（1）体能

身体是革命的本钱，不要忽略了健康的身体是一切的基础，是时候腾出时间来做身体健康管理了。

（2）情绪

情绪会直接影响精力，保持积极情绪能够减少精力的消耗。

（3）注意力

有句话叫"商家在争夺用户的注意力"。注意力是最稀缺的资源。注意力是可以训练的，要学会专注做一件事。

（4）意义感

用张遇升老师的话说，意义感是精力的最终源泉。有意义感的人，就像航海的时候能够看到灯塔，开车时能看见路标，会在生命中迸发出巨大的能量，产生持久的精力。

3. 情绪管理能力

写到这里的时候，我就想起罗振宇说过一句话：我现在早就没有情绪了，有的只是价值感和意义感。

《情绪管理：管理情绪，而不是被情绪管理》这本书告诉我们，情绪管理是管理情绪，而不是被情绪管理；不是不让情绪发生，而是正视它，管理它，让它变成你工作的积极因素。咱们的队伍女性居多，管理好情绪是部经理工作中不可忽视的重要工作。

4. 教练能力

每个人一生中都需要一位教练。在伙伴们的职业生涯中更是不能缺少一位优秀的教练。部经理对于伙伴来说，就相当于这位教练。

这里指的不是部经理要成为专业教练，而是要有激发伙伴潜能的教练能力。如何具备教练能力？在《卓越教练：卓越领导者如何帮助他人成长》这本书里给出了3个方法：有效对话、强化反馈、找准时机。如图4-38所示。

（1）有效对话

不是闲聊，而是通过对话了解当下状况，发现问题并帮助解决问题。

有效对话　　　强化反馈　　　找准时机

图 4-38　提升教练能力的 3 个方法

（2）强化反馈

多关注过程，在过程中积极反馈，然后形成辅导和管理闭环。

（3）找准时机

利用一切机会进行教练，帮助他人成长。

以上这4种能力不是一蹴而就的，部经理可以把提升能力放到自己的学习地图里，列出时间表，让自己不断成长。

二、强新主管能力，让腰部有力量

刚晋升的新主管，在晋升后的第1～2年的时间里，既是职级考核期，同时也是职级巩固期、能力爬坡期和团队打造试错期3期叠加的时期，需要循序渐进去提升能力，从而适应主管这个岗位。如图 4-39 所示。

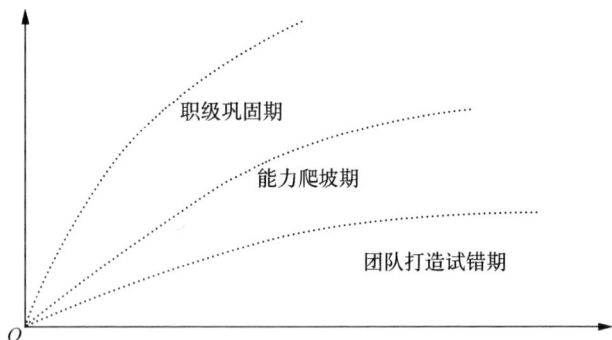

图 4-39　职级考核期叠加的 3 个时期

1. 职级巩固期——本人销售＋向下辅导＋考核指标调控

第 1～2 个职级考核期，为职级巩固期。在职级巩固期，新主管有 3 件事需要同时抓，一是本人业绩，二是新人的辅导，三是监控考核指标进度，如图 4-40 所示。

以上 3 件事，新主管要做到不慌不急，有节奏地推进。在自己遇到问题搞不定时，要善于去借力。一是借公司的力量，抓住公司对新人的培训机会，

本人销售　　　向下辅导　　　考核指标调控

图 4-40　新主管要做的 3 件事

做好衔接；抓住公司在新人窗口期的专项政策，争取"帮扶"。二是借力上级主管，做好团队规划和管理，融入团队整体活动中，顺势而为。

2. 能力爬坡期——带小团队打胜仗的能力

当了主管就意味着要装备新的能力。在第 2～3 个考核期，新主管处于能力爬坡期，此时，你最重要的能力就是带队伍打胜仗的能力。一方面，你要留出时间进行补课，边学边干，在学中干，在干中学，不断提升自己的实战能力；另一方面，你要带团队上战场，打好小组第一个胜仗，在打仗中提升自己的能力。

第一个仗怎么打？你可以自己定目标，也可以参与公司的竞赛。比如，这周，你可以设定一个小组挑战赛，自己找一个对手，挑战成功，大家举杯相庆。再比如，公司有小组排名赛，可以给自己小组制定一个目标，带着小组一起冲刺达成。总之，新主管要让小组在一个一个的小战役中，找到自信，提升战斗力。

3. 团队打造试错期——打造标准组

有的新主管从一开始就知道建什么样的团队、找什么样的人；而大多数主

管是走着瞧，跟着公司的节奏走，压根不去思考建什么样的团队、找什么样的人。无论是哪种情况，至少在主管的第 3 ～ 4 个考核期内，也就是团队试错期，新主管要在实践中不断地去摸索，在起起落落中动态前行，实现打造标准组的目标。

《孙子兵法》中有一句话：胜兵先胜而后求战，败兵先战而后求胜。意思是胜利的军队总是先有了胜利的把握才寻求同敌人交战，失败的军队总是先同敌人交战而后祈求侥幸取胜。

队伍是在磨合中沉淀下来的。在这个过程中，不要怕有人离开，重要的是总结有人选择离开的原因，从而不断积累经验，完善流程和标准，从不稳定达到稳定，不断趋向标准化团队的样子。

三、差异化管理，活下来是第一要务

要想达到部强组强，部经理在作为新主管的管理工作上还要重视以下两个方面：差异化管理和让小组先活下来，如图 4-41 所示。

差异化管理　●　👨　👩　●　小组活下来

图 4-41　新主管在管理上的两个方面

1. 差异化管理，不带个人偏好

在价值观相同的情况下，部经理要认同小组差异化的存在，允许百花齐放。孔子早就说过要因材施教，不带个人偏好，但是真正做到却需要功力。

小组差异化在团队中起着重要的作用，尤其是对于保险团队来讲。保险团队要进行销售、日常管理、组织发展等多项活动，差异化意义更大，主要体现在 3 个方面：多样性、创造力和解决问题的能力，如图 4-42 所示。

（1）多样性

不同背景、不同领域、不同风格的小组，形成一个多样化的营业部。组与组之间，伙伴和伙伴之间可以相互借鉴，优势互补，互相协作，为团队发展提供多样化的思路和方法。

多样性　　创造力　　解决问题的能力

图 4-42　差异化管理的 3 个方面

（2）创造力

不同的观点和思维方式可以促进新的想法产生，从而推动团队的创新能力和竞争力。避免团队故步自封，成为井底之蛙。

（3）解决问题的能力

每个人都有盲区，都善于解决自己已知的问题，不善于应对在自己盲区中的问题。我们面对复杂问题的时候，就要依赖不同小组的经验和方法，多维度来评估，最终找到最优解。所以，部经理要重视小组的差异化，以充分发挥团队成员各自的优势和促进团队的发展，不能"一刀切"，过分地以自己的主观意愿来评判。

2. 让小组活下来，不断应对挑战和变化

我在一家机构面谈了8位部经理，向他们问道：你们团队人最多的时候，有多少人？大部分主管的回答是原来最多有百八十号人，但现在出勤的才十几个人，小组人力更是少得可怜。追求大而全，盲目扩张的时代过去了，夯实基础，让小组先活下来，部经理才能活得好。

所以，部经理要以小组活下来为第一要务。让小组活下来，一是团队生存和稳定的需要；二是团队共同目标的需要；三是提升团队适应性和变通性的原动力，如图 4-43 所示。

图 4-43 让小组先活下来的 3 个意义

（1）生存和稳定

活下来是团队的生存和稳定最基本的前提。在各种竞争和挑战中，团队需要先活下来，保持稳定的组织结构和伙伴，来确保团队能够继续运作。

（2）团队共同目标

活下来是团队的共同目标。团队中各小组"一荣俱荣，一损俱损"，所以小组之间要团结合作，相互支持，共同努力，小组活下来，营业部才能活得更好。

（3）适应性和变通性

在现实中，在充满变化和不确定性的环境中，团队应该灵活调整策略和方法，活下来，"剩"者为王，以应对挑战和变化。

本章思维导图见图 4-44。

第四章
晋升营业部经理，
自己做老板

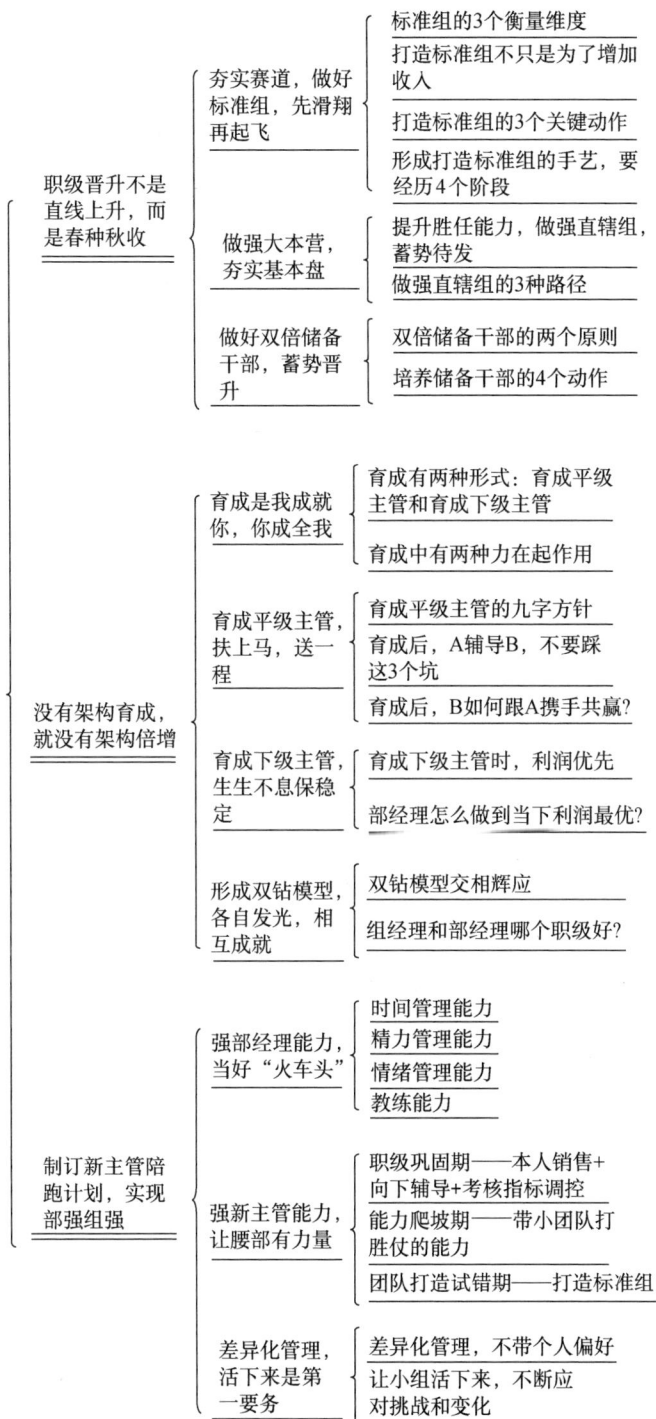

- 职级晋升不是直线上升，而是春种秋收
  - 夯实赛道，做好标准组，先滑翔再起飞
    - 标准组的3个衡量维度
    - 打造标准组不只是为了增加收入
    - 打造标准组的3个关键动作
    - 形成打造标准组的手艺，要经历4个阶段
  - 做强大本营，夯实基本盘
    - 提升胜任能力，做强直辖组，蓄势待发
    - 做强直辖组的3种路径
  - 做好双倍储备干部，蓄势晋升
    - 双倍储备干部的两个原则
    - 培养储备干部的4个动作
- 没有架构育成，就没有架构倍增
  - 育成是我成就你，你成全我
    - 育成有两种形式：育成平级主管和育成下级主管
    - 育成中有两种力在起作用
  - 育成平级主管，扶上马，送一程
    - 育成平级主管的九字方针
    - 育成后，A辅导B，不要踩这3个坑
    - 育成后，B如何跟A携手共赢？
  - 育成下级主管，生生不息保稳定
    - 育成下级主管时，利润优先
    - 部经理怎么做到当下利润最优？
  - 形成双钻模型，各自发光，相互成就
    - 双钻模型交相辉应
    - 组经理和部经理哪个职级好？
- 制订新主管陪跑计划，实现部强组强
  - 强部经理能力，当好"火车头"
    - 时间管理能力
    - 精力管理能力
    - 情绪管理能力
    - 教练能力
  - 强新主管能力，让腰部有力量
    - 职级巩固期——本人销售+向下辅导+考核指标调控
    - 能力爬坡期——带小团队打胜仗的能力
    - 团队打造试错期——打造标准组
  - 差异化管理，活下来是第一要务
    - 差异化管理，不带个人偏好
    - 让小组活下来，不断应对挑战和变化

图 4-44　本章思维导图

搭建"432"管理体系，让业绩倍增

晋升到部经理职级后，你就会面临着自主经营的问题。如何带好团队让业绩倍增？你需要搭建好一个体系——"432"管理体系，也就是四轮、三线、两体系，如图5-1所示。

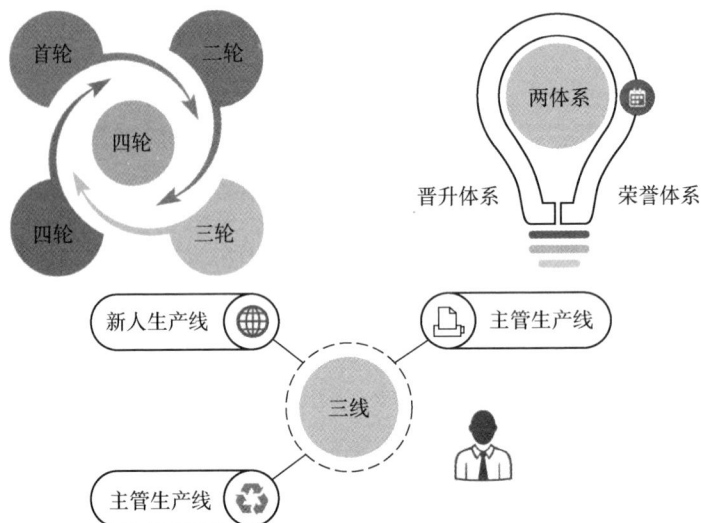

图 5-1　432 管理体系

第一节　自主经营，营业部标准化

一、自主经营，堂堂正正做老板

小梅："到了部经理这个层级，还要晋升吗？"

我："想要团队做得更大，下一步就可以通过打造标准部，接着晋升到总监职级，这跟打造标准组和晋升部经理的底层逻辑是一样的，这里就不再讲了。前面说过，晋升不是结束，部经理晋升之后最重要的就是做好自主经营。"

1. 营业部自主经营的两个前提条件

咱们知道，中国共产党军队建设有一个很重要的指导原则——支部建在连上，通过这一原则，党实现了对军队的绝对领导。"支部建在连上"给我们自主经营提供了两个好的借鉴：团队有一定规模、团队长相对成熟，如图5-2所示。

图 5-2　营业部自主经营的两个前提条件

（1）团队有一定规模

部队上一个连有多少人呢？大多数情况下，一个连在百人左右。我们的营业部一般多少人？实际会在 20 ～ 50 人。

（2）团队长相对成熟

部经理在公司经过沉淀、学习、历练，从团队中脱颖而出，相对成熟，稳定性强，就可以像自己当老板一样，开始自主经营了。

2. 营业部自主经营与公司管理、自我管理的关系

营业部自主经营，简单说，就是营业部经理对自己的团队经营管理负全责，包括自主决策、自主规划、自主组织和管理团队的工作活动和目标实现等。自主经营跟公司管理和个人自我管理的关系，如图 5-3 所示。

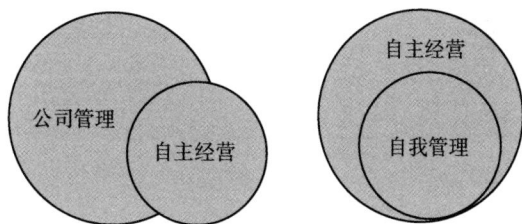

图 5-3　自主经营和公司管理、自我管理的关系

（1）公司管理

营业部的团队管理不是一味地靠公司的行政手段来进行管理，而是在公司制度范围内，以"保险基本法"为核心，自我组织、相互协作，从而达成营业部目标。公司管理靠后，自主经营靠前。公司管理为辅，自主经营为主。你中有我，我中有你。

（2）自我管理

自我管理指的是伙伴自我经营、实现自己目标的过程。而营业部经理自主经营是以营业部为单位，对整个营业部进行经营管理，并对营业部目标负责。营业部自主经营的终极目标是每位伙伴的自我管理。伙伴的自我管理包含在营业部自主经营中。

3. 营业部自主经营的两个误区

营业部自主经营不是放任自流、不受管制，在自主经营过程中要避免两个误区：脱离公司管理、"我就是老大"。如图 5-4 所示。

（1）脱离公司管理

营业部自主经营不是脱离公司进行管理，而是在公司大平台上发挥营业部这个作战单元的组织效能。

（2）"我就是老大"

有一个部经理跟我说，他最大的困惑就是，团队伙伴不听他的话，让干啥不干

啥。他想咨询我有没有更好的办法。在我看来，他是用错了管理手段。部经理跟伙伴，是代理合同，营业部自主经营不是行政管理的翻版，不是营业部经理"一人独大"，"就得听我的"，而是要充分发挥伙伴的自我管理能力，团队成员共同实现目标。

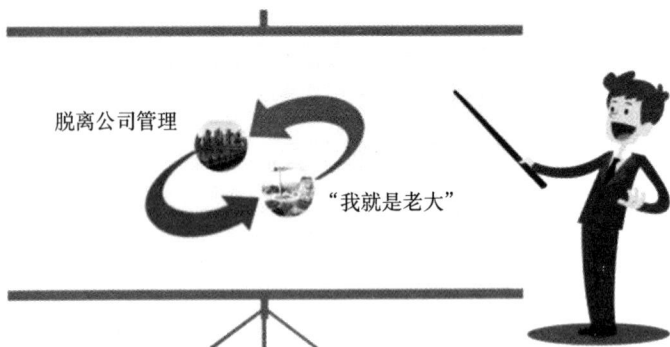

图 5-4　营业部自主经营的两个误区

4. 如何实现营业部自主经营?

营业部经理是自主经营的第一责任人，自主经营也是营业部经理团队管理能力的体现。如何实现自主经营，这里提供 3 点建议：回到制度上、以组为独立单元来经营、定期召开核心干部会议，如图 5-5 所示。

（1）回到制度上

就是以"保险基本法"的五维模型 RISAC 为核心来经营团队，建立共同的愿景和目标，让伙伴们在工作中有共同的方向和意义。脱离五维模型 RISAC 的自主经营就是无根之木。

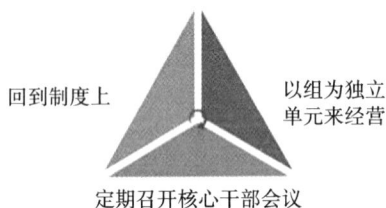

图 5-5　自主经营的 3 点建议

（2）以组为独立单元来经营

部经理要以小组为作战单元，培养组经理经营自己小团队的能力，赋予他们团队职责。比如让组经理加入功能组，参与营业部决策，分担营业部职能。让他们在工作中提升能力；多提供培训机会，加速其成长。不要越级指挥和担任保姆的角色。

（3）定期召开核心干部会议

部经理最好每周组织一次会议，组经理参加，目的是共享信息、及时解决问题、改进方法、监控目标进度，确保行为不偏航、不走形。

5. 营业部自主经营的一大挑战

营业部经理大部分是业务出身，在管理上相对能力较弱，容易出现不敢管、不会管、管不好的情况。重销售轻管理，这是营业部自主经营的一大挑战。

营业部经理该怎么应对这一挑战？下面的 3 个方法可供借鉴：边学边干、真诚面对、汇报成长，如图 5-6 所示。

边学边干　　　　　　真诚面对　　　　　　汇报成长

图 5-6　营业部经理应对挑战的 3 个方法

（1）边学边干

知识是在实践中产生的，遇到问题反向去找知识，去请教其他经验丰富的管理者，然后回到实践中去做，把失败变成成功的因素。

（2）真诚面对

不掩盖不遮掩，跟团队保持良好的沟通。发挥团队的力量，获得伙伴们的支持去面对困难、解决问题，确保团队成员对团队目标的理解和共识。

（3）汇报成长

让伙伴们看到你为成长而付出的努力，感受到你的成长速度，带着伙伴们一起成长。一起面对问题、解决问题。

二、建立功能组，保障团队顺利运行

如果把营业部比作房子的话，那么组就是各个房间，有卧室、客厅、餐厅、厨房、卫生间等。不同房间布局不一样，功能不一样，但都是为了满足人的生活需要，而且整体装修风格协调一致。

营业部也是这样，小组之间虽然有各自的差异，但是放在营业部的整体之中来看，又需要保持同一个调性，也就是人们常说的"一看就知道你是哪个营业部的"。这个调性，就是标准化。

1. 从 3 个方面打造标准化营业部

营业部经理可以从以下 3 个方面来入手打造标准化营业部：流程标准化、培训标准化、品牌形象标准化，如图 5-7 所示。

图 5-7　营业部标准化的 3 个方面

（1）流程标准化

在《流程密码》这本书里，作者章义伍讲道：麦当劳靠什么书写汉堡包神话？最简单的回答就是用一流的流程，武装三流的员工，同时创造一流的业绩。麦当劳拥有当今世界上最简单的、最有效的、最成熟的执行系统，凭借着标准化的执行流程，麦当劳实现了令人惊叹的扩张速度。这就是作者所说的"能人退后，流程向前"。

《餐饮店铺运营从入门到精通》这本书里也讲到，对流程的"放松"是对企业的"放纵"。几十年来，麦当劳不断丰富和完善自己的管理手册，里面规定了2000多个制作标准和规范，维系着全球几万家店面的运营。

比如，麦当劳将柜台人员的工作流程细化为六步，称之为"服务六部曲"。

一是微笑欢迎顾客：声音亲切且有目光接触。

二是记录并建议点餐：促销，增加营业额（每单只能促销一次）。

三是汇集产品：汉堡包、薯条、热饮、冷饮。

四是呈递产品：把"M"的标记朝向顾客，餐盘轻轻推给顾客。

五是收取款项：唱收唱付，大钞横放，背面朝上（先将硬币零钱放到顾客手中，再将纸币一张一张地数给顾客）。

六是感谢顾客并请他们再次光临：一定要说"谢谢"。

营业部的经营也是如此。营业部经理可以通过建立标准的工作流程和操作规范来提高工作效率和质量。比如，制定标准的销售流程、客户服务流程、会议经营流程、新人辅导流程等，确保每个环节都按照既定的标准和规范进行。

（2）培训标准化

营业部结合公司的培训计划，也要有营业部的标准化培训计划和培训课程，确保伙伴在不同阶段都能接受到必要的培训，获得个人提升，提高团队整体的业务水平和专业素养。

（3）品牌形象标准化

营业部可以根据公司的品牌形象标准，比如公司标识、形象设计、宣传资料等，设计和制作具有自己团队特色的对外标识、资料和服装，从而打造自己团队的差异化和辨识度，提升团队品牌认知度，实现长期发展。

2. 建立功能组，确保营业部标准化运行

营业部落地实施标准化运作，需要组织架构来支撑。这里的组织架构不是指"保险基本法"的职级架构，而是为了达成组织目标需要的人员分工和架构。行业内好的做法就是在营业部内建立功能组。

功能组有点类似于项目组，负责完成团队的某项工作。功能组不是助理，建功能组是为了发挥团队成员的优势，让专业的人办专业的事，在自己的专业领域为他人提供帮助，实现资源共享。根据团队的目标，功能组可以分为几个小组，分别负责销售、增员、培训、辅导、日常管理等工作，功能组根据团队人数，设定小组长、组员来负责本小组的工作。

建功能组时需要考虑以下 3 个原则：简单高效、协作协调、保持成长。如图 5-8 所示。

（1）简单高效

一是不要为了建功能组而建，建

功能组是为了解决团队的实际问题，

图 5-8　建功能组的 3 个原则

要针对具体问题和需要去建立；二是宁缺毋滥，功能组不是摆设，发挥不了作用的功能组宁可没有，否则多余的工作组可能会在团队运营中起反作用。

（2）协作协调

一是两个及以上功能组之间需要进行密切的协作，共享信息，以确保各个环节的顺利衔接和业务流程的高效运转；二是功能组也要协调好组内每位伙伴，确保功能组运行顺畅。

（3）保持成长

一是功能组成员要定期轮换，让更多伙伴在功能组得到锻炼；二是要对功能组成员定期培训，保证组织的先进性，真正把功能组作为培养干部的"熔炉"。

总之，功能组是为了营业部的标准化运作、实现营业部目标而设置的，不是游离于营业部之外的独立组织。

3.建功能组的 3 个挑战

在实际工作中，功能组的运作会有以下 3 个挑战：适应性挑战、领导力挑战、工作效能挑战，如图 5-9 所示。

图 5-9　建功能组面临的 3 个挑战

（1）适应性挑战

功能组是在部经理架构之外增加的一个管理架构，需要功能组的组员和其他所有团队伙伴去适应。比如，培训功能组的组长可能不是自己的组经理，功能组的组员和其他所有伙伴就要去适应他的工作方式。

为了应对这个挑战，一方面，功能组组长要与功能组的组员和所有其他团队伙伴进行沟通并获得他们的支持，快速适应工作；另一方面，也需要伙伴们理解和认同功能组的重要性，营造积极的团队氛围，增强团队合作和协作，促进信息共享和相互支持。

（2）领导力挑战

虽然伙伴们在功能组中能得到锻炼，但是需要投入时间和精力，这不是每位伙伴都愿意付出的。所以，营业部经理能否调动起伙伴们积极参与到功能组中来，对营业部经理的领导力是个考验。

应对这一挑战的方法有两个：一是建立良好的团队文化，塑造共同的价值观；二是部经理本人的人格魅力足以把团队伙伴团结在一起达成共识。

（3）工作效能挑战

功能组是否真正发挥作用，是需要在运行中不断摸索的。部经理要保持耐心，不断完善，慢慢去提高功能组工作效能，而不是没有看到功能组发挥作用就放弃，回到原点，自暴自弃。

第二节　营业部围绕"432"体系，将管理落地

一、432 体系是营业部自主经营的核心

小梅："营业部自主经营有体系吗？"

我："当然有。组层面的团队管理相对简单，只需要小组内的纵向管理动作。而到了部经理这一层级，团队的管理除了纵向管理外，还要分层进行横向管理，经纬交错，才能实现自主经营。"

营业部的自主经营，我总结为"432"体系：4 个轮子（四轮）、3 条生产线（三线）、两套体系（两体系）。

4：4 个轮子

4 个轮子是把 4 类人群——准主管、组经理、准部经理、部经理放在 4 个轮子里，然后推动轮子，让轮子转动起来，分别进行经营，稳步向前，如图 5-10 所示。

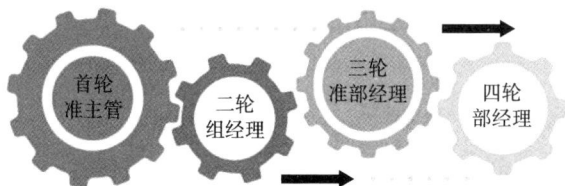

图 5-10　4 个轮子

3：3 条生产线

3 条生产线分别是新人生产线、绩优生产线、主管生产线，如图 5-11 所示。

生产线就是传达带，不同的生产线，有不同的培训和赋能方式，目的是给轮子进行加速，助力不同的人群成长和发展。

图 5-11　3 条生产线

2：两套体系

两套体系是晋升体系和荣誉体系，如图 5-12 所示。传送带每把轮子输送到一个驿站，都要给伙伴仪式感。两套体系就是仪式感的表达，既是对旅途中的伙伴的正反馈，也是下一行程的加油站。

总结一下，"432"管理体系的目的是通过对人群、过程和结果 3 个维度的科学管理和赋能，最终实现人群可抓、过程可控、结果可见，如图 5-13 所示。

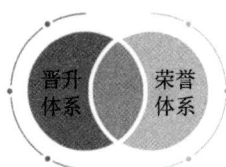

图 5-12　两套体系

图 5-13　"432"管理体系

二、四轮：人群分层，精准经营

不同的人群，经营的侧重点也不同。首轮准主管人群侧重保收入、提技能；二轮组经理人群侧重打造标准组，实现团队自运转；三轮准部经理人群重培养，蓄势晋升；四轮部经理人群侧重团队自生长、自主经营，如表 5-1 所示。

表 5-1　4 轮经营重点

四轮	人　群	经营重点
首轮	准主管	保收入，提技能
二轮	组经理	打造标准组，实现团队自运转
三轮	准部经理	重培养，蓄势晋升
四轮	部经理	团队自生长、自主经营

1. 首轮准主管人群，用收入留人

1）首轮经营的 4 个步骤

准主管指的是待晋升人员，也就是非主管人群，准主管不一定是"保险基本

法"里的职级。首轮准主管人群很重要，准主管是新人迈向职业化最关键的一步。

小梅："谁来经营准主管人群？"

我："组经理来经营。"

小梅："经营重点是什么？"

我："首轮人群的经营重点是以收入为核心，践行职业解决方案，这里的收入标准至少是他们入司前的2倍。组经理要以2倍收入为指针，根据资源和政策去帮助他们进行职业规划，而不是只盯'保险基本法'的转正标准和最低考核。"

怎么践行职业解决方案？有4个步骤：目标再确定、要素再细化、跟进要精准、进度常关注。如图5-14所示。这4个步骤是组经理在日常团队管理的基础上对小组成员做的深度经营，跟平时的早会、活动等不冲突，更侧重于组经理的一对一单独辅导。

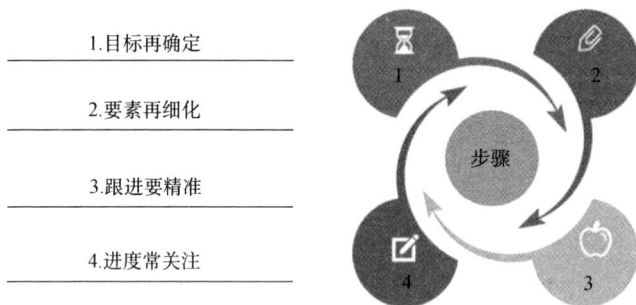

1.目标再确定

2.要素再细化

3.跟进要精准

4.进度常关注

图 5-14　践行解决方案的 4 个步骤

（1）目标再确定

在行动开始之前，组经理先对准主管的收入目标进行再确定，看看是否需要做调整，具体操作可以参考表5-2。

表 5-2　首轮目标再确定表

目标再确定		时间：
内　容	问　　题	评估记录
伙伴	收入目标是什么？	
	跟原来的规划相比有变化吗？	
	为达成目标你在以下3个方面做了哪些准备？	
	心态	
	行动	
	客户	
	人力	

续表

内　容	问　　题	评估记录
主管	我能为你做的是以下3点	
	还有这3点注意事项做个善意提醒	
伙伴	你还有哪些需要帮助的？	
	期待我如何配合？	
主管伙伴双方	形成共同承诺了没有？	
	……	

组经理对准主管的收入目标进行再评估，主要看个人特质、社会资源与工作的适配性。也就是说要跑步了，鞋子是否合脚？是大了还是小了？既要挖掘透新人的社会价值，也不能超过承受极限，找到合适的度，循序渐进。

如果准主管是新人，组经理要确保新人入司后的收入不低于入司之前的收入，这是底线；如果是入司超过半年的准主管，目标收入一是不低于晋升准主管前的收入，二是不低于入司前的收入。评估结束后，准主管就可以带着确定的收入目标启程上路。

（2）要素再细化

决定收入目标能否达成的要素主要有3个：时间、动作、记录，如图5 15所示。

时间：每天保证多长时间的业务活动？是哪个时间段？

图5-15　决定收入目标达成的要素

动作：去干什么？解决什么问题？做了哪些准备？

记录：有行事历吗？当天的复盘总结？下一次经营客户的动作？

为了便于落实，我做了两张表。表5-3是准主管自己用的，表5-4是组经理辅导准主管用的。准主管随时做好记录，组经理在辅导准主管时也要做好辅导记录，并反馈给准主管。

表5-3　首轮准主管要素再细化表

时间（时间段）	姓名（准增员或客户）	经营动作	总　　结	下一步经营动作
周一				
周二				
周三				
周四				
周五				

表 5-4　首轮组经理要素再细化表

时间（时间段）	姓　名	经营动作	总　结	下一步经营动作
周一	A伙伴	了解张客户经营情况		
周二	B伙伴	了解李增员情况		
周三	C伙伴	了解准客户积累情况		
周四	D伙伴	帮助分析王客户		
周五	E伙伴	做产品辅导		

（3）跟进要精准

组经理每天要帮助分析准主管对面访客户的经营动作，复盘整个面见过程，做分析评估和改善。组经理在跟进的过程中，可以拆解伙伴面访的录音，也可以以直接询问的方式进行，具体从以下方面来辅导，参见表 5-5。

表 5-5　首轮跟进要精准表

跟进要精准		时间：
内　容	问　题	评估记录
信息分析和抓取	在哪儿见的？	
	都有谁？	
	见面时长？	
	先说的是什么？	
	后说的是什么？	
	客户的反应？	
	客户的需求是什么？	
	解决的客户什么问题？	
	达到预期了吗？	
	其他触点？	
	……	
总结	你做对了哪3点？	
	有哪些需要改进的地方？	
	……	
规划	下一次面见在什么时候？	
	用什么方式？	
	解决什么问题？	
	……	

当然，问题并不只有这些，每次面见不一样，组经理需要了解的信息也不一样。组经理跟进的重点主要是肯定准主管做对的地方，然后再找到下一步至少 3 个经营动作，让经营无限持续下去，而不是一次见面就打了死结，客户越经营越少。

（4）进度常关注

计划赶不上变化，结果不是等来的，在实际工作中会发生很多意想不到的事情。想要确保动作不走形、节奏跟得上，就需要时时关注进度。你可以参考表 5-6，借助表中的问题，针对每位伙伴的现状做分析。同时，还要提前做好应对各类紧急事件的预案，最大限度地保证跟目标无限接近。

表 5-6　首轮进度常关注表

进度常关注		时间：
内　容	问　题	评估记录
目标	距离目标还有多远？	
	按照当前的进度能否实现目标？	
	如果不能实现，怎么做调整？	
	如果能实现，会提前几天？	
	是否留有弹性空间应对突发状况？	
	……	
人	身体还能吃得消吗？	
	这种工作状态还能适应吗？	
	是否有消极情绪？怎么调整？	
	……	
客户	储备的客户还够不够？	
	如果不够怎么做？	
	方法是否需要调整？	
	……	
B方案	B方案是什么？	
	什么时候启用？	
	……	

2）首轮经营中的两个提醒

经营准主管这一类人群，有两个提醒给你：实战中学技能、适时建队伍，如图 5-16 所示。

（1）不要停下来补技能，而是在实战中学技能

学知识是为了解决客户的问题，只有在实战中学习，学以致用，知识才能发挥作用。不要停下来学技能，技能是练出来的，不是背话术背出来的，实战一次强过背 100 次话术。

实战中学技能

适时建队伍

图 5-16　准主管经营中的两个提醒

走出去见客户是获取收入的唯一途径。同样，收入也是留存的唯一途径，没有结果什么都谈不上。

（2）在保证收入基础上去做建队伍的动作

建队伍在销售的路上，建队伍是职业生涯中一个重要的台阶。新人在做职业规划和践行职业方案的过程中，自己在发生改变，同时，身边的人也会看到他的改变，这个时候就是建队伍的最好时机。

组经理可以根据准主管的发展进度，来辅导建队伍的技能，让业务和建队伍同步进行。晋升也是提升收入的一个重要途径。

2. 二轮组经理人群，小组的稳定性大于一切

1）二轮经营的 4 个步骤

小梅："组经理这一层级是不是由部经理来负责？那经营重点是什么呢？"

我："是的。经营重点是部经理辅导组经理打造标准组。"

小梅："前面讲到准主管的经营有 4 个步骤，在 4 轮的人群经营中都会用到这 4 个步骤吗？"

我："是的，二轮组经理人群也是按照这 4 个步骤进行经营。"

（1）目标再确定

部经理针对每位组经理，根据小组现状，重新确定其当下的目标。这个目标也是收入目标，确定收入目标的依据是最近 3 个月的数据，具体工作流程见图 5-17。

部经理首先根据数据，对照标准组考核指标找到差距，写下来。比如：小组 FYC 差 1 万元，有效人力差 3 人。然后对照收入项目确定收入最大利益区间，转换成考核指标的实际缺口。比如：要获取管理津贴的上一档，小组 FYC 缺口 1.2 万元，有效人力差 2 人。接下来，把差距和缺口这两个数据放到一起，汇总成一个行动数据。上面两个数据汇总后的行动数据就是：FYC 1.2 万元，有效人力 3 人。最后，根据这个行动数据找到最核心突破口，加入时间表，分析完成的可行性，然后在考核周期里逐步去做。

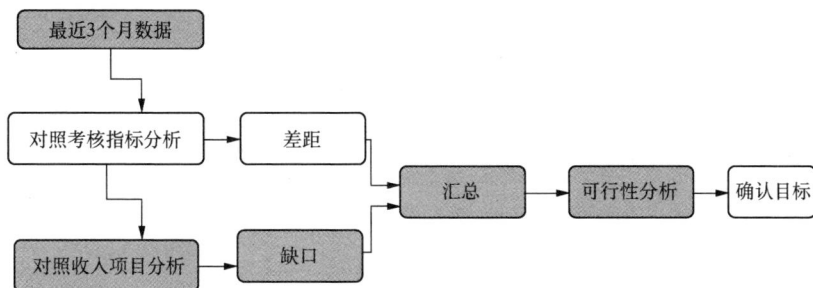

图 5-17 二轮目标再确定工作流程图

（2）要素再细化

部经理除了用时间、动作、记录这3个要素细化组经理本人的工作外，还要帮助组经理提升辅导伙伴的能力，并把这一项工作同步植入日常的经营管理中，见表5-7。

表 5-7 二轮要素再细化表

时间（时间段）	姓　名	经营动作	总　结	下一步经营动作
周一	组经理A	本人客户经营		
周二	组经理B	如何辅导伙伴		
周三	组经理C	怎么组织小组活动		
周四	组经理D	小组工作进度		
周五	组经理E	准增员跟进		

（3）跟进要精准

部经理在辅导组经理时，不要只听汇报，而要对每个客户、每个合伙人、每一个动作的具体过程进行分析，持续跟进。比如，部经理要想了解组经理是怎么辅导伙伴的，可以参考表5-8，你可能会问到这些问题，也可能会在根据录音拆解时分析这些问题。

表 5-8 二轮跟进要精准表

跟进要精准		时间：
内　容	问　题	评估记录
了解组经理辅导动作	你辅导伙伴的时间是什么时候？	
	你辅导伙伴的地点是哪里？	
	你辅导伙伴的时长是多久？	
	你辅导伙伴什么内容？	
	你用什么方式进行辅导？	

续表

内　容	问　题	评估记录
反馈	伙伴对你的辅导的反馈是什么？	
	你给伙伴的反馈是什么？	
复盘	你做对了哪3点？	
	有哪3点需要改善？	
打分	你给自己的辅导打几分？	
	为什么？	
庆祝	你用什么方式自我庆祝？	
	你用什么方式给伙伴庆祝？	
明日规划	你明天的辅导安排？	

（4）进度常关注

部经理对组经理如何管理小组要了如指掌，可以通过表5-9来做评估。

表 5-9　二轮进度常关注表

进度常关注		时间：
内　容	问　题	评估记录
组经理本人	组经理是否关注到了每位伙伴？	
	组经理本人是否以身作则了？	
小组	小组架构是否稳定？	
	关键指标达成是否有难度？	
标准化	小组是否有标准化的流程？	
	小组是否达成标准组目标？	
卡点	还有哪些卡点是必须要突破的？	
	有没有潜在的风险点？	
支持	需要哪方面的培训支持和辅导？	
成长	团队伙伴是否在成长？	

2）二轮经营中的两个提醒

部经理在辅导二轮组经理人群如何经营时，还要关注以下两个方面：小组自运转和组经理能力的提升。如图5-18所示。

（1）小组是否实现了自运转？

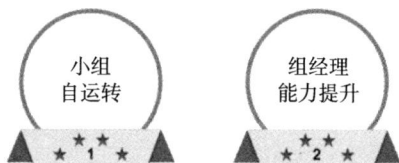

图 5-18　部经理辅导组经理的两个提醒

二轮管理的终极目标是组经理自己能够单独经营小组，也就是组经理靠自己的管理能力，让小组每个月都能达成标准组目标。达成标准组目标就意味着小组的稳定性较强，小组的稳定性决定着团队的走向和进度。组经理只有用系统的管理来实现小组自运转，小组才能不断被复制并做大。

（2）组经理本人能力是否提升了？

在达成标准组目标的同时，部经理更应关注组经理能力的提升。即使小组达成了标准组目标，如果组经理能力不强，小组也很难长久维持，从而影响到整个营业部的稳定。所以，部经理应与组经理保持良好的沟通，并提供及时的反馈和指导，主动提供必要的资源支持，以帮助组经理不断成长。

3. 三轮准部经理人群，晋升推动，驱动团队前进

准部经理不是"保险基本法"里的职级，是部经理在组经理人群中选拔出来的成长性好、想发展的人选，是部经理层级的预备干部。

小梅："准部经理也是由部经理来负责，是吗？"

我："是的。因为这部分人群规模很小，部经理更要抽出时间重点关注，单独培养和扶植。如何经营？也是按照前面的4个步骤来进行。"

1）目标再确定

准部经理的目标是晋升部经理，但不是为了晋升而晋升，而是创造成熟的晋升时机，在合适的时候晋升。

目标再确定就是回到实际的数据中，用数据说话，通过数据分析什么时候晋升，怎么晋升，为了晋升当下需要做哪些准备。最关键是先要确定最佳晋升策略和行动。如果当下就在晋升周期内，那么做好晋升冲刺；如果当下不在晋升周期内，那么就做好准备期的工作。无论是处于哪个时期，都要有明确的目标。你可以参考表5-10进行操作。

表 5-10 三轮目标再确定表

目标再确定		时间:
内　容	问　题	评估记录
晋升周期	时间: 从几月到几月	
	职级目标:	
	考核目标:	
	架构数量	
	人力	
	FYC	

内　容	问　　题	评估记录
准备周期	时间：从几月到几月	
	重点目标：	
	人力	
	架构数量	

（2）要素再细化

晋升部经理不是准部经理一个人的事，需要他的团队共同努力。部经理需要把准部经理当成部经理来看待，让他提前适应部经理角色。部经理在辅导的时候同样从时间、动作、记录3个要素出发，工具表见表5-11。

表 5-11　三轮要素再细化表

时间（时间段）	姓　　名	经营动作	总　　结	下一步经营动作
周一	准部经理A	如何辅导组经理		
周二	准部经理B	如何辅导直辖小组		
周三	准部经理C	如何经营客户		
周四	准部经理D	如何组织会议		
周五	准部经理E	了解团队需求		

（3）跟进要精准

部经理的跟进重点是看准部经理的经营动作是否走形：列入表中的经营动作是否规范？要见的客户是否见到了？是否达到了预期？部经理在辅导时用到的工具表见表5-12。

表 5-12　三轮跟进要精准表

姓　　名	周经营动作	是否完成	动作效果	怎么改善
准部经理A	辅导2位组经理			
准部经理B	见3个准增员			
准部经理C	直辖小组1次活动			
准部经理D	团队培训1次			

（4）进度常关注

部经理每周都要关注晋升目标的达成进度，盯住晋升进度表。比如：目标A是准部经理自己增员1人；目标B是培育组员小华晋升组经理；目标C是准部经理直辖组新增2个有效人力。两周过去了，进度怎么样？准部经理A需要哪些帮助和支持来确保目标达成？如果晋升进度慢，是什么原因？如果进度快，又是什么原因？部经理用到的工具表见表5-13。

表5-13　三轮进度常关注表

姓　　名	目　　标	周　　期	完成进度	经营动作
准部经理A	目标A	1个月		
	目标B	3个月		
	目标C	2个月		
准部经理B	目标A	3个月		
…	…	…		

敲黑板

不要怕伙伴超越我们，只要自己发展不停滞，伙伴们永远是在托举我们。

你阻挡不了团队伙伴的优秀，唯一的对策是让自己和他一样优秀。停止生长只会让自己失去更多。

4.四轮部经理人群，知识赋能，履职团队

小梅："部经理人群，谁负责经营？"

我："自我管理。部经理这一层级，公司会有针对性的培训课程进行不断赋能。所以，除了公司培训之外，部经理要有自我管理的能力，不断升级自己的操作系统，迭代团队的组织基因，避免熵增。"

部经理的自我管理包括以下3个方面：认知升维、带兵打仗、自生长，如图5-19所示。

图5-19　部经理自我管理的3个方面

（1）认知升维

登高才能望远，现在不是信息差的社会，而是认知差的社会。认知差就是看待事物角度的差距。部经理提升认知最快方式就是付费进圈子，跟比自己优秀的人学习。不一定局限在保险行业内，还要跟行业外的精英多交流，因为大部分工作的底层逻辑是一样的。部经理每年见多少位行业大咖，要学习哪些知识，进入哪些圈子，投入多少时间和成本，要提前规划出来，然后落实到行动上。

（2）带兵打仗

无论职位多高，都不要离开市场，否则位子越高越是瞎指挥。营业部需要不断创新，而创新大多来自市场，并非来自办公室。市场越复杂，指挥官越要在一线。

（3）自生长

营业部经理自我管理的目标是营业部能够穿越周期，团队实现长久稳定。所以，团队要有造血和自生长的能力，就跟壁虎一样，尾巴断了照样能长出来。

一个人就是一个团队，营业部经理就是团队的灵魂。部经理不再是为自己工作，而是为团队工作。

三、三线：培训赋能，给轮子安上传送带

1. 新人育成线：以财务支持时间为周期，夯实 3 个基础

1）人的成长有 3 个阶段

"守、破、离"是日本武术家宫本武藏在《五轮书》中提出的概念。它是武术中的一种战略思想。人的成长也有"守、破、离"3 个阶段，如图 5-20 所示。

（1）守

守指的是保持稳定和防守的阶段。在这个阶段，要打好基础，保持稳定和积累实力。守的关键是坚守阵地，防止被对手侵犯，保护已有的资源和优势。

（2）破

破指的是突破和攻破的阶段。在这个阶段，要向外攻击和突破。破的关键是创造机会和克服障碍，争取主动权。

（3）离

离指的是分离和脱离的阶段。在这个阶段，要形成自己的策略和灵活的行动。离的关键是保持灵活性和适应性，应对复杂的困扰和限制。

对于新人来说，就是处在"守"的阶段；组经理处在"破"的阶段；营业部经理处在"离"的阶段，如图 5-21 所示。

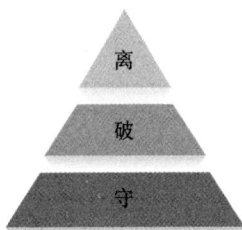

图 5-20　人成长的 3 个阶段　　　图 5-21　保险代理人成长的 3 个阶段

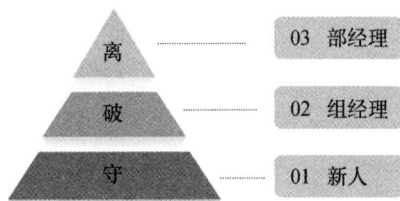

《刻意练习：如何从新手到大师》的作者艾利克森说，在某个领域中，从新手成为顶尖高手的成长其实是可以被塑造和规划的，而核心关键点就是，从儿

童时期就要开始培养。

所以，新人从入司开始就要重点培养。新人育成是最重要的事，是长久的大事。

2）新人育成的 3 个关键阶段

公司一般都会有 12 ～ 18 个月的新人财务支持，这期间是新人留存的关键时期，决定着他的职业发展。享受财务支持的伙伴，暂时称为新人。本节内容涉及的新人就是指这类新人。

我把这个时期共分为"小学"、"初中"、"高中"3 个阶段，在每个阶段分别来夯实 3 个基础，如图 5-22 所示。组经理要根据新人的成长速度来匹配培训的节奏，设计培训的课程，新人处在哪个阶段就参加哪个阶段的课程。

（1）小学阶段

在这个阶段，新人培训需要重点夯实新人的以下 3 个基础：产品基础、销售基础、专业基础，如图 5-23 所示。

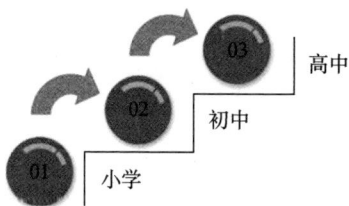

图 5-22　新人育成的 3 个关键阶段

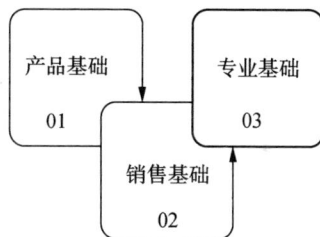

图 5-23　小学阶段的 3 个基础

第一：产品基础

新人要深入了解保险产品，包括产品种类与特点、保险条款、保险规划等方面的知识，掌握产品的销售要点，能够清晰地向客户解释产品的价值和保障内容，从而提供个性化的保险解决方案。

第二：销售基础

学懂产品之后就是销售，包括销售技巧、沟通能力、客户关系管理等方面的知识和技能。同时要让自己掌握如何寻找潜在客户、进行销售面谈、处理客户异议以及进行售后服务等，以实现销售目标并建立长期客户关系。

第三：专业基础

在熟悉产品和销售的基础上，新人还需要强化相关的专业知识，比如保险行业的法律法规、市场动态、行业趋势等。同时，还需要了解保险业务的运作流程、业务规范和合规要求，以确保在业务操作中遵守相关法规和公司政策。

新人在小学阶段，通过夯实以上这 3 个基础，就能够建立起坚实的业务能力，并逐步发展成为专业的保险代理人。

敲黑板

打好 3 个基础不是孤立的，而是跟实战结合在一起的。

因为收入直接影响着新人留存，而提升收入是软技能，不是硬知识。先行后知，才能知行合一。只有走出去不断积累和实践，才能让学到的知识变成生产力，这是个反向的过程。

（2）初中阶段

小学"毕业"后，新人来到初中阶段。为了尽快适应工作要求，为职业发展打牢根基，新人需要有 3 项基础能力：沟通能力、问题解决能力、时间管理能力，如图 5-24 所示。

图 5-24　初中阶段的 3 个基础

第一：沟通能力

伙伴需要每天跟客户进行有效沟通，并与客户建立良好的人际关系。沟通能力的提升对新人持续扩展圈子和积累客户至关重要。

第二：问题解决能力

面对不同的客户，新人会面临各种问题和挑战，所以，新人在实战中要不断提升分析问题、找出解决方案和采取行动并解决问题的能力。

第三：时间管理能力

在新人阶段，学习知识和练习技能两项重要的任务叠加在一起，这个时候，就需要新人学会合理安排时间、高效处理任务，以确保工作的顺利进行。

此外，持续学习和自我提升也是至关重要的，通过参加培训课程、学习行业动态和与经验丰富的同事交流，新人可以不断提升自己的能力和专业素养。

初中阶段具备了以上 3 个基础，新人才能突破客户关系这一道最难的关卡，在保证自己有收入的基础上去提升自己的技艺。这个阶段我们培训的重心应该放在能力提升而不是知识灌输上，让新人做到能力与目标相匹配。

（3）高中阶段

新人进入高中阶段后，面对的要求会更高。这个阶段同样需要夯实 3 个基础，分别是：自我规划、拿结果、建队伍，如图 5-25 所示。

第一：自我规划

自己是自我发展的第一责任人。新人自己要进行自我规划，包括设定明确的目标、制订计划、持续学习和提升。

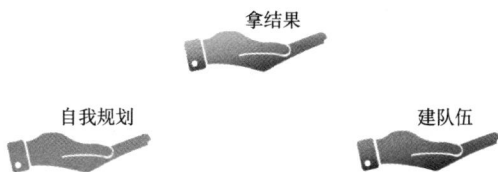

图 5-25　高中阶段的 3 个基础

首先新人自己要有明确的发展目标，长期的、中期（未来 3～5 年）的、最近 1 年的，心里都要有数。其次要围绕目标制订具体的行动计划，一步一步去落地执行。为了确保目标的实现，在这个过程中，还要持续学习和提升。

第二：拿结果

新人拿结果的能力背后是良好的客户关系、专业的销售技巧和大量的客户储备。这些不是一蹴而就的，需要耐心地在实践中花时间去积累，才能保证自己是"常胜将军"。

第三：建队伍

新人通过自我规划、持续努力取得了业务结果，这个时候，就要通过建设团队实现稳定发展，从而取得更好的职业成就。

如果说小学阶段的目标是新人专业化，初中阶段的目标是新人市场化，那么高中阶段的目标就是新人职业化。职业化的新人才能实现进一步的稳定上升，如图 5-26 所示。

3）从 3 个维度评估新人能否"毕业"

小梅："经过小学、初中、高中三个阶段的培训，新人能否'毕业'，顺利进入下一个阶段？"

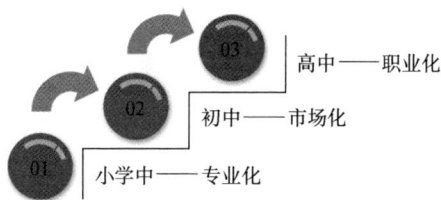

图 5-26　3 个阶段的 3 个目标

我："评价新人能否'毕业'，从以下 3 个方面来衡量：实现职业规划目标、个人能力成长、有本事让自己活下来。"如图 5-27 所示。

（1）实现职业规划目标

图 5-27　评估新人能否毕业的 3 个方面

新人能够按照事先制定的职业解决方案，达到既定的目标和里程碑，比如，达成个人收入目标、提升专业技能、获得认可和晋升等。新人在一年内得到了稳步发展，并取得可量化的成果，那么可以认为新人完美践行了职业解决方案，实现了职业规划目标。

（2）个人能力成长

新人个人能力成长，在行为上体现在参加培训课程、学习行业最新趋势、不断进行市场实践等方面；在结果上体现在能够胜任岗位、能够稳定产出业绩。

（3）有本事让自己活下来

有精准的客群，有自己的销售手艺和建团队的手艺，有不错的职业发展前景，能够很好地在这个行业生存下来，不再为收入发愁。

总之，新人是团队的基石，决定着团队能走多远。新人稳，团队稳；新人强，团队强。

2. 主管养成线：以职级考核为周期，提升主管四力

主管处于"破"的阶段，这个阶段主要以提升能力实现职业发展为重点。主管养成线就是主管的系统培训体系，这里所说的主管，重点指的是组经理这一层级。主管的培训以赋能为目的，同一职级不同能力的人要分层进行培训。

1）培训前3件事

在进行主管培训之前，先做好以下3件事，目的是区分受训主管处于哪个层级、该参加哪个培训，如图5-28所示。

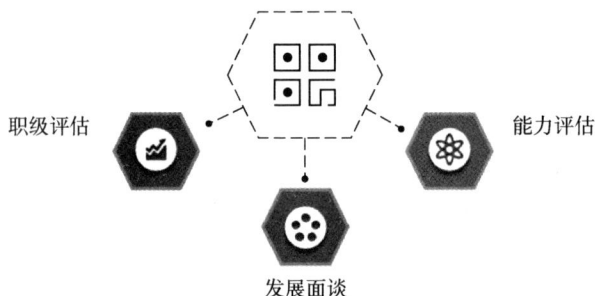

图 5-28　进行主管培训前的 3 件事

（1）职级评估

对同一职级的主管，以"保险基本法"职级考核的基础数据做支撑，来进行职级评估。职级考核不通过或者进入观察期的主管，基本属于不合格主管；职级考核通过的主管，可以参照"保险基本法"考核中的个人指标和团队指标两个维度进行分类，分为合格主管、标准主管和绩优主管3档，见表5-14。主管的评估结果不同，培训的内容也不一样。

表5-14　职级评估表

两部分	指标	达成	合格	标准	绩优	最终评估
个人	FYC					
	人力					
团队	小组FYC					
	小组人力					
	团队管理					

（2）发展面谈

共性的问题通过培训来解决，个性的问题通过单独面谈辅导来解决。所以，职级评估后，你就要与主管进行一对一发展面谈，目的是结合主管本人意愿和具体情况确定培训内容，切实帮助主管填补在技能、知识和能力方面的漏洞。见表5-15。

表5-15　一对一发展面谈表

一对一发展面谈表			
姓名	目前发展困惑	本人希望哪方面培训	最好在什么时间举办
组经理			

（3）能力评估

结合前面讲过的主管胜任力PLIS矩阵，做一个主管能力的雷达图，如图5-29所示。看主管在面谈力、产品方案力、领导力、服务力这4种能力上哪一项弱、哪一项强，然后有针对性地进行培训。

2）主管胜任力培训

咱们分别从培训内容、培训周期和培训评估来看怎么进行具体的培训操作，如图5-30所示。

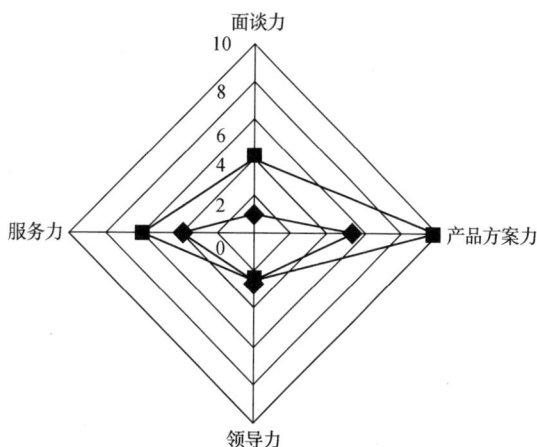

图5-29　主管能力评估雷达图

（1）培训内容

主管培训的内容就是围绕主管胜任力 PLIS 矩阵进行培训，系统解决问题。不要试图通过一次培训解决所有问题，或者发现问题之后再靠培训"救命"。

培训内容　　培训周期　　培训评估

图 5-30　主管胜任力培训操作的 3 个方面

（2）培训周期

以"保险基本法"中的主管职级考核期为周期，对主管胜任力 PLIS 矩阵进行实施。比如：如果组经理是以季度为考核周期，那就以季度为培训周期安排组经理培训计划；如果部经理考核周期为半年，就以半年为培训周期安排部经理培训计划。培训周期不等于培训次数，一个培训周期内可以安排多次培训。

如果是组经理的话，一年就是 4 个培养周期。每个周期提升一种能力的话，一年就能掌握这 4 种能力。我做了一个"组经理培训周期表"，见表 5-16。

表 5-16　组经理培训周期表

培训时间	培训内容	培训课程
一季度×月×日到×日9课时	"保险基本法"面谈力	自行设计
二季度×月×日到×日12课时	产品方案力	自行设计
三季度×月×日到×日9课时	领导力	自行设计
四季度×月×日到×日12课时	服务力	自行设计

培训时间建议在每个季度固定下来，课时也可以自定，不要低于 9 课时，并加上演练环节。培训课程应以培训内容为核心，结合公司的节奏和政策来定。比如，同样是产品方案力的内容，课程也可能不一样。

（3）培训评估

培训结束后，还要进行培训评估，目的是确保主管真正掌握了四力，可以参考这个"组经理四力培训评估表"进行，见表 5-17。如果这 4 种能力不扎实，主管就要再回炉补课，直到掌握为止。

表 5-17　组经理四力评估表

四　　力	理论课程是否过关	实践作业是否合格
"保险基本法"面谈力		
产品方案力		
领导力		
服务力		

这个表每位组经理人手一份，分为理论课程和实践作业两部分内容。理论课程就是培训课程，实践作业是在理论课程结束后，在市场中的实践内容。比如，"保险基本法"面谈力的课程结束后，留的实践作业是在 1 个月内用"保险基本法"面谈 20 人次。

理论课程是否过关，是根据上课表现及通关结果来评估的。实践作业在下一次培训前必须达到合格，才能参加下一培养周期的课程。否则，就继续实践，或者复训。

总之，主管做强，腰部才有力量，才能支撑向更高职级晋升。

3. 绩优孵化线：以职级考核为周期，练好 3 个本事

1）绩优包括哪些人群？

新人的下一个台阶可以是主管，也可以是绩优。主管本人的职业基础也必须是绩优。另外，还有一部分不是主管职级的伙伴，已经不享受新人的财务支持政策的，本人暂时不想做主管，也可以走绩优路线。

所以，这里所指的绩优，不是"保险基本法"里独立存在的职级，而是人为划分出来的人群，目的是便于打造绩优个人和绩优团队。通俗地说，就是过了新人财务支持期之外的所有伙伴都可以进入绩优孵化线进行培训，让绩优做优。

2）绩优的 3 个本事

绩优的培训重点是持续有产能，从而形成自己的手艺和品牌。绩优的培训重在训练和实战。为此，绩优必须练好 3 个本事，分别是手艺、品牌、架构，如图 5-31 所示。

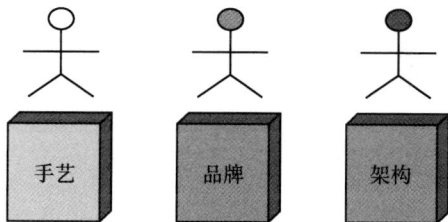

图 5-31　绩优必须练好的 3 个本事

（1）形成手艺

什么是手艺？做饭好吃不是手艺，有自己独特的配方才是手艺。业务好不是手艺，服务于同一类别的 100 个精准客户才是手艺。手艺是在实践中习得的。手艺的习得是通过精准定位、实践、总结、再实践，最后形成方法论的过程，如图 5-32 所示。

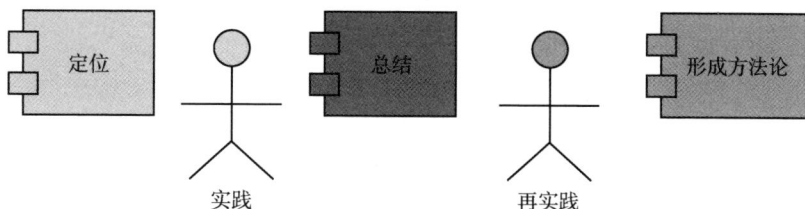

图 5-32　习得手艺的过程

说到底，保险代理人是手艺人。罗振宇老师在"罗胖 60 秒"里说道：在一个手艺人的世界里，手艺人追求的目标，其实是一种内无穷。简单说，就是从 0.9，无限地逼近 1。从这个角度来说，什么是手艺人？是通过自己长期的钻研，培养出了一种外行绝对没有的感知力，感知到那些要解决的问题，走在"内无穷"的道路上的人。

（2）打造品牌

杰弗瑞·菲佛在《权力进化论》这本书里讲到打造个人品牌的 3 个办法：主动讲故事、内容输出和借力，如图 5-33 所示。

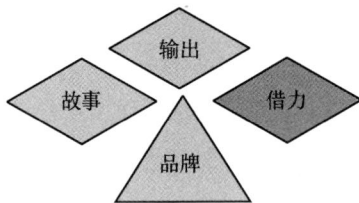

图 5-33　打造品牌的 3 个办法

第一：主动讲故事

伙伴们平时很少讲自己的故事，即使是早会分享，也是草草了事，觉得自己并没有做什么。这样下来，伙伴们觉得学不到东西，客户也不知道你在这个行业为他们创造了什么价值。所以，你要养成主动讲故事的习惯，把你做的事情讲出来，让信息跟伙伴和客户同步，让他们感受到你工作的过程。

你可以参照下面这个范例写出自己的保险故事。

在保险的广阔领域里，有一颗闪耀的明星，那就是我。

我并非一开始就踏上了保险之路，但一次偶然的契机，让我看到了保险在人们生活中的重要性。从那刻起，我毅然决定成为一名保险代理人，开启了这段充满挑战与机遇的旅程。

凭借着对保险事业的热爱和执着，我不断学习专业知识，深入研究各种保险产品，只为能给客户提供最合适的保障方案。我深知，每一份保险合同都承载着客户的信任和未来的希望。

有一次，一位年轻的个体业主找到我，他事业刚起步，对未来充满担忧，既担心创业失败带来的经济压力，又害怕自己和家人在生活中遭遇意外。我耐心地倾听他的故事和需求，经过仔细分析和对比，为他量身定制了一套涵盖创业风险、意外保障和健康医疗的保险方案。在后续的日子里，这位个体业主安心地投入事业中，而当他在创业过程中真的遇到一些小波折时，保险为他提供了有力的经济支持，让他顺利渡过了难关。

还有一位中年客户，原本对保险持怀疑态度。但我并没有放弃，而是多次与他沟通，用真实的案例和专业的知识让他逐渐认识到保险的重要性。最终，这位客户为自己和家人购买了保险。不久后，客户的家人突发疾病，高昂的医疗费用让家庭陷入了困境。幸好有保险的赔付，为客户减轻了经济负担，也让客户对我充满感激。

多年来，我以卓越的业务能力和高度的责任心，赢得了客户的一致好评和信赖。我不仅是保险代理人，更是客户生活中的守护者。在未来的日子里，我将继续用专业与真诚，为更多的人送去保障，书写属于自己的保险传奇。

第二：内容输出

内容输出的阵地选择很多，比如微信朋友圈和公众号、小红书、知乎、短视频平台等；内容输出的形式也多种多样，可以是文字输出，也可以是视频输出，还可以通过直播输出，或者写书。重要的是打开自己，展现自己，持续输出，经营好自己的人脉。

我个人比较青睐的输出方式目前是写书、拍视频、经营微信朋友圈和直播。这里所说的内容输出绝不是打广告，而是提供价值。

你还可以参考勾俊伟老师写的《保险线上成交：新媒体营销实战课》这本书，书里从起步、获客、朋友圈经营、社群经营、内容营销、视频营销等方面做了详细讲解，很实用。

第三：借力

你还可以借公司的平台、行业的平台或者其他学习和交流的平台，为自己助力，来提升自己的品牌。比如：参加表彰会，跟领导合影；参加培训，跟讲师合影；或者在培训班积极分享发言，展现自己等。

（3）根植在架构里

绩优离不开"保险基本法"，绩优一定根植在架构里。对于绩优伙伴来讲，一是看自己处于什么职级，二是看自己在哪个团队。对于绩优主管来讲，一是看自己是不是绩优主管，二是看团队是不是绩优团队。所以，作为绩优，"两手都要抓，两手都要硬"。

绩优伙伴，左手是业务系列职级登顶，右手是冲刺公司荣誉和行业荣誉，把自己拉到更高的位置，看到更大的世界，从而让来自"保险基本法"的利益最大化。

绩优主管，"左手"是本人业绩，这部分也要参照绩优的标准来要求自己，提升自己对团队业绩的贡献度；"右手"还要培养绩优伙伴，跟自己一起不断挑战新的高峰，从而打造出真正的高绩效团队。

四、两体系：奖赏机制具有无限魅力

两个体系包括晋升体系和荣誉体系，如图5-34所示。

晋升体系的搭建，重在仪式感，目的是提升伙伴的意愿和能力，做好交接不断档。荣誉体系的搭建，不单纯是为了表彰业绩，也是为了帮助伙伴对外打造声望和影响力，是对伙伴自我价值和社会价值的肯定。

1. 晋升体系：有位，以终为始，永不停息

晋升体系搭建有 4 个关键动作，分别是发展规划、定期面谈、固化峰会、晋升激励，如图 5-35 所示。

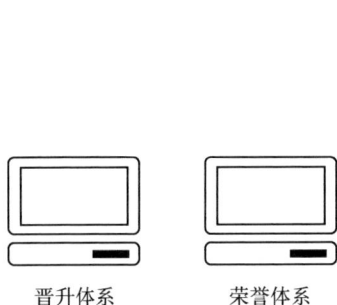

图 5-34　两体系

图 5-35　搭建晋升体系的 4 个关键动作

（1）发展规划

晋升体系的第一步就是发展规划。发展规划的作用是配合"保险基本法"给想发展的伙伴搭建好晋级的阶梯，解决晋升路上的难题。主管做发展规划这个动作，就类似于做伙伴在晋升路上的向导，给伙伴指明方向。

（2）定期面谈

晋升体系的第二步就是定期面谈。定期面谈是帮助伙伴发展和成长的重要手段。主管要与伙伴面谈，要设定面谈频率和时间，比如，每周或每 10 天面谈一次。面谈时间要充足，不要被其他事务打扰，确保面谈效果。

主管通过定期面谈，可以建立起与伙伴的良好沟通和互动，帮助他们更好地了解其职责和角色，给他们提供必要的支持和指导，推动其职业发展和个人成长。

（3）固化峰会

晋升体系的第三步就是召开晋升峰会。晋升峰会最好是线下举办，一方面，让参加峰会的晋升主管之间相互学习交流，另一方面，让他们在短暂休整之后激情满满地再上新的战场。

线下交流可以用私人董事会的形式运作。什么是私人董事会？一般私人董事会由专业教练引领，有固定的流程，参会成员之间通过高效对话，发挥各自的智慧，来帮助问题所有者解决问题。如果你自己操作不了，也可以邀请有经验和专业知识的人士作为顾问，帮你开私人董事会，为你解决问题。

总的来说，晋升峰会最好固化下来，让伙伴们有期待，并成为一种精神象征。

（4）晋升激励

晋升的最后一步就是晋升激励。在"保险基本法"的晋升激励之外，主管可以根据晋升人员的个人成长计划，自行设计团队的晋升激励作为补充，比如，资源支持、表彰奖励、专项培训等，以增强晋升人员的归属感和职业发展动力。

2. 荣誉体系：有为，自我价值、社会价值

如果说晋升体系是为了让伙伴们在职业中有位，那么荣誉体系就是让伙伴们在职业中有为。荣誉体系的建立，是在小我之外，描绘一个更大的我，让获得荣誉表彰的伙伴看到成绩背后的使命感和意义感，在自我价值之外还要彰显社会价值，如图 5-36 所示。

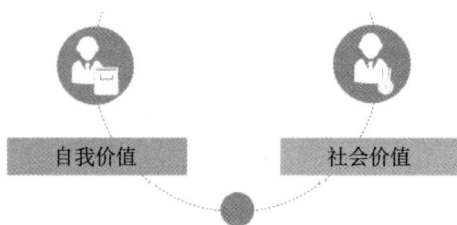

图 5-36 荣誉体系下的两种价值

（1）自我价值

自我价值包括内在价值、成就感、自尊和自信、社会认可等。每个人都有自己的独特经历、才能、兴趣和贡献，这些都为个体赋予了独特的自我价值。你可以通过发展自己的技能、追求个人的兴趣、实现个人目标和与他人建立积极的关系来积极实现自我价值。

（2）社会价值

前面在谈到保险工作的三大价值的时候，就说到了社会价值。建立荣誉体系也是为了提升伙伴的社会价值。人的社会价值体现在对社会整体产生的积极影响和贡献，包括创造就业机会和推动经济增长、提供慈善援助和救助、传播保险知识等。你可以通过积极参与社会活动、履行社会责任、积极参与志愿服务、回馈社会等方式来实现你的社会价值。

如何建立团队的荣誉体系？有以下 3 个方面：设立荣誉奖项、建立荣誉榜、提供发展机会。如图 5-37 所示。

图 5-37　建立荣誉体系的 3 个方面

（1）设立荣誉奖项

建立多个层级的荣誉奖项，如月度 / 季度 / 年度最佳销售员、最佳服务员等，根据个人绩效、客户满意度、团队合作等标准评选出优秀成员，并给予适当的奖励和认可。荣誉奖项尽量多方面、广覆盖，最大化激励到每个人。

（2）建立荣誉墙或荣誉榜

荣誉要可视化，主管最好设置专属的荣誉墙或荣誉榜，用于展示伙伴们获得的荣誉和表彰，提升他们的归属感和荣誉感，激励其他成员积极追求荣誉。

（3）提供专属发展机会

除了物质和精神表彰外，提供专属的发展机会也是荣誉体系的重要组成部分。专属的发展机会包括培训、学习等，机会不同，成长速度也会不一样。学习机会越多，越能帮助伙伴们成为行业的专家和领军人才，从而带动整个团队向学习型组织发展。

敲黑板

荣誉体系的核心是价值认同、动机激励和社会认可，防止用业绩一个维度来衡量。

在制定荣誉体系时，一定要公平公正、指标可量化、可持续、体现正确的价值观，让荣誉体系真正起到提升团队凝聚力和工作动力的作用。

最后，关于两个体系的建立，我还有一个小建议，那就是要留出专项基金来。两个体系必不可少，要保证有足够的运作基金来维持。

本章思维导图见图 5-38。

第五章　搭建"432"管理体系，让业绩倍增
- 自主经营，营业部标准化
  - 自主经营，堂堂正正做老板
    - 营业部自主经营的两个前提条件
    - 营业部自主经营与公司管理、自我管理的区别
    - 营业部自主经营的两个误区
    - 如何实现营业部自主经营?
    - 营业部自主经营的一大挑战
  - 建立功能组，保障团队顺利运行
    - 从3个方面打造标准化营业部
    - 建立功能组，确保营业部标准化运行
    - 建功能组的3个挑战
- 营业部围绕"432"体系，将管理落地
  - 432体系是营业部自主经营的核心
  - 四轮：人群分层，精准经营
    - 首轮准主管人群，用收入留人
    - 二轮组经理人群，小组的稳定性大于一切
    - 三轮准部经理人群，晋升推动，驱动团队前进
    - 四轮部经理人群，知识赋能，履职团队
  - 三线：培训赋能，给轮子安上传送带
    - 新人育成线：以财务支持时间为周期，夯实3个基础
    - 主管养成线：以职级考核为周期，提升主管四力
    - 绩优孵化线：以职级考核为周期，练好3个本事
  - 两体系：奖赏机制具有无限魅力
    - 晋升体系：有位，以终为始，永不停息
    - 荣誉体系：有为，自我价值、社会价值

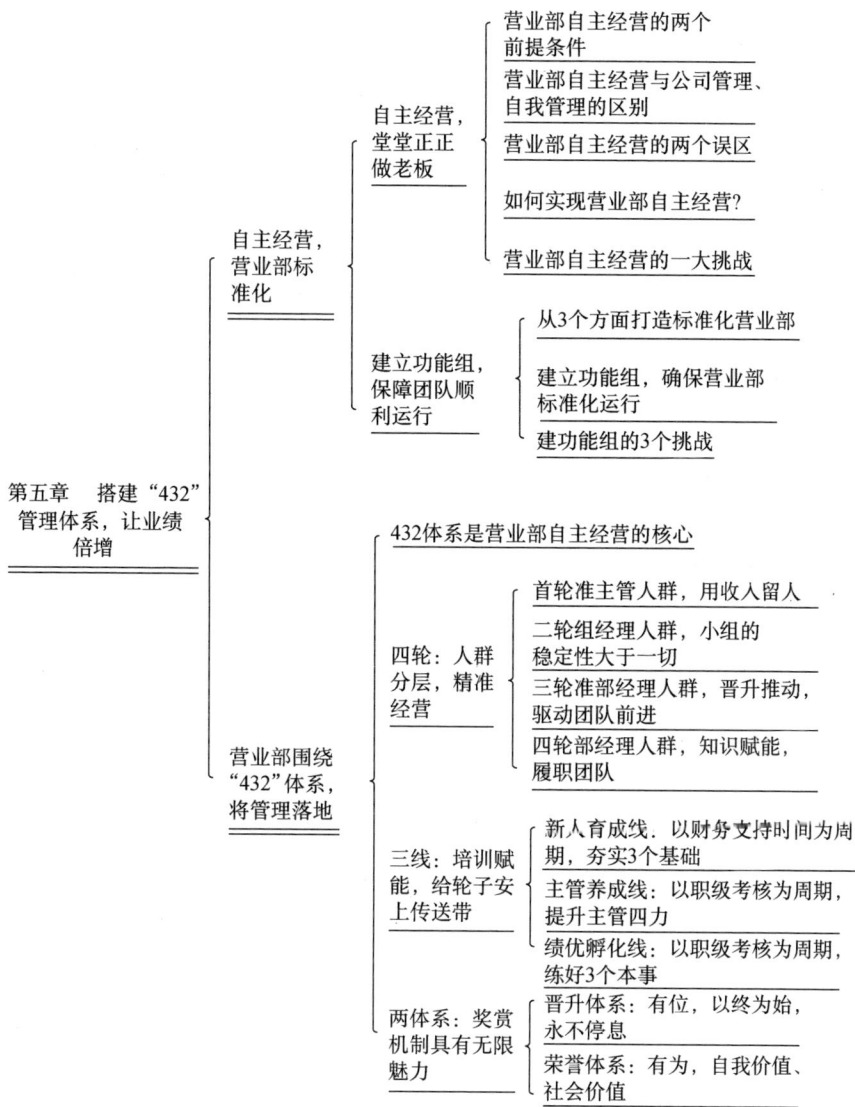

图 5-38　本章思维导图

第六章

练好面谈基本功，让效率倍增

营业部经理在自主经营的过程中，除了"432"管理体系外，还要学会一项重要的技术，就是面谈。面谈要遵循正确的面谈逻辑才能达到相应的效果。我在工作中，针对 3 种面谈总结出 3 种面谈逻辑，在本章重点讲解。见图 6-1 所示。

图 6-1　3 种面谈

第一节　巧用面谈，营业部经理也是团队管理高手

一、面谈，好比是把原石切割打磨成钻石的过程

小梅："一上来就讲面谈，面谈这么重要吗？"

我："面谈在日常工作中并不少见。比如，新人入司要做岗前面谈，拜访客户要做客户面谈，组织发展要做合伙人面谈，业务考核要做预警面谈等。可见，虽然目的和场景不一样，但是面谈却无处不在。"

面谈不是一个孤立的动作，而是团队长在日常工作中，陪伴伙伴不断成长的一系列持续动作的集合。面谈是对管理动作的持续矫正，能够确保团队不偏离发展方向。

如果把伙伴比作矿石原石，团队长就是钻石工匠，经过切割、打磨、成型、抛光、清洗、鉴定等多道工序才能生产出熠熠发光的钻石，把伙伴们培养成自己期待的样子。如图 6-2 所示。

在这个过程中，面谈就像是工匠手中的打磨工具一样，是伙伴成长路上必不可少的管理方法。

但在面谈中，经常出现耗时费力又没有效果的现象。这里咱们从几个比较容易混淆的词入手来找找面谈的边界。

原石　　　　　　　钻石

图 6-2　原石和钻石

1. 面谈是提问吗?

面谈不是提问，提问解决的是提问者的问题，而面谈解决的是面谈对象的问题。在面谈过程中，通过有效提问引导对话，可以大幅提升面谈效果，但面谈不止于提问。

提问是一问一答，通常由提问者主动提出问题，而其他人回答或提供信息，更加单向，更加简单快捷。

面谈是互动性强、双向的交流形式，更加开放和自由。面谈一般由面谈者发起，双方可以提出问题、分享观点和经验，进行讨论，甚至会有思想碰撞和心流时刻产生，用时会长一些。

举两个例子。

场景一：学生在课堂上举手问问题。

这是提问，学生有明确的疑问并主动提出，期待从老师那得到结果。

场景二：老师把学生叫到办公室，目的是了解学生最近一学期的困惑和需求。

这是面谈，老师主动发起，通过提问来引导对话，进行互动交流和思考评估，了解学生近况，看是否需要提供帮助和支持。

2. 面谈是交谈吗?

交谈可以发生在任何地点和时间，而面谈通常在正式的环境中进行。

交谈比较随意，属于日常的非正式交流形式，目的性不强，氛围相对比较轻松，可以谈天论地，不受场合和时间限制。

面谈是比较正式的对话，一般面谈者相对于面谈对象职务和身份较高，或者拥有资源。如果是线下面谈，通常在特定的场合和环境下进行；如果是线上，也要建立线上会议室，最好录制面谈过程，以便事后复盘。无论是线上面谈还是线下面谈，都要有特定的目的和主题。

举两个例子。

场景一：培训课课间，两个学员在茶水间随意地交流。

这是交谈，没有主题，不限时间。

场景二：培训结束后，团队主管找到伙伴，在一个会议室里就培训内容进行面谈沟通，目的是帮助该伙伴在下阶段提升业绩。

这是面谈，在正式场合，有目的，有主题。

3. 面谈是辅导吗?

面谈和辅导之间有密切的关系，可以说面谈是辅导的一种形式。

辅导的形式很多，比如培训和工作坊等。面谈作为辅导的一种形式，通过对话交流，让辅导更具有针对性。

面谈在辅导中的功能体现在以下 4 个方面：问题探索、目标设定、支持和倾听、资源和助力，如图 6-3 所示。

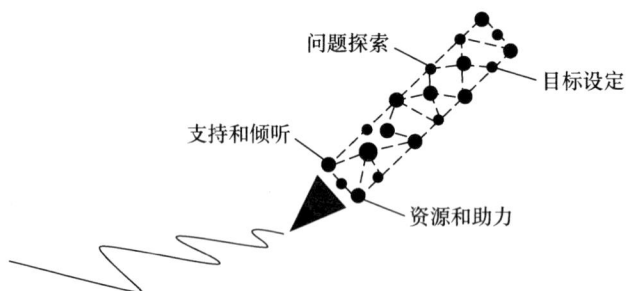

图 6-3　面谈在辅导方面的 4 个功能

（1）问题探索

面谈者通过问问题、倾听和反馈，帮助面谈对象深入思考，更好地找到问题的根源。

（2）目标设定

面谈者帮助面谈对象澄清他们的需求和期望，明确他们的目标和愿望，并帮助他们制订实现这些目标的计划和策略。

（3）支持和倾听

面谈者的存在和关注可以让面谈对象感受到支持和理解，有助于面谈对象处理情绪、减轻压力。

（4）资源和助力

面谈中，面谈者可以发挥自己的资源和能力优势，帮助面谈对象应对问题、克服困难和实现目标。

4. 面谈是下任务指标吗?

面谈是帮助面谈对象厘清他自己的目标，而不是下任务指标。

举两个例子。

场景一：刘梅要通过维持部经理职级的考核，需要组经理王冬这个季度不降级，王冬要维持职级还需新增两个团队成员，那么刘梅就让王冬去新增两个人。

这就是下任务指标，新增两个人不一定是王冬的个人目标。

场景二：刘梅跟王冬面谈，了解到王冬想打造高绩效团队，目前还差两个人，有两个准新人不知道怎么搞定，在技能上需要刘梅的帮助。

这不是下任务指标，因为新增这两个人是王冬自己想要达成的目标。

面谈中，你可以通过面谈对象的反馈，一方面来反向评估自己任务指标达成的可行性；另一方面可以根据面谈对象的个人能力，更好地优化自己的管理动作。

5. 面谈是数据预警吗？

面谈离不开数据预警，数据预警可以为面谈提供支持和指导。反过来，面谈可以为数据预警提供验证和补充。

面谈提供了主观和个人层面的理解，能够捕捉到情感、动机和背景故事等因素；而数据预警提供了客观的统计指标和趋势，揭示了数据背后的模式和关联。

没有数据支撑的面谈，就无从下手去找问题的实质，面谈者就容易主观臆断，难以让面谈对象信服。

只有数据预警，不结合面谈中面谈对象的自我表露，就无法揭示数据背后的主观因素、个人观点和背景故事，不能更全面地理解数据的含义。

6. 面谈是说服吗？

面谈是激发面谈对象的潜能，说服是让面谈对象接受自己的观点，二者区别很大。之所以把这两个词放在一起，是因为面谈者很容易误认为面谈的目的是说服别人，让对方按照自己的逻辑去做。

总结一下，面谈是一种正式的交流和沟通方式，目的是解决面谈对象的问题，激发其潜能；面谈不是下任务指标，也不是随意交谈，更不是输出观点说服对方。

一次有效的面谈，要多用提问的方式进行，并用客观的数据预警做支撑，真正给到面谈对象辅导与支持，最终促成其改变。

二、天下是谈出来的，《隆中对》是最好的范本

小梅："我对面谈又有了新的理解，你能不能举一个真实的面谈案例呢？"

我："历史中就有最好的面谈范本，那就是《隆中对》。"

为了帮助大家理解，我把《隆中对》原文附上。

自董卓以来，豪杰并起，跨州连郡者不可胜数。曹操比于袁绍，则名微而众寡。然操遂能克绍，以弱为强者，非惟天时，抑亦人谋也。今操已拥百万之众，挟天子而令诸侯，此诚不可与争锋。孙权据有江东，已历三世，国险而民附，贤能为之用，此可以为援而不可图也。荆州北据汉、沔，利尽南海，东连吴会，西通巴蜀，此用武之国，而其主不能守，此殆天所以资将军，将军岂有

意乎？益州险塞，沃野千里，天府之土，高祖因之以成帝业。刘璋暗弱，张鲁在北，民殷国富而不知存恤，智能之士思得明君。将军既帝室之胄，信义著于四海，总揽英雄，思贤如渴，若跨有荆、益，保其岩阻，西和诸戎，南抚夷越，外结好孙权，内修政理；天下有变，则命一上将将荆州之军以向宛、洛，将军身率益州之众出于秦川，百姓孰敢不箪食壶浆以迎将军者乎？诚如是，则霸业可成，汉室可兴矣。

《隆中对》是东汉末年诸葛亮与刘备初次会面时双方的谈话内容，因这次面谈发生在隆中，因此后世称为"隆中对"。

刘备三顾茅庐请诸葛亮出山，来成就大业。这次面谈分3个步骤：背景分析、给出方案、面谈结果。如图6-4所示。

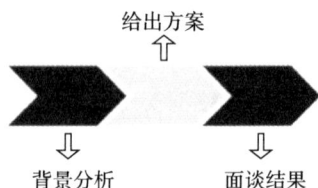

图6-4 《隆中对》中的面谈步骤

1. 背景分析

诸葛亮首先讲了天下背景——局势混乱，天下有变。然后告诉刘备，主要的对手有两个——曹操和孙权，他们两个暂时都惹不起，只能北拒曹操，东和孙权。

2. 给出方案

紧接着，诸葛亮给出了最佳路线：以荆州为家，再取益州成鼎足之势，继而图取中原，成就霸业。

3. 面谈结果

最后，刘备听了眼前一亮，就说了一个字：善！

这次面谈，诸葛亮从时机、战略、区位、路线等方面解决了刘备当下的问题，有理有据，是一个很好的面谈范本。

三、面谈的三重境界：我是我，我不是我，我还是我

小梅："什么是一次好的面谈呢？"

我："好的面谈有三重境界：我是我，我不是我，我还是我。面谈的最终目的是让面谈对象找到顿悟时刻。"如图6-5所示。

1. 第一重境界：我是我，尊重对方

"我是我"表示面谈者意识到自己是一个独立的个体，独立于面谈对象，有自

图6-5 面谈的三重境界

己的身份和特征。

"我是我"的反面就是"你是你"，意味着面谈者意识到面谈对象也是独立的个体，有着与面谈者不同的思维、感受和行为。

从心理学的角度来看，"我是我"指的是个体的自我与他人的界限和区分。也就是说，面谈者在面谈的时候，需要维护面谈对象的边界和权益，不居高临下、不贴标签、不带偏见、不进行主观评判，而要彼此尊重，带着好奇心去发现、去启发、去引导面谈对象的自我反思。只有这样，面谈对象才能真正把心打开，开启真正有效的面谈，而不是走过场、走形式。

2. 第二重境界：我不是我，同理对方

"我不是我"的核心是倾听和同理，先连接再融入。

简单来说就是"无我"的状态——放下自我的执念，融入更大的整体，感受到超越个体存在的连接和共同体验，是一种更开放和包容的心流状态。

在心理学中，"无我"是一个概念，涉及一种对自我存在和身份的特定理解。它在不同的心理学流派和文化传统中可能有不同的解释和理解方式。

在这种状态下，个体可以完全投入当前的活动，不受自我意识的干扰，体验到高度的专注和存在感。

"我不是我"相当于面谈者在面谈时跳出自己，带着同理心去思考面谈对象当下的目标、情绪以及采取的行动：如果是我，那个场景下我会怎么做？他为什么这么做？他经历了什么？他在纠结什么？是什么阻挡了他前行的步伐？我可以从什么方面帮助到他？他做得这么好究竟是因为做对了什么？如果想做得更好，可以从哪些方面改善？

3. 第三重境界：我还是我，第三者视角

"我还是我"就是面谈者把自己抽离出来，用第三者的角度观察面谈过程：我在面谈时是否不带偏见？是否客观公正？是否利他？是否为面谈对象提供了价值？如果是某某的话，他会对这次面谈怎么想？

"我还是我"就是面谈者经过一系列觉察和思考，不断跟面谈对象一起探索、反思和内省之后，重新建立对自己的认同感和自我理解。

4. 三重境界的背后是关系重建和自我实现的过程

当你在面谈中找到了这3重境界之后，你会发现，面谈者、面谈对象，以及两者之间的关系，都已经发生了改变，信任关系越来越强。如图6-6所示。

（1）面谈者自己

面谈者自身的变化主要来自这些方面：一是对自我认知的重新调整；二是对自身角色和身份的重新审视；三是对自我界限和个人价值的重新思考。

（2）面谈对象

面谈对象的变化，是通过面谈，清晰地发

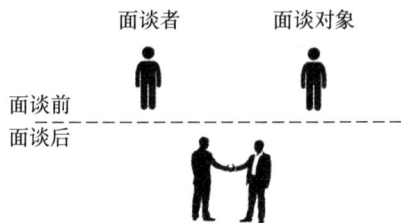

图6-6　面谈前和面谈后面谈
双方关系的变化

现了自己的优势和不足，进一步明确了发展方向，能够更加自信、更加坚定地走下去。

（3）面谈者和面谈对象之间的关系

面谈者和面谈对象会因为有效的面谈而增进彼此之间的了解和信任感。信任是无价的资源，在《团队协作的五大障碍》中，作者帕特里克·兰西奥尼指出：缺乏信任是团队协作的第一障碍。所以，团队主管要善于利用面谈这个工具，降低沟通成本、提升管理效率。

从"我是我"，到"我不是我"，再到"我还是我"的思维过程，也可以被理解为一个个体自我认知和身份发展的过程。这个过程包含自我质疑、反思、探索和自我接受的不同阶段，最终实现更深入和更全面的自我理解和自我实现。

四、面谈的终极目的是"见自己，见天地，见众生"

小梅："怪不得你说面谈这么重要呢，得赶紧实践起来。"

我："是的，面谈就是修行。"

面谈的最大价值是面谈者和面谈对象的双向奔赴。面谈者应该在面谈中超越狭隘的个人视角，不断寻求改变，从而帮助自己和面谈对象同步成长。

面谈是一个循序渐进的过程，需要面谈者日日精进、不断练习，方能掌握其精髓，实现"见天地，见自己，见众生"的终极目标。

"见天地，见自己，见众生"是一句佛教中的格言，也是修行者在修行过程中的指导原则之一。它传达了一种智慧和觉醒的境界。这里我拿来用在面谈的场景中来帮助读者感悟。

（1）见天地

见天地指的是修行者通过观察天地的广阔无边和变化，超越个人的狭隘视野，感受宇宙的宏大和自然运行的法则，从而开阔心智。

同理，面谈者通过观察面谈对象的内心世界，让自己走出原有的认知，去感受面谈对象的能量，突破自己对面谈对象和周围世界固有的看法，从而帮助面谈对象走向更高层次的境界。

（2）见自己

见自己指的是修行者需要通过内观和反省，认识和洞察自己的内在本质和真实状态。这种自我观察的过程，帮助修行者认清自身的局限和执着，从而迈向内心的自由和觉醒。

同样，面谈者通过面谈对象照见自己，不断进行自我反省和改变。

（3）见众生

见众生指的是修行者通过关注他人的存在和经历，培养慈悲心和普遍爱心，超越个人利益，与众生共同修行和体验生命的真谛。

同样，面谈者通过面谈，让自己更加有使命感，从而超越自我，去关注更多的伙伴和个体，为更多人提供价值。

第二节　三大面谈逻辑，场景不同，效果不同

小梅："这一节开始，就到了面谈实操的环节了吧？"

我："是的，这一节我们先来把面谈逻辑搞清楚。"

面谈有 3 种，分别是目标面谈、"保险基本法"面谈和五维面谈，如图 6-7 所示。

目标面谈的核心是目标，"保险基本法"面谈的核心是"保险基本法"，五维面谈的核心是五个维度。不同的面谈，解决的问题不一样，对应的面谈逻辑也不一样。

图 6-7　三大面谈

一、目标面谈，变"要我干"为"我要干"

1. 用旧逻辑面谈，目标是部经理自己的

在面谈中最常见的是目标面谈，伙伴们常用的目标面谈的逻辑是"任务 ＋ 政策 ＋ 要求"，如图 6-8 所示。任务是面谈者的指标，政策是公司或者团队的方案支持，要求是达到指标需要做的事。

任务　　政策　　要求

先来看实际案例。刘梅是一名部经理，王

图 6-8　旧的目标面谈逻辑

冬是刘梅团队的组经理。

刘梅：“王冬，这次‘增员’活动你和你的团队准备增多少人？现在公司政策这么好，一定要抓住机会啊！咱们团队的任务是增员 10 个人，你们小组至少增两个，正好你维持职级考核指标也是差两个人，作为咱们团队工作年限最久的主管，你一定要带个好头，要不，我没法跟公司交代呀！”

王冬：“是，经理，我也知道公司的政策特别好，保证完成任务！”

过了两天，刘梅发现进度不理想，又找来王冬面谈。

刘梅：“有这么好的政策为什么没有‘增员’？再完不成任务，公司要求我们每天早上 8 点一起参加述职会呢，咱们得想想办法呀！”

王冬：“经理，真不是我不想办法，是现在的市场变了，真的不好增啊！”

刘梅：“？？？”

你看，刘梅用的是下任务、讲政策、做要求的面谈逻辑，是以面谈者而不是面谈对象为中心，潜台词是“我要你做什么”，刘梅等同于在一对一给王冬下任务指标。这个时候，王冬会想：“任务指标是你的，跟我有什么关系？”

而面谈是一个双向奔赴的过程，它的本质是沟通。所以旧逻辑虽然简单明了，但不一定有效。

2. 用新逻辑面谈，目标是伙伴自己的

咱们换一个逻辑，再来一次目标面谈，看看结果会不会不一样。这次我们用“收入＋资源＋承诺”的面谈逻辑，如图 6-9 所示。

收入（Income）是面谈对象的收入，资源（Resources）是公司或者团队可利用的资源，承诺（Commitment）

图 6-9　新的目标面谈逻辑

是面谈对象最后的行动清单。这个逻辑简称 IRC 目标面谈逻辑。

（1）收入

刘梅需要先跟王冬把收入目标定下来，那么，刘梅怎么给王冬定目标呢？这里会用到“SMART”这个工具。SMART 是目标设定的一个常用框架，它代表明确性（Specific）、可衡量性（Measurable）、可实现性（Attainable）、相关性（Relevant）和时限性（Time-bound）。如图 6-10 所示。

明确性，指目标清晰、具体而不含糊。

可衡量性，指目标可以使用具体的量化指标或标准来评估达成程度。

可实现性，指目标不应过于远大或不切实际，而是要根据可用的资源和实际情况进行合理设定。

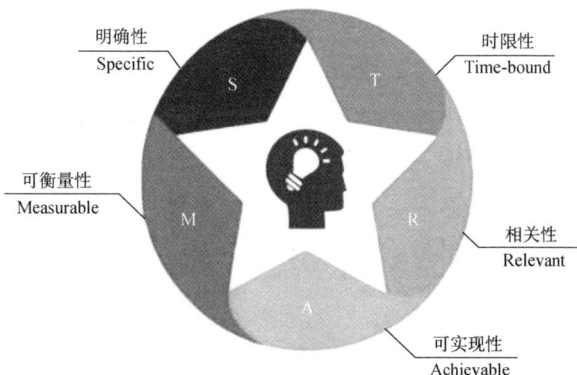

图 6-10　SMART 工具

相关性，指目标与个人或组织的整体发展方向和长远利益相一致。

时限性，指目标应该设定明确的时间框架或截止日期，以确保目标有明确的开始和结束点，这有利于促进行动和执行。

接下来，刘梅开始进行面谈，先给王冬定收入目标。

刘梅："王冬，这个月你理想的收入目标是多少？"

王冬："我去年的总收入是 18 万元，平均每个月不到 2 万元。我上个月的收入是 1.5 万元，我想挑战一下，争取这个月收入达到 2 万元。"

刘梅："真替你高兴。那你准备怎么达成这 2 万元的目标呢？"

王冬："我每个月的 FYC 保证不低于 1 万元，从下个月起，我想通过提升管理收入来提升每个月的收入。如果我再增加两个达标人力的话，我每个月就能多拿 2000 元管理收入，再加上其他的收入，月收入就能达到 2 万元。"

刘梅："也就是说，你现在最大的挑战是借咱们现在组织发展的机会找两个合伙人是吗？"

王冬："是的。不过，我正在为这件事发愁呢！有两个新人正在纠结，怕来了之后没有业务就没有收入，没法跟家里人交代。"

这里提醒一下，你在定收入目标的时候，还要找到达成收入目标的行动目标。通过面谈，刘梅知道王冬的收入目标是 2 万元 / 月，达成这个收入目标需要找两个合伙人，这两个合伙人就是王冬的行动目标。

（2）资源

定下收入目标后，刘梅就要调动资源去帮王冬达成目标，下面直接进入面谈。

刘梅："嗯，咱们接下来看看有没有什么资源可以利用。现在公司刚出台的这个合伙人政策不错，不知道对你的新人有没有帮助呢？"

王冬："确实不错，真是及时雨啊。我研究一下，这两天再去跟她们面谈一次。"

刘梅给王冬找到的是政策资源，看来王冬还是比较感兴趣。

（3）承诺

有了资源，刘梅跟王冬就要制订详细的行动计划，并且双方确认承诺，这样，一次完整的面谈才能形成闭环。

继续进入面谈环节，刘梅帮助王冬制订下一步的行动计划。

刘梅："好的。这个月我们的重点就是要利用政策的窗口期，把架构夯实。如果这两个新人不能确保在这个月上岗并达标，你有没有更具体的行动计划来确保达成目标呢？"

王冬："这个还没有太详细的计划。"

刘梅："那今天我们就稍微花点时间，来盘点下你手里的合伙人名单，然后逐一进行分析，并制订出下一步的行动计划，你看怎么样？"

王冬："好的。"

表6-1是刘梅跟王冬一起制订的行动计划，包括时间、经营动作、经营重点等。

表6-1　王冬周行动计划表

周工作重点及目标			合伙人姓名	经营目的	经营动作
第一周	先联系最容易成交的，同步做积累	周一	张×	讲解职业解决方案	约3次见面
			李×	参加×号活动	约2次见面
		周二	王姐	参加×号活动	约3次见面
			小刘	跟总监面试	约4次见面
		周三	赵总	打通×卡点	约2次见面
			吴×	介绍最新公司动态	约2次见面
		周四	马×	争取转介绍	约3次见面
			宋×	讲解职业解决方案	约4次见面
		周五	董×	了解本人信息	约1次见面
			黄×	了解本人信息	约1次见面
第二周	复盘进度提交结果	同第一周，根据第一周进度和本周工作重点制订详细计划			
第三周	新人培训实战练习	同第一周，根据第二周进度和本周工作重点制订详细计划			
第四周	辅导新人达标	同第一周，根据第三周进度和本周工作重点制订详细计划			

为了保证行动结果，接下来双方确认承诺。

刘梅："今天的收获还是不小，你列出了 10 个人的名单，针对每个人的行动计划也出来了，下一步就是执行了。"

王冬："是的。"

刘梅："你觉得你在行动的过程中，会遇到哪些障碍？"

王冬："还是担心遇到拒绝后，可能会放弃。"

刘梅："为了保证你能实现这个行动计划，我会一直都陪着你，你不妨做个承诺。如果你能 100% 执行计划、达成目标，我给你单独庆祝一下，你觉得怎么样？"

王冬："那行，你都这么支持我了，还有这么好的政策，我会努力行动的！"

刘梅："我来写一个承诺书，咱们一起签上字，我会随时看你的进度和反馈，一起加油。"

王冬："一起加油！"

最后，双方签订"面谈承诺书"，如图 6-11 所示。

为了保证我的目标达成，我承诺：

1. 严格执行刚才制订的行动计划清单；

2. 每周审查我的行动计划，并快速纠正任何偏离方向的行为；

3. 我将专注于我的目标，避免陷入分散注意力和分心的活动；

4. 我的目标达成后，刘梅经理将给我单独进行庆祝，我很期待，一定积极践行计划，达成目标。

承诺人：王冬　　　　　监督人：刘梅

日期：　　年　　月　　日

图 6-11　面谈承诺书

到这里，一次面谈就结束了。总结一下，在 IRC 目标面谈逻辑下，目标是王冬自己的，刘梅负责提供资源，最后王冬有承诺，去积极付诸行动：一次完整的面谈闭环就完成了。下次面谈时间，刘梅跟王冬再具体约定。

二、"保险基本法"面谈，以人为本，解决问题

1. 预警＋路径，不要成为"保险基本法"的奴隶

先来看刘梅跟王冬的面谈案例。

王冬因为自己辅导新人的能力较弱，前几个月入司的两个新人后来又流失了，他的信心受到了打击，而且，这个季度考核不通过的话，就会面临主管降级的问题。

营业部经理刘梅正在为王冬组经理的职级考核发愁。王冬要在下个月考核中达标，团队人力还差2人，达不成人力指标就降级到业务员。为了帮助王冬维持组经理职级，刘梅找王冬面谈，就季度考核预警数据给出了达成路径。但是，面谈没有达成刘梅想要的效果，王冬表示，不想再做组经理了。如图 6-12 所示。

我："小梅，如果你是刘梅，遇到这种情况，该怎么处理呢？"

小梅："如果是我的话，也会遵循刘梅这个流程。看上去刘梅在这次面谈中没什么问题，应该还是王冬自己的问题吧？"

真是这样的吗？

刘梅不是流程不对，也不是规划得不好，而是面谈逻辑不对。刘梅用的是什么逻辑？预警 + 路径，如图 6-13 所示。

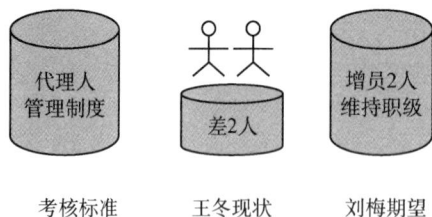

图 6-12 刘梅和王冬面谈的背景　　图 6-13 旧的"保险基本法"面谈逻辑

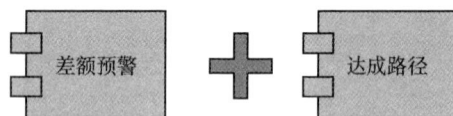

刘梅的问题出在不知道王冬是否愿意维持职级，就直接去面谈了，所以直到面谈结束，她才知道王冬不愿意做组经理了。这次面谈不是王冬想要的，面谈就成了一场空谈。

面谈的目的不是达成考核而是解决问题。在这次面谈中，刘梅跟王冬的面谈是否解决了王冬的问题呢？显然没有。

平时，伙伴们在用"保险基本法"面谈的时候，如果逻辑不对，就很容易被制度约束住。在"预警 + 路径"这个逻辑下，面谈是以"制度"为中心，而不是以"人"为中心。但是，王冬不是职级考核的奴隶，不要让王冬受制于制度，而要让制度为王冬服务。

2. 问题 + 方案 + 陪伴，快速有效搞定一次面谈

小梅："'预警 + 路径'的面谈逻辑不对，对的逻辑是什么呢？"

我："对的'保险基本法'逻辑是'问题＋方案＋陪伴'。"

问题（Question）＋方案（Solution）＋陪伴（Accompany），简称QSA"保险基本法"面谈逻辑，如图6-14所示。QSA"保险基本法"面谈逻辑，是以"人"为中心，先找到真问题，再共同寻找到一个好答案，互相陪伴完成目标，拿到结果。

图6-14　QSA"保险基本法"面谈逻辑

敲黑板

面谈时不能只谈"保险基本法"，也不能脱离"保险基本法"只谈人，要找到人在"法"里，"法"入人心的境界。

下面，按照QSA"保险基本法"面谈逻辑，刘梅给王冬重新做一次面谈。

1）问题

在这一次面谈中，需要借助"5why"这个思考工具，如图6-15所示。

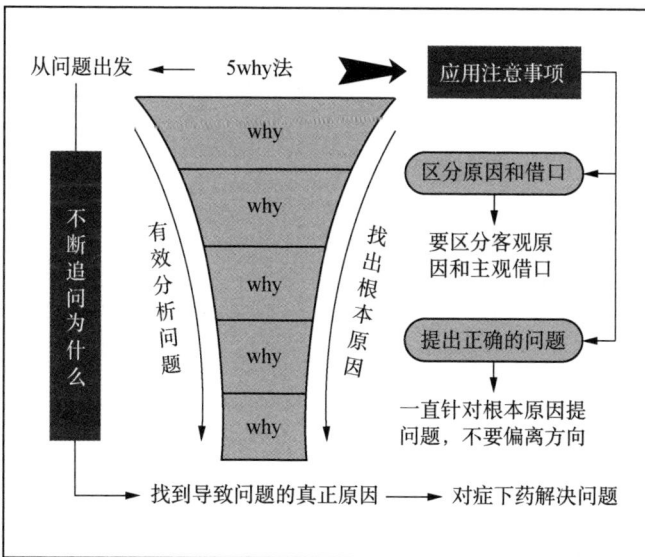

图6-15　5why法流程图，来自《5分钟商学院》（第3版）

5why是什么？它最早是由丰田公司大野耐一提出的，是说在碰到问题时，至少要问5个为什么。用5why法时有4个步骤，分别是写下问题、问为什么、追溯根本原因、做好记录。

接下来，刘梅用5why法来追问王冬的问题。

第一个问题：王冬为什么不能维持组经理职级？差两个人力。

第二个问题：为什么差两个人力？这个月没有去找合伙人。

第三个问题：为什么没有去找合伙人？新人留不住。

第四个问题：为什么新人来了留不住？没有找对人。

第五个问题：为什么没有找对人？不知道建什么样的队伍。

在王冬没有想清楚建什么样的队伍的时候，组经理职级对她来讲意义不大。所以，你看，维持职级不是王冬的问题。"建什么样的队伍"才是王冬的真问题。

敲黑板

找原因的时候要找客观原因，而不是主观想法。

比如：为什么没有筛选新人？如果回答是"找合伙人太难了，不敢筛选，只要符合年龄、学历条件的就可以来"，这是个人的主观想法，而不是客观原因。

其次是正确归因，问题和原因要在一条因果链上。

比如：为什么新人来了留不住？如果回答是公司培训不到位，这就没有正确归因。因为影响新人留存的不止这一个因素，还有是否找对了人，主管是否辅导到位，等等。

2）方案

王冬建队伍的问题，刘梅怎么帮她规划呢？

敲黑板

千万不要给答案，要带上问题找答案。

有的营业部经理总想着把自己的方法直接教给组经理；还有的部经理能力不如组经理，担心面谈时给不了组经理实质性的帮助：这都是想给答案的思维。事实上刘梅的钥匙打不开王冬的锁，只有王冬的钥匙才能打开她自己的锁。刘梅要做的，就是帮着王冬把她的钥匙找回来。

怎么带上问题找答案呢？

答案就在王冬的人生轨迹中，刘梅把它还原就会发现答案。这里给你一个工具：四象限图。标准示范图如图6-16所示，这个图的横轴是时间轴，纵轴是资源轴。4个象限，4部分内容。

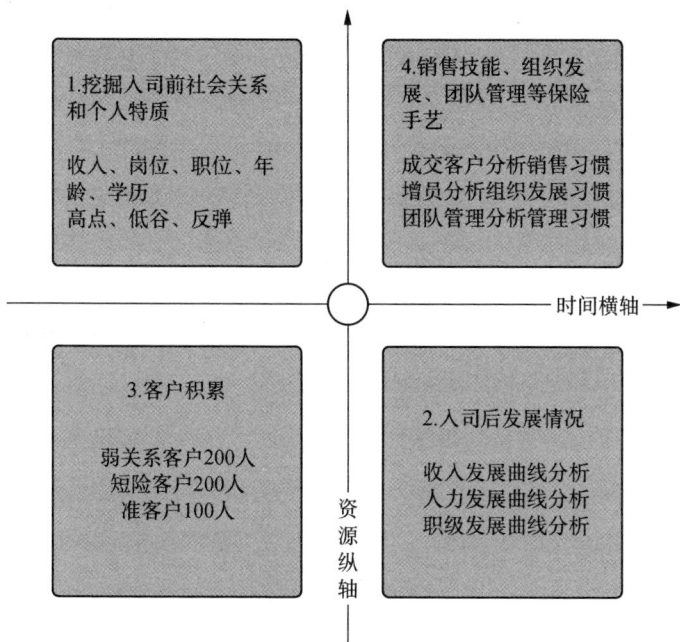

图 6-16　四象限图

刘梅在面谈的时候，可以对照这个示范图的要点进行方案面谈，有 3 步：画图，看图，给解决方案。

（1）画图

拿一张白纸，画坐标轴，如图 6-17 所示。

咱们把中心点标注成入司时间点，针对中心点左侧横轴开始面谈，对王冬入司之前的个人特质和社会资源两部分关键信息进行还原了解。

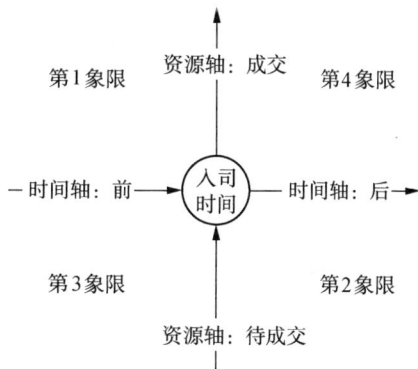

图 6-17　画四象限图

提问是还原信息最简洁的办法，刘梅可以问以下 5 个问题：

来公司之前做过什么工作？（社会资源）

你最高光的时刻是什么时候？怎么实现的？（个人特质）

你遇到最困难的事情是什么？怎么克服的？（个人特质）

你对别人最有价值的点是什么？（个人特质）

你期待和什么样的人一起工作？说出 5 个人。（社会资源）

这 5 个问题问完之后，刘梅如果觉得抓取到的关键信息不够，也可以补充 1～2 个问题进行提问。

刘梅同步的动作：提问 + 思考 + 记录。

在提问的时候，刘梅要围绕问题进行思考：王冬的想法是什么？能力和想法是否匹配？人脉圈层和队伍类型是否匹配？如果不匹配，解决方案是什么？同时还要对信息进行记录。如图 6-18 所示。

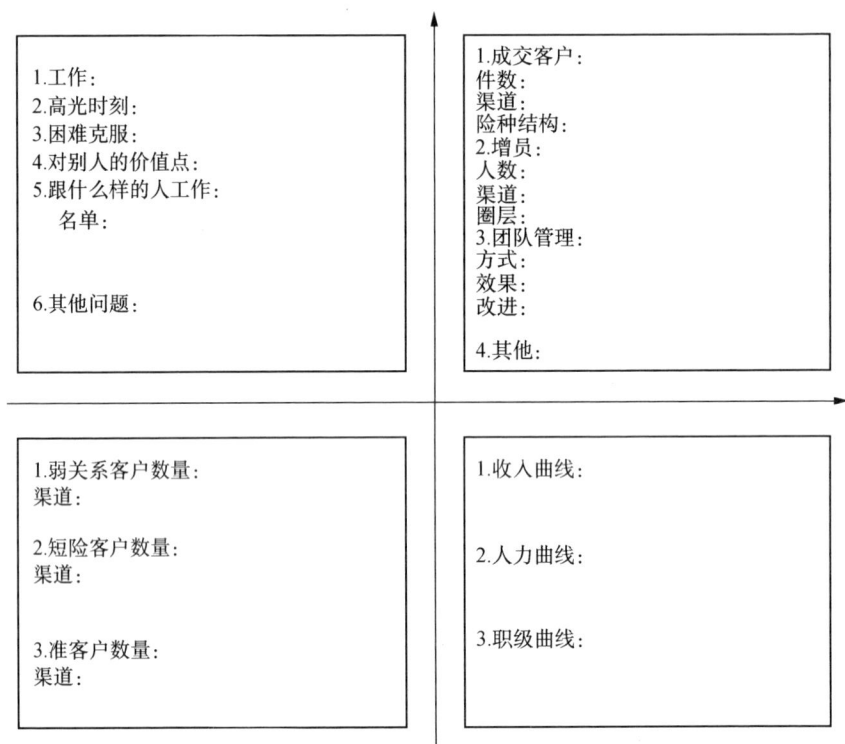

1.工作： 2.高光时刻： 3.困难克服： 4.对别人的价值点： 5.跟什么样的人工作： 名单： 6.其他问题：	1.成交客户： 件数： 渠道： 险种结构： 2.增员： 人数： 渠道： 圈层： 3.团队管理： 方式： 效果： 改进： 4.其他：
1.弱关系客户数量： 渠道： 2.短险客户数量： 渠道： 3.准客户数量： 渠道：	1.收入曲线： 2.人力曲线： 3.职级曲线：

图 6-18　四象限图面谈记录

在谈完第 1 象限后，接着要针对第 2～4 象限进行入司后情况面谈，也是以"提问 + 思考 + 记录"的方式进行。

针对入司后的面谈有两个目的：一是把王冬入司前的社会资源和入司后积累的客户进行整合，为解决问题提供更多的信息；二是通过入司前后的对比，看到王冬发生了哪些变化和成长，在趋势中寻找答案。

敲黑板

　　找线索：刘梅要特别关注到王冬社会关系中的至少 10 个重要关系，为面谈后的行动提供线索。

（2）看图

　　4 个象限的信息收集好之后，刘梅进入下一步：看图，也就是对画出来的图进行整理分析，找到解决问题的基本框架。

　　同之前一样，用工具搞定：SWOT 工具，如图 6-19 所示。

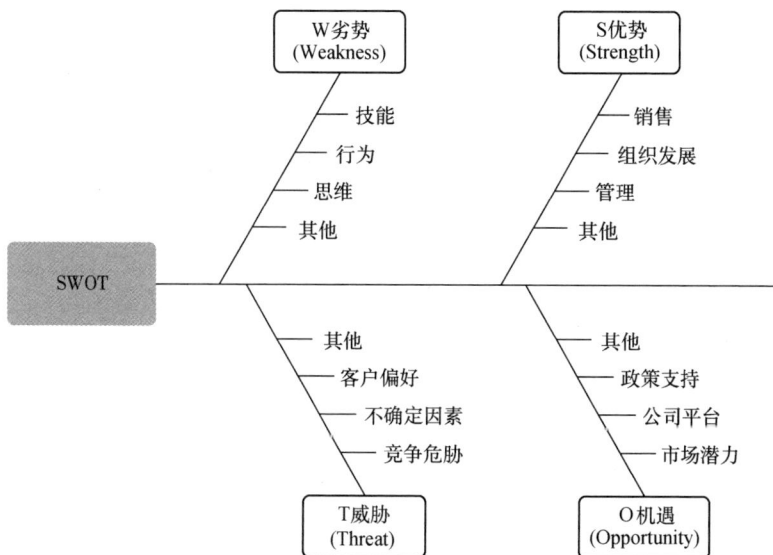

图 6-19　SWOT 工具表

　　刘梅把信息从 4 个维度整理到 SWOT 表里。SWOT 表的作用是把内、外部的信息结合起来考虑，撕掉标签，让思考更全面、客观和显性。

　　接下来，刘梅就要把王冬这个具体的人、"保险基本法"和 SWOT 表三者结合起来进行分析。建什么样的队伍，无非就是回答这 3 个问题：建什么类型的队伍？找什么样的人？做多大的团队？

　　在"保险基本法"中，建队伍有 3 种类型：规模型，就是团队人数较多；标准型，团队小而美；绩优型，精而少，业务高手多，如图 6-20 所示。

　　刘梅发现王冬正好是大单高手，社会

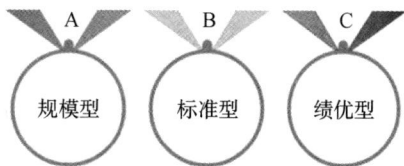

图 6-20　3 种队伍类型

资源也不错，建绩优型的队伍跟王冬比较匹配，而且王冬也非常认同，于是两人一拍即合。

选好队伍类型后，接下来找什么样的合伙人就清晰了。找创业合伙人可以借鉴刘松博老师提出来的 AIV 模型：A（Affection），情感连接；I（Identification），认同；V（Value），贡献价值。翻译过来就是找价值观相同的朋友或者熟人，彼此要能够贡献价值，最好是互补型的人。

队伍类型、合伙人标准搞定之后，就是架构搭建。

敲黑板

一个人就是一个架构，一个人就是一个团队。

建队伍不是招人，而是搭建架构。这就跟盖楼一样，地基直接决定着楼层的高度。盖 3 层楼跟盖 18 层楼的架构是不一样的。

架构不是入司之后慢慢自下而上晋升形成的，而是从入司开始自上而下规划出来的。

王冬想做什么职级也是影响架构的关键因素。如果王冬想做部经理，合伙人的标准在原来的基础就要再上一个台阶，对合伙人的规划也是不一样的。

（3）给解决方案

刘梅开始给王冬梳理具体的解决方案，也就是要把队伍类型、合伙人标准、架构搭建 3 个部分，具体落实到纸上交付给王冬。如图 6-21 所示模板，你可以参考一下。

1.队伍类型：绩优型团队

2.合伙人标准：
组经理名单1
组经理名单2
组经理名单3
组经理名单4
组经理名单5

3.架构搭建：部经理架构

图 6-21　解决方案模板

你会发现，前面环节做得越扎实，这个环节就越简单。所以，在这个环节，最难的部分是合伙人要落实到具体名单上。如果列不出 10 个人的名单，一是面谈深度不够，需要再次回到四象限图中去挖掘；二是目标和资源不匹配，需要重新调整。

3）陪伴

面谈到这，你可别以为就结束了，还有最后一个步骤：陪伴。陪伴有 4 个步骤：留作业、查作业、谈反馈、伴成长，如图 6-22 所示。

面谈不是为了把问题搞清楚，而是要拿结果。双方在共识基础上的承诺要落实到行动上。我们要回到当下，把望远镜改成放大镜，聚焦到具体行动上来。

图 6-22　陪伴的 4 个步骤

陪伴的最好方式是留作业，让伙伴感觉到你一直都在。留作业就是告诉王冬怎么吃药：什么时候吃？吃几粒？那么刘梅怎么给王冬留作业呢？刘梅给王冬留了 3 个作业，具体且便于执行。

第 1 个作业，先把建绩优型队伍的大旗打起来，把个人定位、文案、宣传海报做出来，约定 3 天完成，第 4 天面谈定稿。

第 2 个作业，王冬有 10 个潜在合伙人，约定拜访行事历，留一周时间，下周面谈，了解进度。如果你的主管没有 10 个潜在合伙人，这个作业就可以变成：继续盘点社会资源名单，5 天内整理好后，约面谈评估资源，并研究下一步经营方案。

第 3 个作业，王冬下一步要经营的社会圈层，写出 2 个，利用影响力中心，确定进圈子的方式。时间为 10 天，完成后跟刘梅约面谈。

在此期间，刘梅会定期检查作业，并通过定期面谈进行反馈，随时关注王冬的进度和成长。

敲黑板

一个人可以走得更快，一群人可以走得更远，千万不要忽视陪伴的力量。

从这个意义上说，面谈者不是面谈对象的领导，而是他成长过程中的亲历者、见证者、同行者。面谈不是相向而行，而是同向而行。

说到这儿，"问题＋方案＋陪伴"这个 QSA "保险基本法"面谈逻辑就讲完了。

你可能发现，QSA "保险基本法"面谈逻辑，实际上形成了 PDCA（Plan，Do，Check，Act，即计划、执行、检查、处理）的小循环，周期是 7～10 天。每次面谈都开启一个 PDCA 小循环，依次参照上面的步骤持续进行和完善，直到帮助面谈对象最终拿到结果。

总结一下，QSA"保险基本法"面谈就是用"保险基本法"，围绕面谈对象来解决问题。面谈者就好比是一个导游，带着面谈对象在攀登"保险基本法"这座山峰的同时，不断去领略沿途的风景。

三、五维面谈，聚焦组织做规划，从优秀到卓越

1. 需求 + 服务 + 改变，在面谈中快速成长

五维面谈的核心是 RISAC 5 个维度：职责、收入、架构、行为和品质。五维面谈逻辑是：需求（Demand）+ 服务（Service）+ 改变（Change），简称 DSC 五维面谈逻辑，如图 6-23 所示。用一句话概括就是，面谈对象有自己明确的需求，希望得到上级主管或公司的服务或支持，让自己发生改变或实现自己期望的结果。

咱们还是以刘梅和王冬为例，这次，王冬有明确的需求：打造高绩效团队。下面，刘梅用五维面谈逻辑进行面谈。

图 6-23　DSC 五维面谈逻辑

（1）需求

马斯洛需求层次理论把人类的需求从低到高分为 5 个层次，分别是：生理需求、安全需求、社交需求、尊重需求和自我实现需求。如图 6-24 所示。

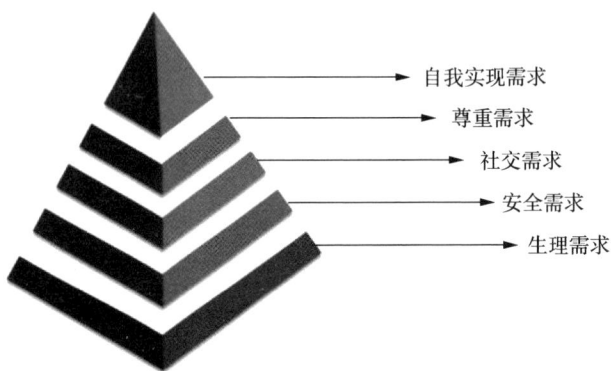

图 6-24　马斯洛需求层次理论

刘梅了解了王冬的需求后，先要判断王冬处在哪个需求层次，以及需求背后的动机，才能真正能帮助到王冬。

王冬："我想打造高绩效团队，但是不知道方法，你能给我一些建议吗？"

刘梅："你打造高绩效团队的初心是什么？"

王冬："想让我团队的伙伴跟着我能赚到钱，有不错的收入和好的发展。"

刘梅："能具体说说吗？"

王冬："把我销售和建队伍的能力复制给伙伴，让团队伙伴每个人都成为绩优高手。他们每个人赚到钱了，我才有成就感。如果只有我一个人赚到钱，伙伴们没有收入，我做主管也没啥意义啊！"

刘梅："我确认一下，你的意思是你想帮助伙伴们增加收入？"

王冬："是，但是我不知道怎么帮助他们增加收入。"

刘梅："你自己每个月的 FYC 都超过了 1 万元，你想过你是怎么做的吗？"

王冬："想过，但是不知道怎么教给伙伴。"

刘梅："你的意思是想把你的经验进行萃取，然后复制形成方法论，来指导伙伴们，是吗？"

王冬："你说得太对了，我自己做没问题，但是我不会教伙伴们，所以就造成了我很累，然后团队产能也不高。"

刘梅："好啊，是该把你好的经验萃取出来了，你入司 3 年，业绩一直做得不错。企业最大的浪费就是经验的浪费，难得你有这样的想法，这回说什么也不能放过你了！"

王冬："嗯，这正是我需要的。"

通过以上面谈，咱们知道王冬的需求处在自我实现这个层次。在这个层次，个体追求实现自己的潜能、发展个人能力和发挥个人价值。

如果王冬打造高绩效团队是为了增加自己的收入，那么她的需求是在安全需求层次。在这个层次下，王冬想到的不一定是"复制自己的经验给团队伙伴"这个具体的需求，而可能觉得自己埋头做业务也可以增加自己的收入，又省时间，又不累。

处于哪个需求层次无关好坏，只是具体的需求会不一样，服务和支持的方法也不一样。

（2）服务

面谈继续，来到服务这部分。

"服务"这个词在咱们日常生活中并不罕见，而且各行各业的服务是相通的。在"服务的细节"系列丛书中，你可以重点来看看本书（第 101—103 页），这 3 本书写的是丽思卡尔顿酒店的不传之秘，也就是这家酒店的高质量服务和沟通是如何做到的。咱们在这里讲的服务，是指在面谈中，面谈者怎么给面谈对象提供服务。在刘梅和王冬的面谈中，刘梅要在经验萃取上给王冬提供服务和支持。

不过，刘梅遇到了一个棘手的问题：刘梅本人也不会做经验萃取，怎么办？如果面谈对象的需求超出了你的能力和资源的范畴，一个办法是，自己回去做功课，自己去找解决方案；另一个办法是，直接请教高手，向外界寻求帮助。

这里，咱们也顺便拓展一下。经验萃取是把经验标准化、流程化，让经验形成方法论，让经验可复制、可传承。纯粹的知识是提炼出来的，就像白酒的酿造一样。当经验帮不了你的时候，说明场景变了，这个时候需要更纯粹的知识，就要把经验进行萃取，最后形成方法论。

经验萃取的成果可以是课件、SOP（Standard Operating Procedure，即标准操作流程），或者工作手册。以 SOP 为例，我从赵珂僮写的《极致服务指导手册：给顾客一个选择你的理由》中，摘录了下面这段文字：

10 个应当遵守的电话沟通原则

1. 当你在工作时间接听电话时，就是代表公司。

2. 接听电话时，千万不要只说"喂"，应说出自己的名字、公司名称，并询问致电一方需要什么帮助。

3. 每次都需要缓慢并清晰地说出公司的名字。

4. 时刻都要准备纸和笔。

5. 记录留言。

6. 用语礼貌得体。

7. 若需要转接来电，千万不要在有关人士仍在与其他人交谈时打断他，应该请致电一方留言，并告诉他有关人士稍后会回电。

8. 必须时刻集中精神聆听对方的诉求。

9. 接听电话时，不要吃东西。

10. 接听电话时，应该保持微笑。

当你看完上面这 10 个电话沟通原则之后，是不是你也可以做电话沟通了？这就是 SOP 的魅力。

回到面谈，刘梅找到了解决方案后，再次约王冬进行面谈。

刘梅："上次面谈后，我帮你准备了两套预案供你选择。一是我帮你专门找了一个经验萃取的老师，她为各行业做个人经验萃取十几年了，我把她的介绍发给你。你放心，我帮你对这个老师做了背景调查，市场评价还是不错的。不过，需要你自己付费请老师。经验萃取可以线上进行，时间是 3 个月，具体的

经验萃取产出成果你私下跟老师进行沟通。二是我帮你跟公司做了申请，省公司培训部的老师可以到咱们这来帮你做萃取，这个就比较方便了。"

王冬："嗯，太好了。"

刘梅："这两个预案你考虑一下，各有优势：外部老师见多识广，逻辑性、结构性会更强，更专业；公司的老师比较了解咱们行业，时间上也比较方便。"

王冬："好的，太感谢你帮我链接到这么多的资源，正好满足了我的需求。"

刘梅："嗯，你先分别跟两位老师都沟通下，看哪位老师更适合你，你就选择哪一位。"

王冬："是的，我回去后马上联系。"

刘梅："你看在经验萃取方面，还有其他的需求吗？"

王冬："我需要一些历史数据，需要从公司系统帮我调取一下。"

刘梅："好的，我这两天帮你把这件事搞定，全力支持你。"

王冬："好的，你这么一说，我更有信心了。"

刘梅："加油。最后跟你说下，如果两位老师你都不满意，再来找我，我再帮你想别的办法，你就放心好了。"

王冬："好的，我加油！"

在这部分面谈中，刘梅给到了王冬切实可行的支持行动，这就是服务。

（3）改变

接下来，来到改变这部分的面谈。

王冬在经验萃取老师的指导下，把自己的销售和建队伍经验萃取出来，形成了两套标准的课件和一个SOP。王冬跟刘梅约了面谈，汇报自己的成长和改变。

王冬："特别感谢你的帮助，老师在帮我做萃取的时候，我收获了很多。"

刘梅："说来听听。"

王冬："我终于知道团队的伙伴为什么学不会我的做法了。是因为我没有把经验提炼成方法，想当然地认为我就是这么做的，按照我说的去做就没问题。没想到里面的学问可大了，老师帮我挖掘出了很多我不知道的知识点，而且让我的知识越来越系统了。"

刘梅："祝贺你。"

王冬："更重要的是，我也在用萃取出的系统化方法不断地提升我的业绩和建队伍的效能，我的信心越来越足了。"

刘梅："嗯，伙伴们看了你的课件后有什么反应？"

王冬："我在我团队中把我的课件进行推广，所有伙伴感觉眼前一亮，认为可操作性强，可当成范本了。"

刘梅："你下一步什么打算？"

王冬："我是受益者，我想把团队里做得好的伙伴的做法都萃取一遍，让大家都成为受益者和分享者，这样，团队百花齐放，共同学习，取长补短，还愁成不了高绩效团队吗？"

刘梅："看到你的改变，真替你高兴。"

王冬："我发现我的时间管理也越来越高效了。伙伴们学会了方法，去做就行了，我也能腾出时间来多学习、多照顾家人，这才叫工作、生活两不误啊！"

刘梅："恭喜你也学会了一项新技能，在团队管理中又向前迈出了坚实的一步。"

王冬："我先实践着，下一步，我想出去跟更优秀的团队学习他们的团队文化是怎么打造的，到时候还希望得到你的帮助。"

刘梅："好啊，我一直都在。"

结束面谈，咱们来总结一下。刘梅在面谈时，心中始终装的是五维模型RISAC。这次面谈中，涉及了5个维度中的哪几个维度？一是职责的维度，王冬在不断提升自己的能力，履行自己作为主管的职责；二是行为的维度，王冬想把团队伙伴们好的做法萃取出来相互分享，这就是把个人行为变成组织行为；三是在面谈结尾，王冬想打造自己的团队文化，这部分就属于品质这个维度了。

2. DSC 五维面谈逻辑跟 QSA "保险基本法"面谈逻辑的区别

1）两个逻辑侧重点不同

见表6-2。

表6-2　五维面谈和"保险基本法"面谈侧重点差异表

五维面谈		"保险基本法"面谈	
逻辑	侧重点	逻辑	侧重点
需求	对某种满足或支持的期望	问题	目前面临的具体困扰和障碍
服务	实际提供的帮助和满足需求的行动	方案	一套策略和方法
改变	面谈对象自己想改变	陪伴	面谈者提供的关心理解和支持

需求更侧重于对某种满足或支持的期望，也就是"我想做什么"；而问题更侧重于目前面临的具体困扰或障碍，也就是"我有卡点"。

服务是实际提供的帮助和满足需求的行动，也就是说希望得到的帮助；而方案是一套策略和方法，也就是说治病的药方。

改变是面谈对象自己想达到理想状态所做的努力，面谈对象自己想改变；而陪伴是面谈者提供给面谈对象的关心理解和支持：面谈者一直在，"我给你加油！"

2）两个逻辑关注点和应用场景不一样

在DSC五维面谈逻辑下，面谈者更像是教练，关注的是人的成长；在QSA"保险基本法"面谈逻辑下，面谈者更像是顾问，你有病我有药，关注点是事情的解决。

DSC五维面谈逻辑侧重系统，适用于有明确的需求和目标驱动的面谈对象；QSA"保险基本法"面谈逻辑侧重方法，适用于面对具体问题、困局或挑战的面谈对象。

所以，在真实场景中，五维面谈更聚焦于个人成长面谈和团队发展面谈，时间维度相对较长，一般在3～5年，或者更长。如果是单纯地为了解决当下的某一个具体问题，那就用QSA"保险基本法"面谈逻辑，具体问题具体分析。两个逻辑没有好坏之分，只是使用场景不一样。

咱们来看具体案例。

（1）场景一：

王冬经过刘梅的辅导，现在成长为一个部经理，刘梅也晋升为总监。新的挑战和任务摆在王冬面前：她既要做好自己的业务，还要把团队管理好。时间和精力分配成了王冬最大的卡点。她总觉得时间不够用，效率还不高。

这个时候应该用QSA"保险基本法"面谈逻辑。

（2）场景二：

王冬晋升部经理后，迫切需要一套完整的团队管理办法，来有效地运行团队，最终打造出高绩效团队。为此，她需要公司和上级主管的支持，于是找到刘梅进行面谈。

这个时候就用DSC五维面谈逻辑。

第三节　面谈三原则、四步骤，缺一不可

一、面谈三原则，要牢记于心

除了面谈逻辑外，面谈者要遵循3个原则：聚焦面谈核心、遵守面谈流程、高频面谈反馈。如图6-25所示。

1. 聚焦面谈核心：三点合一

在面谈的时候，你要围绕一个核心来进行。这个核心就是利益点、关系点、增长点三点合一，如图 6-26 所示。

图 6-25　面谈 3 原则　　　　　　　　图 6-26　三点合一

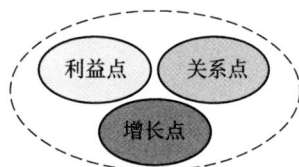

理解利益点、关系点和增长点三点合一，就意味着在工作中，将关注点放在同时满足利益相关方的利益、建立良好的关系和实现增长的目标上。

（1）关注利益点，多方共赢

关注利益点不是只关注面谈对象的利益，而是要关注所有利益相关方的利益，核心是共赢。利益相关方包括客户、团队伙伴、管理者、公司等，如图 6-27 所示。

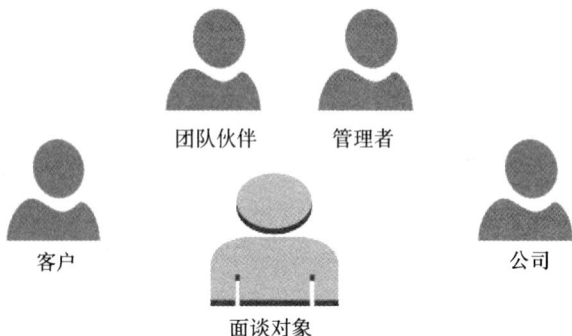

图 6-27　相关利益方

比如，有的主管只考虑自己的考核达标，不考虑团队伙伴的利益，从而影响了团队的长期发展。所以在面谈的时候，面谈者不但要关注到面谈对象本身的利益，还要引导面谈对象关注利益相关方的利益，确保各方利益平衡共赢。

（2）关注关系点，分享成长

关系点强调的是面谈对象与利益相关方之间良好的关系和互动。关系点的核心是分享。在面谈时，面谈者要关注面谈对象的人际关系是否顺畅、信息是否流动、资源是否共享。

比如，有的伙伴，在成交后，既没有给客户持续创造价值，也不和客户一起分享各自的成长，导致客户流失了。在面谈时，面谈者就可以从关系点的角度，帮助面谈对象找到销售不好的原因，将其引导到与客户建立良好的关系上。

有的主管，调动不了伙伴们的积极性，背后也可能是关系没有处理好。

（3）关注增长点，持续创新

没有增长就会出现熵增的情况，从而失去竞争力。增长点的核心是创新。有的主管一直在一个职级上，看上去团队比较稳定，实际上是危机四伏。在面谈时，面谈者要帮助面谈对象跳出自我满足，看到团队发展的趋势。

总结一下，你作为面谈者，在面谈中要站在更高的维度去思考，既要看到利益，也要看到关系，更要看到增长。这种综合性的思考有助于打开面谈对象的天花板，让面谈对象从更高的维度重新去考量当下的自己和团队。

2. 遵守面谈流程，照着做就可以

一次好的面谈，要严格遵循具体的流程进行，保证给面谈对象带来好的体验和收获。这部分还是以 QSA "保险基本法"面谈为例，分别从面谈前、面谈中、面谈后三方面做了一个面谈流程表，见表 6-3。

表 6-3　"保险基本法"面谈流程表

阶　　段	流　　程	用时	注意事项
面谈前（至少 90分钟）	先了解被面谈者信息	30分钟	提升面谈效率
	预习制度及相关文件	60分钟	快速了解制度理论
面谈中 （50～60分钟）	再对遗漏信息进行补充	5分钟	越全面，越理性，越精准
	确认面谈需求或问题	5分钟	否则是无效面谈
	在白板上画四象限图	30～ 40分钟	以入司时间为起点，面谈时同步书写要点
	从第1象限开始面谈		初学者严格按照四象限顺序进行，高手可以不按顺序进行，但是最终面谈目的要达成
	同时在第二个白板上用SWOT记录		用三色笔同步书写要点
	面谈结束做总结	5分钟	以制度为核心进行面谈
	辅导被面谈者填写行动清单	10分钟	务实
	让被面谈者说出3点收获	5分钟	真实
面谈后	反馈制度面谈报告+SWOT使用案例	2日内	可达成

3.高频面谈反馈，开启下次面谈的钥匙

面谈是一个双向交流的过程。面谈对象也要给面谈者进行反馈。面谈反馈可以由面谈者主动发起确认询问，面谈对象进行反馈。面谈反馈在4个情形下使用：面谈前、面谈中、面谈后和开启下次面谈时。如图6-28所示。

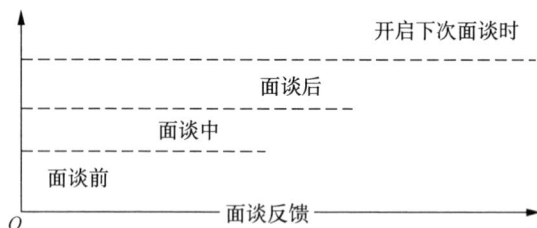

图6-28 面谈反馈的4个使用情形

（1）面谈前反馈，确保面谈顺利开展

开启面谈前，面谈者会再次跟面谈对象确认面谈时间、面谈内容、面谈形式等，这个时候，面谈者需要得到面谈对象对上述内容的反馈。

还是用刘梅面谈王冬来举例。

刘梅："我们今天的面谈时间会在60分钟左右，面谈的内容是想办法解决当下增员的问题。

"面谈过程中，我可能会问到一些具体的数据或者信息，如果有涉及隐私的部分，你直接拒绝回答就可以。

"面谈中，我们会相互交流，一同探讨解决方案，期待听到你的不同见解。

"面谈中你有什么需求可以随时打断我。

"以上这些，我表达清楚了吗？"

王冬："清楚。"（反馈）

刘梅："你还有什么疑问吗？"

王冬："没有。"（反馈）

刘梅："你准备好了吗？我们可以开始吗？"

王冬："准备好了，可以开始。"（反馈）

（2）面谈中反馈，掌控合适的面谈节奏

面谈者在面谈中，要随时跟面谈对象确认面谈对象听到的内容是否准确、理解是否到位，面谈对象能否跟得上面谈节奏，是否需要留出思考的时间。面谈者要随时同理面谈对象的感受，这也需要面谈对象进行反馈。

此时，面谈者会用到的确认语句有：

"你要表达的是不是××这个意思？"

"我想再跟你确认下，我们今天要解决的问题是××，对吗？"

"我特别好奇，××你是怎么做到的？能不能再解释一下？"

…………

（3）面谈后反馈，检验是否达到了预期的面谈效果

60分钟面谈结束后，面谈者还要主动跟面谈对象确认面谈结果，主要是询问面谈收获是什么，对于今天的面谈有什么好的建议，确认的行动能否做到。面谈对象要在认真思考后进行总结性反馈。

此时，面谈者会用到的确认语句有：

"特别感谢你今天抽出时间来进行面谈。我受益匪浅，从你身上我学到了3点，一是××，二是××，三是××。不知道你今天有没有收获？如果有，说3点的话，是哪3点？"

"如果让你给今天的面谈提3点建议的话，有哪3点？"

"我们今天找到的行动方案，你能否做到？如果给自己的结果预打分的话，你觉得你会做到6分、8分还是10分？"

…………

（4）开启下次面谈，持续推进面谈循环

最后一个环节，面谈者要跟面谈对象确认下次面谈的具体时间。哪怕到时候临时有事需要改变，也要先确定好时间，以便面谈对象提前规划出这个时间来。

敲黑板

面谈者要善于利用反馈让面谈更有效果。

以上4个环节的反馈都包括在面谈步骤里，都是现场进行的反馈。反馈是为了更好的连接，是面谈者与面谈对象保持同频的有效手段。

二、面谈四步骤，循序渐进

除了面谈三原则，面谈者还要严格遵循4个步骤——准备面谈规划、做好面谈记录、落实行动清单和出具面谈报告，最终形成面谈闭环，如图6-29所示。每个步骤都有对应的工具，要做好准备和记录。

图 6-29　面谈四步骤

1. 准备面谈规划，提升面谈效率

这部分我以 QSA"保险基本法"面谈来举例。QSA"保险基本法"面谈，有问题面谈、方案面谈、陪伴面谈三部曲。所以，在面谈前，面谈者先按照三部曲把面谈规划做好，见表 6-4。

表 6-4　"保险基本法"面谈三步曲

三部曲	面谈准备	面谈重点	期待效果
问题面谈	1. 人员、职场、制度文件、问题 2. 一周的工作轨迹，分析本周行动 3. 佣金表、架构图，分析本月工作数据	重启 点燃 明确方向	用制度的标尺来衡量，找到真问题
方案面谈		分析数据 寻找规律 萃取做法	问题的背面就是方案，在面谈对象手里
陪伴面谈		检查落地 效果呈现 分析过程 对照结果	在实践中才能验证方案的正确性

2. 做好面谈记录，用客观代替主观

在面谈时，面谈者要用 SWOT 工具进行实时记录，以便更多维地评估面谈对象，全面客观地帮助到对方，见表 6-5。

表 6-5　SWOT 使用范例

S 优势	管理		W 劣势	技能	
	销售			行为	
	组织			其他	
O 机遇	市场潜力		T 威胁	竞争	
	个人特质			不确定性因素	
	内部政策			其他	

3. 落实行动清单，向行动要结果

面谈的目的是导向行动，接下来，面谈者要对面谈对象做行动清单辅导，以便在下次面谈的时候进行衔接。"面谈行动清单表"见表 6-6。

表 6-6　面谈行动清单表

行动步骤	本人	伙伴1	伙伴2	伙伴3	填表说明
画图					现有架构图 五维架构图
看图					对照制度 对照收入模型
规划					分析现有架构图 找差距、卡时间、给路径
用法					每日跟进 每周复盘 保证进度
解表					月收入分析
复盘					以增长和改变为核心
	面谈者：	面谈对象：		时间：	

4. 出具面谈报告，有据可查

面谈者在面谈结束后，要及时给面谈对象出具一个面谈报告，以便其回去后反复思考和改进。这里，我以 DSC 五维面谈为例，"五维面谈报告表"见表 6-7。

表 6-7　五维面谈报告表

五维	内　容	当下状况	未来规划
职责 能力	面谈力		提升四力的3个关键动作：
	方案力		
	领导力		
	服务力		
收入 模型	最近1年收入或最高收入模型（万元）		
	第1~3个月月收入模型（万元）		
	第4~6个月月收入模型（万元）		
	第7~12个月月收入模型（万元）		
组织 架构	架构类型		
	建队伍渠道或者来源		
	架构晋升和发展方向		

续表

五维	内　　容	当下状况	未来规划
行为标准	日常工作习惯		改善行为的3个关键动作：
	销售习惯和效率		
	管理习惯和效率		
品质文化	使命		建立团队文化的3个建议：
	愿景		
	价值观		
总体评估	个人		最后总结3点：
	团队		
	面谈者：	面谈时间：	

第四节　面谈与三大经典工具同用，提升效率

上面讲到5why、四象限图、SWOT和SMART这四个面谈工具，下面再给你介绍3个有效的管理工具，同步使用。

1. 目标管理工具OKR，把目标对齐，让想法落地

OKR（Objectives and Key Results），O是目标，KR是关键结果。OKR是一种目标管理方法，是目前公认的先进的目标管理工具之一，如图6-30所示。

O是想要完成的目标；KR就是如何完成，也就是有哪些关键动作，如何确保自己的动作朝着目标前进。OKR不是目标的简单分解，而是目标如何落地完成，从口号变成行动。

上面是OKR在公司层面的应用，把OKR用到个人身上，也会有同样的效果。

1）如何写OKR？

在"管理者OKR实战课"中，袁

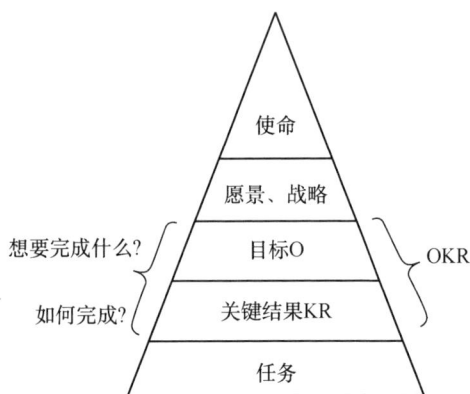

图6-30　OKR

凌梓老师讲到，OKR是一套简单的书写格式，所有人都能快速上手。也就是说，每个人都可以按照OKR的书写标准，写下自己要做的3件事，然后踏踏实实把它们干出结果。如果没有干成，就快速转向，再尝试新的打法。

OKR 的书写格式有 4 条根本标准：

不仅要说干什么，还要说清为什么；不仅要说为什么，还要说清怎么办；

不仅要说怎么办，还得结果可衡量；不仅结果可衡量，还得表达没歧义。

举个例子，如图 6-31 所示，左边写的就不是合格的 OKR，右边是经过修改后的标准的 OKR。

图 6-31　不合格与合格的 OKR，来自"管理者 OKR 实战课"

再如，围绕组经理晋升的其中一个目标——合伙人目标 O1 来写 OKR，见表 6-8。

表 6-8　三季度晋升 OKR

O1	新增4个合伙人，实现三季度晋升组经理
KR1	通过BOSS招聘，每天触达10份简历，每周面试两个符合伙人条件的新人，月度新增1个，前两个月至少新增两个合伙人
KR2	第一周梳理出5个影响力中心，通过转介绍方式联系10个新人。然后对新人进行经营：第1个月建立信任，第2个月了解行业，第3个月沟通面谈。保证3个月新增1个合伙人
KR3	在工作中随机获取名单，每周积累1个新人进名单，3个月至少在名单中积累10个新人，按照KR2的方式经营，3个月新增1个合伙人

2）如何将 OKR 落地？

这里有两个关键动作，就是跟进和复盘，相对应的就是开跟进会和复盘会，如图 6-32 所示。

一般来讲，OKR 的执行周期以季度为一个周期，跟"保险基本法"的组经理考核周期保持一致。跟进会每周召开一次，重点是解决执行中的问题；复盘会在 OKR 执

跟进会　复盘会

图 6-32　落地 OKR 的两个关键动作

行周期的最后一周召开就可以。

（1）跟进会

跟进会由上级主管组织召开，主要是围绕"事"来进行，而不是围绕"人"来进行，也就是以目标推进为中心跟进：哪些 KR 执行得好？哪些 KR 执行得不好？是哪里出了问题？是否按进度在推进？待办事项是否已完成？对此，我做了一个跟进会的模板，可以按照以下 4 个流程来做，见表 6-9。

表 6-9　跟进会流程表

1. 写达成情况	
上次会议留下的待办完成情况？	
如果还没完成，问题出在哪里？	
市场、客户出现了哪些变化？	
准备怎么应对？	
2. 主管评价和追问	
KR1执行情况	
KR2执行情况	
KR3执行情况	
3. 讨论和分享	
有无好的经验进行分享？	
需要讨论的事情是什么？	
4. 待办事项	
①	
②	
③	

这里还要提醒一下，跟进会要固定开，不能因为其他的工作不召开，也不能因为没有结果不召开。否则，就失去了用跟进会纠偏和确保目标达成的作用。

（2）复盘会

复盘会不是揪着结果不放，也不是揪着过去不放，更不是为了追责，而是为了反思、改变和迭代。复盘会有 4 部分内容：一是写复盘，其中自评分为没有进展、低于预期、符合预期、高于预期四档；二是追问和讨论；三是下一阶段的 OKR；四是待办事项。

复盘会是个人行动的回顾和方法的迭代，目的是形成目标管理的闭环，然后再开启下一个 OKR 执行周期，见表 6-10。

表 6-10　复盘会流程表

自评4档	暴露问题，而不是追责
1）没有进展：O或者KR不合理？外部环境变化？	
2）低于预期：时间安排不开？规划没有做好？技能需要提升？	
3）符合预期：哪方面坚持去做？比昨天做了哪些改善动作？	
4）高于预期：O或者KR低了？	
1.写复盘	分析得失+反思原因
KR1执行情况：	
1）自评	
2）做得好的	
3）待改进的	
4）反思原因（客观变化/预期偏差/执行不力）	
5）总结规律	
KR2执行情况：自评	
1）自评	
2）做得好的	
3）待改进的	
4）反思原因（客观变化/预期偏差/执行不力）	
5）总结规律	
KR3执行情况：自评	
1）自评	
2）做得好的	
3）待改进的	
4）反思原因（客观变化/预期偏差/执行不力）	
5）总结规律	
2.追问+讨论	
1）这个OKR本身设置得合理吗？O合理吗？KR合理吗？	
2）你之前认为的风险或卡点，现在看真的是问题吗？	
3）达成这个OKR的相关风险你了解吗，有解决方案吗？	
4）针对这些风险，你觉得有没有更好的解决办法？	
5）其他人有解决类似问题的经验，你有没有可能借鉴？	
6）执行这条OKR，有没有可能获得某某伙伴的支持？	
3.下一阶段的OKR	
1）O：	

自评4档	暴露问题，而不是追责
2）KR1	
3）KR2	
4）KR3	
4.待办事项	
1）	
2）	
3）	

总结一下，OKR 是目标管理工具，通过目标的对齐，团队伙伴之间就明确地知道每个人想干什么、如何去干，无形中也会形成团队互帮互助的氛围，激活每个人的自驱力。

2. 质量管理工具 PDCA 循环，高效工作，自我进化

PDCA 又称戴明循环，PDCA 是计划（Plan）、行动（Do）、检查（Check）和处理（Act）的循环，如图 6-33 所示。

P——计划阶段，就是设定目标和制订行动计划，也就是谁在什么时间之前做什么事。

D——行动阶段，按照计划落地实施。

C——检查阶段，评估计划的进展和结果。

D——处理阶段，一方面，对结果进行反思和调整，并采取必要的行动来改进，或者转入下一个 PDCA 循环；另一方面，总结成功经验，制定出相应的标准。

在工作中，遇到问题，就要启用 PDCA 循环，持续改进过程，直到问题解决，从而达到日日新、日日进，

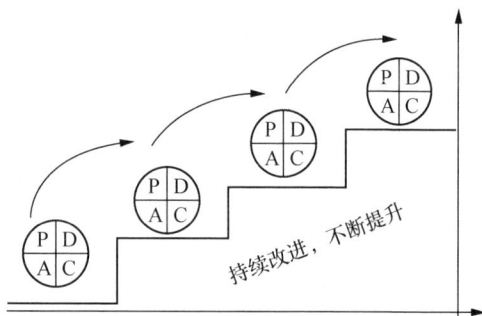

图 6-33 PDCA 循环

不断提升。最好是每天使用 PDCA，因为使用 PDCA 的频次越高，成长得越快。

3. 教练工具 GROW 模型，辅导员工，赋能团队

GROW 是一种常见的教练模型，是约翰·惠特默在《高绩效教练》一书中提出来的，GROW 是围绕设定目标来寻找解决方案的有效工具。

"GROW"分别目标（Goal）、现状（Reality）、选项（Options）和意愿（Will），如图6-34所示。

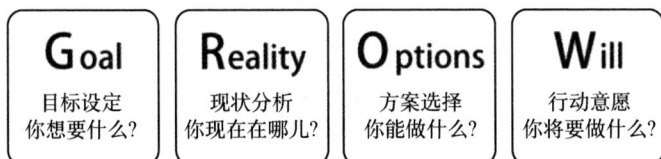

图6-34　GROW模型，来自《高绩效教练》

（1）G——目标，指的是鼓舞人心又具有挑战性的目标，包括梦想目标、终极目标、绩效目标和过程目标。

梦想目标是你期望的未来或者愿景，比如，建立高绩效团队，解决客户全生命周期的财富、健康问题；终极目标是梦想目标的具体表现，是一个清晰的目标，比如，5年内，找到5个主管，组建一个30人的高绩效团队，为实现梦想目标夯实组织架构的基础；绩效目标是有形的里程碑节点，比如，今年个人业绩突破百万元，新增1个主管；过程目标指的是达到绩效目标所需要的工作，比如，每天面见客户数、月度积累客户数等。

（2）R——现状，包括外部现状和内部现状。外部现状，也就是组织战略、政策流程等；内部现状指的是内心想法、价值观、工作态度等。现状了解得到位的话，行动方案自然就呈现出来了，很多时候，就用不到后面的两个步骤了。

（3）O——选项，找出尽可能多的可供选择的方案，至少找出A、B、C 3个方案出来。这个过程就是思维发散的过程，把方案列出来之后再排序。特别要注意觉察一些负面的干扰，比如"这不可能完成""我做不到""这么做太浪费时间了"等。

（4）W——意愿，就是为了达成目标愿意做什么，也就是在前面3步的基础上，构建出清晰的行动计划，并作出承诺。

GROW模型是一种思维模式，旨在帮助人们在聚焦目标、了解现状、探索行动方案和强化意愿这4个步骤下，不断思考，从而实现自我成长。GROW模型尤其适用于主管对伙伴的一对一辅导，借此来帮助伙伴们不断解决问题。

在使用GROW模型时，遵循倾听、提问、反馈等教练原则无比重要，否则GROW模型的价值就会大打折扣。

好了，咱们来总结一下，本节简单介绍了OKR、PDCA、GROW 3个工具，你在日常工作中要和面谈结合起来用，以提升工作效率。这3个工具都是经典的工具，如果你想进一步了解怎么使用的话，可以专门去学习一下。

本章思维导图见图 6-35。

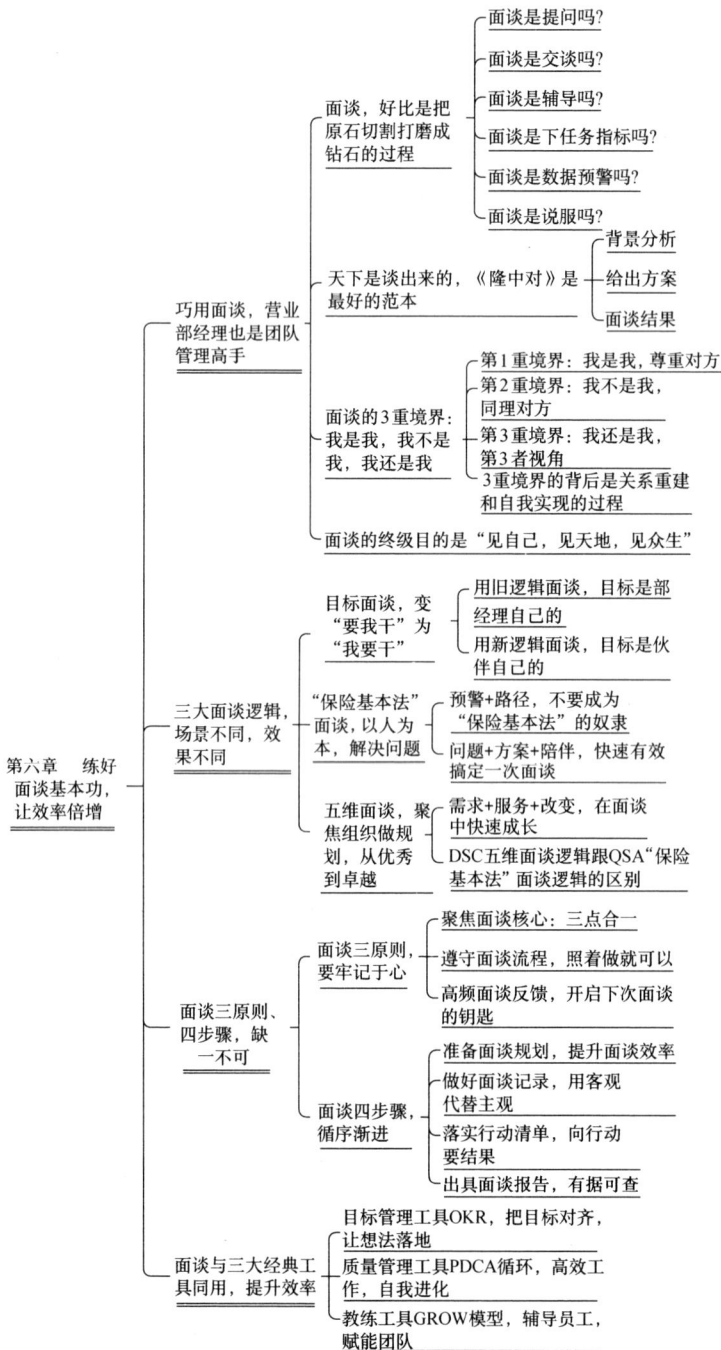

```
                                        ┌─ 面谈是提问吗?
                                        ├─ 面谈是交谈吗?
                        面谈，好比是把    ├─ 面谈是辅导吗?
                        原石切割打磨成    ├─ 面谈是下任务指标吗?
                        钻石的过程        ├─ 面谈是数据预警吗?
                                        └─ 面谈是说服吗?
                                                        ┌─ 背景分析
                        天下是谈出来的,《隆中对》是      ├─ 给出方案
         巧用面谈，营业   最好的范本                      └─ 面谈结果
         部经理也是团队                   ┌─ 第1重境界: 我是我，尊重对方
         管理高手         面谈的3重境界:   ├─ 第2重境界: 我不是我，同理对方
                        我是我，我不是    ├─ 第3重境界: 我还是我，第3者视角
                        我，我还是我      └─ 3重境界的背后是关系重建
                                            和自我实现的过程

                        面谈的终级目的是"见自己，见天地，见众生"

                                        ┌─ 用旧逻辑面谈，目标是部
                        目标面谈，变     │  经理自己的
                        "要我干" 为     └─ 用新逻辑面谈，目标是伙
                        "我要干"           伴自己的
第六章  练好                             ┌─ 预警+路径，不要成为
面谈基本功,     三大面谈逻辑，  "保险基本法" │  "保险基本法"的奴隶
让效率倍增      场景不同，效    面谈，以人为 └─ 问题+方案+陪伴，快速有效
              果不同          本，解决问题    搞定一次面谈
                            ┌              ┌─ 需求+服务+改变，在面谈
                            五维面谈，聚    │  中快速成长
                            焦组织做规      └─ DSC五维面谈逻辑跟QSA"保险
                            划，从优秀         基本法"面谈逻辑的区别
                            到卓越

                                        ┌─ 聚焦面谈核心: 三点合一
                        面谈三原则，     ├─ 遵守面谈流程，照着做就可以
                        要牢记于心       └─ 高频面谈反馈，开启下次面谈
              面谈三原则、                   的钥匙
              四步骤，缺                  ┌─ 准备面谈规划，提升面谈效率
              一不可         面谈四步骤,  ├─ 做好面谈记录，用客观
                           循序渐进      │  代替主观
                                        ├─ 落实行动清单，向行动
                                        │  要结果
                                        └─ 出具面谈报告，有据可查
                           ┌─ 目标管理工具OKR，把目标对齐，
              面谈与三大经典 │  让想法落地
              工具同用，提升 ├─ 质量管理工具PDCA循环，高效工
              效率          │  作，自我进化
                           └─ 教练工具GROW模型，辅导员工，
                              赋能团队
```

图 6-35　本章思维导图

第七章

赢在系统，拧开收入倍增阀门

本章重在讲怎么落地实践，也就是怎么用"保险基本法"从 0 到 1 打造高绩效生态型组织，在实践中让系统落地，从而实现收入倍增。实践过程共有 3 个周期，分别是：第 1 周期、实操模式；第 2 周期、校验模式；第 3 周期、传承模式。如图 7-1 所示。

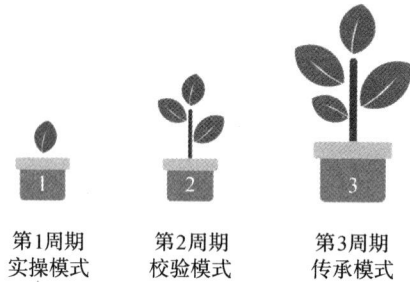

第1周期　　第2周期　　第3周期
实操模式　　校验模式　　传承模式

图 7-1　系统实践的 3 个周期

第一节　第 1 周期：实操模式，升级你的操作系统

一、用团队自生长 COCSAT 模型去升级系统

小梅："来到这一章，是不是本书的全景图就呈现出来了？"

我："是的，保险代理人职业发展路径'6+1'：6 个关键跃升——对齐信息、搞懂规则、组建团队、晋升老板、自主经营、高效面谈；1 个系统实践。"如图 7-2 所示。

对齐信息　①　　　　　　　　　搞懂规则
高效面谈　　　系统
　　　　　　　实践　　　　　　组建团队
自主经营　⑤　　　　　　　　　晋升老板

图 7-2　保险代理人职业发展路径"6+1"

系统实践就是用"保险基本法"打造高绩效生态组织，从而实现图 7-2 中的 6 个关键跃升的过程。在这个过程中，共有 3 个周期，本节先讲第 1 个周期：实操模式。实操模式就是把"保险基本法"安装到队伍里，升级旧的操作系统。

安装"保险基本法"的过程，本质上是一个组织如何去接受一个新的制度，把制度和人融合在一起的过程。

这个过程一共有 6 个步骤，分别是认知（Cognize）—动机（Objective）—信心（Confidence）—技艺（Skill）—信仰（Apotheosis）—传统（Tradition），简称团队自生长 COCSAT 模型。如图 7-3 所示。

第 1 步，先知道要做什么，这就是认知；第 2 步，知道了要做什么之后，还得知道这样做有什么好处，这就有了动机；第 3 步，知道有什么好处之后，并不意味着就直接接受了，还要看到结果，这就需要打造标杆来建立信心；第 4 步，有了信心，想培养自己的技能，就需要复盘总结，把自己好的经验做法形成技艺；第 5 步，再打一个全面战役来巩固和升华，成为信仰；第 6 步，让"新"的制度凝聚成一种传统，形成持续影响。

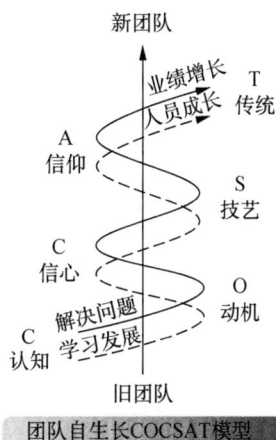

图 7-3　团队自生长 COCSAT 模型

团队自生长 COCSAT 模型的这 6 个步骤就好比是男生跟女生从谈恋爱到结婚过一辈子的过程。组织好比是一个女生，制度好比是一个男生。一个组织迎接一个制度到来，就好比是一个女生迎接一个男生走进她的生活。一般先从谈恋爱开始，男生先让这个女生感觉他挺好的、想跟他交往，这就是建立认知。然后，男生要能够解决女生的需求和问题，让女生产生强烈意愿，从单纯的有好感到要跟男生在一起，这就是形成动机。两个人在一起之后，男生确实让女生的生活发生了明显的变化，这就确立了对彼此关系的信心。两个人在不断磨合中越来越默契，这就是技艺。接下来，两个人一起扛过至少一件大事，这样，双方的感情在共同奋战中越来越巩固，最终得以升华，就建立了信仰。最后，双方终于结婚，在一起过日子了，感情很幸福，也就是形成传统了。

落地团队自生长 COCSAT 模型有 4 个阶段，分别是：第 1 阶段——成为保险人（认知和动机）；第 2 阶段——成为保险团队（信心和技艺）；第 3 阶段——形成保险文化（信仰）；第 4 阶段——内化成保险力量（传统）。如图 7-4 所示。

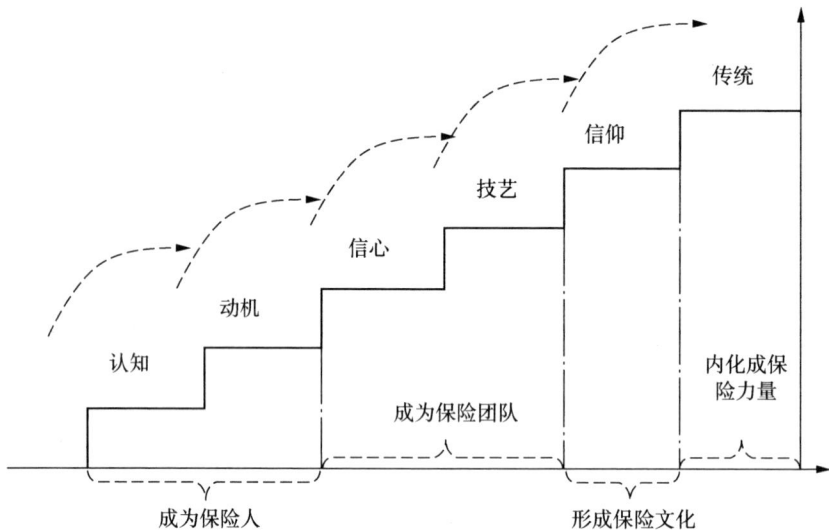

图 7-4 落地团队自生长 COCSAT 模型的 4 个阶段

二、人在法里，法入人心，先成为保险人

1. 步骤 1：确立认知

确立认知就是从人治到法治，从依赖个人能力到依靠组织和制度。

伙伴们在成长和发展的过程中，经常会出现两个问题：一是流星多、恒星少，也就是今天王姐业务第一，明天李姐业务第一，后天就不知道是谁业务第一了，业务成绩不能保持；二是团队人力大起大落，跟过山车一样，年初的时候上百人，年底的时候就只有几十人了。

你可能会说，业务成绩不能保持是因为客户经营没有到位，团队不稳定是因为新人筛选和育成出了问题。这些都没有错，但如果我们往深里再追问一层：伙伴们不知道业绩来源于客户的经营吗？不知道新人应该筛选吗？不知道应该去培养新人吗？

不是不知道，之所以没有去做，根本原因是忽视了"保险基本法"的作用，没有用"保险基本法"去经营团队。

经营团队，首先要回到"保险基本法"，回到组织发展的逻辑，循道而行。从人人知法、懂法开始，重新确立认知，重换框架。从人治到法治，先实现人在法里，法入人心。

具体有 3 个实操动作：抄、讲、评，如图 7-5 所示。

（1）抄

静下心来抄写"保险基本法"，每天抄2 页就可以，需要投入 30 分钟。一个月足够抄写完。抄的目的是先知道"保险基本法"的全貌是什么，不能只盯着利益和收

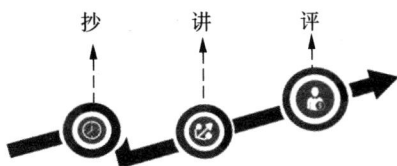

图 7-5　确立认知的 3 个动作

入部分。如果"保险基本法"5 个维度的内容有一部分没有包括在公司的"保险基本法"文件里，而是出现在另外的政策或文件中，那么这些政策或文件也属于抄写的范畴。比如，有的公司，对于保险代理人的行为没有写在"保险基本法"里，而是以另外的文件下发，那么有关文件也属于"保险基本法"的一部分。有的公司不给伙伴看"保险基本法"的全文，只让伙伴看有关利益的部分，伙伴们就没有组织的整体概念，团队发展也会受到影响。

（2）讲

在每日抄写"保险基本法"的同时，还要在早会上交流，全员参与，展示抄写的内容，讲述抄完的心得。每周可以安排专门的早会进行，也可以在每天的早会上抽 10 分钟专门进行。讲的目的是创造交流的氛围、发展的氛围，全员聚焦到"保险基本法"上来，重新认识"保险基本法"。讲与抄写同步，有一个月的时间就足够了。

（3）评

上面两个动作结束后，就可以搞一个"保险基本法"演讲大赛了——把学"法"推向一个高潮。演讲大赛可以是公司来组织，也可以是营业部来组织。无论是谁来组织，最重要的是充分地准备和运作，评选出"保险基本法"推广大使，使其回到更小的组织中带动伙伴们更深入、更持续地学法，千万不要当成形式主义。

2. 步骤 2：找到动机

找到动机就是点明价值，讲透 5 个维度，从知其然到知其所以然。

在搞懂"保险基本法"后，就要看到它背后的价值。我曾经对一家机构的50 个保险代理人做了随机调研，调研的目的是了解伙伴们是怎么看待和使用"保险基本法"的。结果有 90% 以上的人知道有"保险基本法"，遇到考核的时候就拿出来看看，但是没有认真研究过；大多数人认为"保险基本法"主要是用来获取收入的，其他价值就说不上来了。

我把"保险基本法"升级成五维模型 RISAC，为你提供的是工作中不可或缺的底层思维方式和体系。那么五维模型 RISAC 怎么落地？有 3 个动作：具体

化、常态化、可视化。如图 7-6 所示。

（1）具体化

具体化是指把五维模型 RISAC 具体

到每个人身上，也就是说每个人都要写

图 7-6　落地五维模型 RISAC 的 3 个动作

出自己的 5 个维度。比如，刘梅是部经理，王冬是组经理，她们的 5 个维度就不一样。把 5 个维度具体化之后，它们就跟每个人切身相关了，你就能看到自己在 5 个维度中有什么价值，否则 5 个维度只是事不关己的屠龙术而已。

（2）常态化

五维模型 RISAC 需要每天去用，并不只是在找合伙人的时候来用。五维模型 RISAC 是你日常工作的核心，不是可有可无的激励手段。就拿职责来说，刘梅作为部经理，每天都要去履行部经理的职责。而且，为了更好地履行职责，她还需要每天来提升自己的能力。再比如，伙伴们每天的行为是否标准化了？伙伴们每天的访量中，是否都有准新人积累？慢就是快，常态化才能发挥制度的真正威力。

（3）可视化

可视化指的是伙伴们能否最快捷地看到五维模型 RISAC 的内容。比如，年收入模型、团队文化是否上墙了？有效拜访客户的 SOP 是否人手一份？这样，伙伴们才能说自己做的，做自己说的。言行一致，才有好的效果。

有了这 3 个动作，才能进一步让伙伴们看到真正的价值，从而让伙伴们找到根据五维模型 RISAC 发展的动机。

小结一下，这部分咱们讲了第 1 阶段的两个步骤，分别是确立认知和找到动机，目的是让伙伴们先变成懂法的保险人。

三、人在架构里，架构在体系中，再成为保险团队

1. 步骤 3：提升信心

提升信心就是打造标杆，确立对"保险基本法"的信心，探索"保险基本法"与本团队的融合方式。

懂"法"之后，下面开始进入用"法"的环节。信心来自打胜仗，先打造标杆，积累 6 次小胜，是用"法"的关键。我总结了 5 个动作，分别是看数据、做访谈、搞面谈、频辅导、出成绩，如图 7-7 所示。

（1）看数据

就是筛选过往"保险基本法"的各项指标数据排名前 10 名的伙伴。最好是

不同层级的前几名，考核周期不要超过 3 个月的职级考核周期。这一步的重点是对选出来的这些人逐一进行数据分析，有必要的话，还要开一次核心会议，围绕"保险基本法"找到发展的突破点。

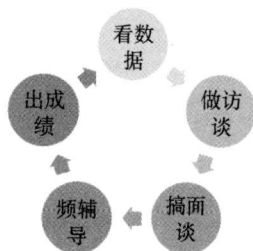

图 7-7　提升信心的 5 个动作

（2）做访谈

除了参考数据外，还要对其他伙伴或者机构负责人进行访谈，有针对性地了解筛选出来的人员的队伍情况。这一步的重点是对筛选出来的人选进行再次评估，把不符合标准的人选剔除，然后从其他人选中再进行补充，最后选定 6 ~ 8 人。

（3）搞面谈

选定了核心人群之后，我们就要一对一进行面谈，了解面谈对象的意愿、能力、想法。同时，把接下来要做的事情跟面谈对象沟通，达成共识，制定路径，形成承诺。

（4）频辅导

成立项目组，在"保险基本法"考核周期内，制定目标，专人负责，专项辅导和推动。这里需要注意的是，不是这 6 ~ 8 个人共同接受辅导，而是针对每位伙伴都要建立一个专项辅导群，项目组成员在各自的专属群内进行单独辅导。

（5）出成绩

根据情况进行阶段总结、复盘，确保不偏离目标。

到这里，你已经看出来了，上面这样的操作，其实是按照项目管理的方式进行运作。先小步试错，再全面推广；先让大家看到"保险基本法"的魔力，再做到"保险基本法"与个人和团队的有效融合。

如果你的团队筛选不出来这么多人，没关系。你可以先从自己做起，把自己当成标杆先打造出来，再引领团队按照上面的做法去做。

总之，这样的胜仗，也就是标杆案例不低于 6 例，整个团队的信心就树立起来了。为什么非得是 6 次胜利呢？

浙江大学的胡海岚教授做了一个有趣的老鼠钻玻璃管子的试验，让两只老鼠从同一个玻璃管子的两端往另一端钻，这个玻璃管子同时只能让一只老鼠通过。结果，两只老鼠在中间相遇的时候，等级低、体型小的老鼠就会被另外一只老鼠推出管子。

但是，用激光照射等级低、体型小的老鼠头部某个部位的时候，它的自信心就会倍增，再遇到强壮点的老鼠也敢闯。一旦熄灭照灯，小老鼠又胆怯了，见了大老鼠就败下阵来。当科学家给它连续照射6次之后，这只小老鼠就获得了永久的自信和勇气。它再也不害怕对面的大老鼠了。这个实验说明，如果想在某个领域里获得自信，至少需要有6次成功的经历。

积累了6次胜利之后，5个维度的架构基本成形，你距离打造出以"保险基本法"为核心的保险团队就不远了。

2. 步骤4：形成技艺

形成技艺就是主动复盘，把经验内化成能力。

联想公司的复盘流程有4个步骤，分别是回顾目标、评估结果、分析原因、总结规律，如图7-8所示。

图 7-8　联想公司复盘的4个步骤

（1）回顾目标

这里的目标一定是具体且明确的。比如，小华的目标是在7—9月这3个月内晋升为组经理，这就是清晰的目标。清晰的目标是时间＋数据，有具体时间和具体数据。

（2）评估结果

这里的评估结果，是对结果进行客观描述，不带主观推测和评判。结果是相对于目标的，好的地方有哪些？不好的地方有哪些？

比如，结果是小华在10月成功晋升为组经理，到9月份最后一天，人力还差1人，FYC还差5000元，最终冲刺达成。

好的地方是达成目标了。不好的地方是时间节奏没有安排好，最后一天的业绩如果在下个月撤单，就前功尽弃了。

（3）分析原因

评估完结果，我们来分析原因。好的地方是怎么做到的？不好的地方又是什么导致的？

好的地方：一是小华目标感强，盯住目标不放松；二是在小华晋升的过程中，项目组成员的辅导起了关键作用，每次在小华遇到卡点的时候都能及时助其化解危机；最后一点很关键，就是小华会借力，借助公司平台和活动，成交了 3 张保单，发展 3 人入司。

不好的地方呢？一是因为小华过于乐观，没有留出余量；二是很多事情堆到一起的时候，没有做好时间管理。

（4）总结规律

这是最关键的一步，总结规律是倒逼小华思考的过程，是把经验方法化的过程。小华要找到最终的规律性的方法到底是什么，哪些是需要坚持去做的，哪些是需要放弃的。

在晋升的过程中，小华找到了以下 3 个规律：一是把目标写在黑板上；二是加入项目，获得支持；三是借力资源，为我所用。那么如果小华的小组成员要晋升的话，就可以复制她以上的 3 点做法。在复制的过程中，再去不断复盘，最终形成自己的技艺。

为了方便真正实操，我做了一个表，供复盘用，见表 7-1。

表 7-1　主管给伙伴复盘辅导表

复盘内容	提问参考	记录（对方说了什么）	反馈（主管需要提问或者确认的部分）	备　　注
1. 今日工作总结	把你今天一天的工作情况简单做个汇报吧！			1. 询问数量、方式、具体动作、结果 2. 讲事实、动作、数据 3. 记录时间段、动作、亮点、不同
	上午做了什么？			
	下午做了什么？			
2. 今日 3 个收获	太棒了，你觉得今天的收获是什么？			如果没有收获，就从动作中去找，通过提问引发对方思考
	还有吗？			
	还有吗？			
3. 今日需要改善部分	假定满分是 10 分的话，你给今天自己的表现打几分？			要具体、能执行的动作
	太棒了，那你觉得差的那 × 分需要在哪方面改善？			
	还有吗？			
4. 自我庆祝	你觉得今天最值得庆祝的收获和成长是什么？			养成自我鼓励的习惯，给自己正反馈
	真替你高兴，那你想要以什么方式给自己庆祝呢？			

续表

复盘内容	提问参考	记录（对方说了什么）	反馈（主管需要提问或者确认的部分）	备　注
5. 今日问题或者卡点	今天有什么问题和卡点需要我帮忙解决的吗？			共性的问题会上解决
	还有吗？			个性的问题私下解决
6. 明日规划	明天你是怎么规划的？			规划要有目标、有措施、有想法，不讲大道理
	给你点赞，还有吗？			
7. 相互学习和反馈	刚才你听了××的汇报，你学会了什么？			找参会的1～2名其他伙伴进行反馈
	你觉得在哪方面对你有帮助？			
	如果让你对他说一句祝福的话，你会说什么？			
8. 主管反馈和总结	特别感谢所有的伙伴，我从A身上学到了以下3点，我从B身上学到了以下3点……期待明天有更大的进步和收获，一起加油！			看见每个人，并给予正反馈

小结一下，这部分咱们讲了两个实操步骤：提升信心、形成技艺。经过这两个步骤"真刀真枪"的实战，你就把自己嵌进了架构里，保险人就进入了保险团队阶段。

四、人在团队中，体系在平台上，形成保险文化

步骤5：巩固信仰

巩固信仰就是打赢一次全面战役，看到疗效，巩固对制度的信仰。

有了前面6次胜利的基础，你也有了技艺之后，就要做一个关键动作：顺势而上，把团队拉起来，取得一次全面的胜利。

保险业全面胜利需要打赢"三大战役"：一是收入之战，二是队伍之战，三是荣誉之战，如图7-9所示。

第一：收入之战

收入之战就是每个人挑战自己的最高收入，也可以挑战别人的收入。人人为了自己的收入而战。挑

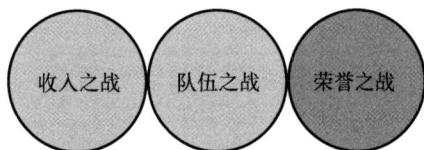

图7-9　保险业全面胜利需打赢的"三大战役"

战在团队内进行，时间以月为单位，建议不要太长。

第二：队伍之战

挑战的目标根据每个团队的情况制定，可以是建队伍，可以是晋升，还可以是标准组的打造等。挑战时间不低于一个月，也可以根据"保险基本法"的周期进行。

第三：荣誉之战

荣誉之战是向外找对标对手，打团队之战、荣誉之战。挑战的目标可以是业绩、队伍或收入。挑战时间以周、阶段、月、季度、年度为单位都可以。

打完"三大战役"之后，团队要定时地打一打小战役，让全员都动起来。小战役可以用挑战标杆的方式，随时可以去进行。挑战围绕五维模型 RISAC 来进行，每个维度都有不同的标杆。比如，你可以根据"保险基本法"考核周期的收入指标来挑战，也可以按照 4 种能力来挑战，或者按照活动量、出勤等行为指标来挑战，还可以按照业务品质来挑战，等等。

总之，把全员都纳入战役中来，打一场全面的五维之战，真正让"保险基本法"植入人心，最终形成信仰，这是根本目的。一个用"保险基本法"凝聚成的有信仰的团队，就是有文化的保险团队。

五、团队自运转，内化成保险力量

步骤6：形成传统

形成传统就是部经理自行理解和执行"保险基本法"，实现自主经营。

组织的最终目的是自运转，自运转的前提是把"保险基本法"这个发动机装到组织里，形成传统延续下去。

什么是传统？传统就是一个社会的文化遗产，是留在血脉里的东西。在团队里，就是你的团队里那个不变的精神内核。形成传统这个步骤最关键，否则前面 5 个步骤就会功亏一篑。

形成传统有两个实操动作：自上而下重复推动和自下而上循环实践。如图 7-10 所示。在这个过程中，起决定作用的就是部经理。

第一：自上而下重复推动

自上而下，指的是从部经理向下推动。什么是重复？就是反复去做，不间断。比如

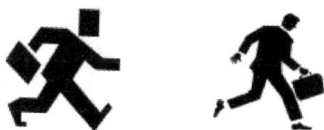

自上而下重复推动　　自下而上循环实践

图 7-10　形成传统的两个实操动作

过春节，是我们中国人的传统。每年都过，这就是重复。对于"保险基本法"的推动，要 365 天每天去做，一直做下去，没有停息。

第二：自下而上循环实践

"保险基本法"不能停留在口头上，需要伙伴们在实践中去传承并发扬光大。没有伙伴们个体的参与和实践，"保险基本法"就延续不下去。

小结一下，到这里，团队自生长 COCSAT 模型的 6 个实操步骤就讲完了。处在当下的保险业转型期，难的是持续地把"保险基本法"作为标尺去发展团队，不被短期利益所迷惑，不把团队带偏；难的是依然对"保险基本法"抱有信心，不离不弃，建立以"保险基本法"为核心的保险文化，形成保险力量，最终破局。部经理要明白：团队是我的，自主经营是最终的路，这条路上，离不开"保险基本法"。

第二节　第 2 周期：校验模式，迭代你的组织基因

一、方法可行吗？反复验证，跑通模式

上一节讲了团队自生长的 COCSAT 模型的实操步骤，本节进入校验模式的讲解。实操的时间至少会是一年，校验的时间也会在一年左右。

校验阶段也是稳固阶段。什么是校验？校验是一种验证、检查或确认某个事物的准确性、合规性或有效性的过程，简单理解，就是把系统在多样本中反复实践、验证和调试的过程。要通过不断的校验和改进，让组织基因实现迭代，提高团队竞争力和适应性。

在校验的过程中，要以打造高绩效生态型组织的逻辑为标准：第 1 阶段，绩优做优了；第 2 阶段，主管做强了；第 3 阶段，团队做大了。如图 7-11 所示。

校验模式有 3 个步骤：校验行为、校验结果、校验价值观。如图 7-12 所示。

| 绩优做优 | 主管做强 | 团队做大 |

图 7-11　高绩效生态型组织的逻辑

| 行为 | 结果 | 价值观 |

图 7-12　校验模式的 3 个步骤

1. 校验行为，做到动作不走形

校验行为首先要确定你处于高绩效生态型组织的第几个阶段。如果你已经是主管，但是第1阶段的绩优做优还没做好，那就需要你一手做标准业务员，另一手还要做标准组。

校验行为，目的是保证动作不走形，过程精彩结果自然呈现。校验行为可以按季度进行，一个季度把一个行为做到极致，然后反复去做。绩优做优阶段的行为至少包括出勤、活动量、客户经营等；主管做强阶段的行为至少包括合伙人招募、新人辅导、小组活动和会议、干部培养、萃取手艺等；团队做大阶段的行为至少包括团队管理、复制标准组、职业发展规划等。表7-2是"季度行为月度检验表"，日常可以参考来做。

表 7-2　季度行为月度检验表

季度行为	月度检验	时间	改善动作
绩优做优	出勤会议 活动量 客户经营	第1个月	
		第2个月	
		第3个月	
主管做强	新人招募 复制绩优 新人辅导 月小组活动和会议 干部培养	第1个月	
		第2个月	
		第3个月	
团队做大	团队管理 复制标准组 职业发展规划	第1个月	
		第2个月	
		第3个月	

2. 校验结果，积极改善不停滞

结果的校验就是数据分析。一要看数据是否稳定，二要看数据是否增长。标准业务员要校验的结果有：个人FYC、客户层次、客户数量等；标准组要校验的结果有：小组FYC、小组绩优人力等；标准部要校验的结果有：直辖组FYC/人力、育成组FYC/人力、部FYC/人力、组架构数量等。表7-3是"季度结果月度校验表"，供参考。

3. 校验价值观，方向正确不偏航

在打造高绩效生态型组织的时候，你是否认可高绩效生态型组织的逻辑非常重要。校验的时候，需要你扎扎实实地去推进，要耐得住寂寞，不能急功近

利。价值观背后就是选择，你选择什么样的逻辑，就要匹配什么样的价值观。

表 7-3　季度结果月度核验表

校验结果	月度检验	改善动作
标准业务员	个人FYC 客户层次 客户数量	
标准组	小组FYC 小组绩优人力	
标准部	直辖组FYC/人力 育成组FYC/人力 部FYC/人力 组架构数量	

二、打磨手艺，形成自己的生存模式

校验的最终目的是形成稳定的输出，也就是学会用制度打造高绩效生态型组织的手艺。所以在校验的过程中，除了实践外，还要不断输出总结，升维形成方法论。

当一个手艺人有什么好处？在不确定的时代，专业越来越模糊，技能越来越值钱。保险人的底色是手艺人，绩优的影响力是有限的，我们要把保险手艺人聚集起来，形成手艺人团队，这就是"保险基本法"合伙制度的本质。

打磨手艺有 3 个步骤：找到秘方、下笨功夫、做到 99%。如图 7-13 所示。

1. 找到秘方

什么是秘方？秘方就是前人研发出来的有效的方法。秘方在哪里？在把"保险基本法"用好并拿到结果的高手那里。找到高手直接找到秘方，这是第 1 步。如果找不到拿到了结果的高手，就直接进入第 2 步，自己去实践，做出结果。

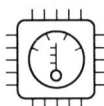
找到秘方
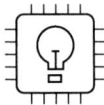
下笨功夫
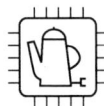
做到99%

图 7-13　打磨手艺的 3 个步骤

2. 下笨功夫

找到秘方之后，接下来就是在自己身上实践的环节，也就是扎扎实实下笨功夫，把秘方变成自己的技能。

3. 做到 99%

变成技能后，还要继续练习，不是做到 90%，而是要做到 99%。这意味着要在每一个细节上精益求精，不放过任何提升的机会。具体分为 3 个步骤。

（1）建立详细的自我评估体系

比如，以保险业务为例，将展业流程细分为客户开拓、需求分析、方案设计、产品讲解、促成签约等多个环节，对每个环节设定具体、可量化的评估标准。定期对自己在各个环节的表现进行打分，明确优势与不足。例如，在产品讲解环节，评估自己是否清晰传达产品核心价值、能否有效解答客户疑问，若有客户提出未解答清楚的问题，就意味着该环节还有提升空间。

（2）寻求外界反馈

邀请同行、上级或客户对自己的业务表现提出意见。同行可能从专业角度分享不同的处理方式，上级能从全局视角给予指导，客户则能从需求端反馈真实感受。以客户反馈为例，每次业务结束后，诚恳地向客户询问对服务的满意度及改进建议，如客户认为方案不够贴合其家庭财务状况，这就是需要改进的方向。

（3）持续进行刻意练习

针对评估和反馈中发现的问题，制订专门的练习计划。比如，若发现自己在促成签约环节不够自信，可每天抽出一定时间模拟该场景，练习不同的促成话术和应对策略。同时，不断挑战更复杂的业务场景和客户类型，在实践中强化技能，逐步向 99% 的极致水平靠近。

只有经过这 3 个步骤，才能打磨出自己的手艺，并靠这个手艺生存下去。

第三节　第 3 周期：传承模式，实现飞轮效应

一、跨越巅峰，做时间的朋友

1. 找到自己的高绩效生态型组织飞轮

打造高绩效生态型组织飞轮就是围绕五维模型 RISAC 来推动飞轮：先有足够的能力去胜任职责，然后根据自己现有的能力找到当下的盈利模式；接着要进一步规划合适的架构去支撑这一模式，同时让行为标准化做杠杆；最后用优秀的品质做保证。找到这个飞轮后，持续推动，循环往复，让模式越来越成熟，能力越来越强，架构越来越稳，行为越来越标准化，品质越来越好。如图 7-14 所示。

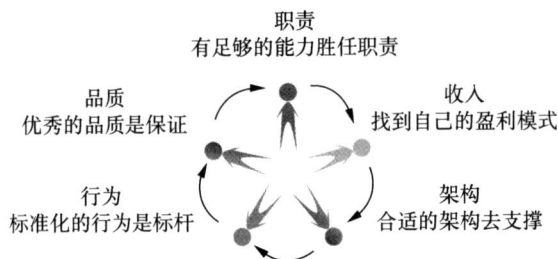

图 7-14　高绩效生态型组织飞轮

2. 形成飞轮效应

《从优秀到卓越》这本书中提到一个概念叫刺猬理念。

刺猬理念来源于一个寓言故事，讲的是狐狸知道很多种捕食技巧，而刺猬只会一个简单的防御技巧——卷成刺球，但最终刺猬却成功抵挡了狐狸的攻击。

这个故事给我们的启示是，企业要专注于自身的核心优势，并通过不断优化和提升这些优势，实现卓越的业绩和竞争优势。保险代理人也是一样，要做刺猬不做狐狸，持续做一件事，最后产生飞轮效应，做时间的朋友。

什么是飞轮效应？

简单地说就是从一开始，一点一点地向前推，一圈、两圈……慢慢轮子就有了惯性，然后继续推，100 圈、200 圈……轮子的转速明显增加，越来越快，最后轮子就变成自动转，这就是飞轮效应。

第一年是实操模式的一年，从 0 到 1 推轮子；第二年是校验模式的一年，从 1 到 100 推轮子；第三年是传承模式的一年，从 100 持续推，直到某个临界点，轮子就自动转起来了。

二、做"传灯人"，实现社会价值

作为保险代理人，要成为"传灯人"，实现社会价值。

我听过这样一句话：什么是成功？ 20 岁有人教你叫成功，30 岁有人用你叫成功，40 岁有人捧你叫成功，50 岁有人跟你叫成功，60 岁有人请教你叫成功。

当你功成名就的时候，渴望的就是桃李满天下，回馈社会。你不一定是奥运冠军，但是你可以培养奥运冠军。

怎么做传灯人？

有 3 个方面：才高八斗、筹建队伍、做好接力，如图 7-15 所示。

才高八斗　　筹建队伍　　做好接力

图 7-15　从 3 个方面做好"传灯人"

1. 才高八斗

做老师自己先要有学问。你想要桃李满天下，就要自己有可传承的手艺，做终身学习者和实践者。同时，要对应"6+1"每个阶梯做扎实，稳步推进。自己做职业高手，然后做教练。

2. 筹建队伍

做师傅就要有徒弟，也就是你要筹建队伍，批量育成新人，返利于他人，不患得患失，不随便放弃，最终实现依赖团队，过好余生。

3. 做好接力

事业要代代相传，才能生生不息。工作的意义不仅仅是为了自己，更在于整个保险行业的生机勃勃，每个人都有义务做传灯人，培养接班人，做好交接。

我们要做到以上这3个方面，还要战胜一个最大的敌人。

我们一生中最大的敌人是谁呢？在《一生之敌》这本书里，作者史蒂文·普莱斯菲尔德说，内阻力是每个人一生的敌人。什么是内阻力？他说：我们中的大多数人都有两个人生。一个是我们正在活的，另一个是我们从来没有活过的。在这两个人生之间的，就是内阻力。

如何克服内阻力？史蒂文·普莱斯菲尔德给的答案是：让自己成为职业选手。每个人在自己的领域都可以成为职业选手。我们需要具备哪些条件才可以被定义为职业选手呢？书里说了以下10条。

（1）我们每天都会出现。

（2）无论发生什么，我们都会出现。

（3）我们整天都在岗位上。

（4）我们致力于长远发展。

（5）对我们来说，利益是巨大且真实的。

（6）我们接受劳动报酬。

（7）我们不会过分共情自己的工作。

（8）我们精通工作的技艺。

（9）我们以自己的工作保有一份幽默感。

（10）我们在现实世界中受到赞扬或指责。

让我们做一个职业选手，在自己的领域里去驰骋。最后，用《一生之敌》里的一句话作为结尾：如果我是地球上的最后一个人，我还会这么做吗？

本章思维导图见图7-16。

第七章 赢在系统，拧开收入倍增阀门
├─ 第1周期：实操模式，升级你的操作系统
│   ├─ 用团队自生长COCSAT模型去升级系统
│   ├─ 人在法里，法人人心，先成为保险人
│   │   ├─ 步骤1：确立认知
│   │   └─ 步骤2：找到动机
│   ├─ 人在架构里，架构在体系中，再成为保险团队
│   │   ├─ 步骤3：提升信心
│   │   └─ 步骤4：形成技艺
│   ├─ 人在团队中，体系在平台上，形成保险文化 —— 步骤5：巩固信仰
│   └─ 团队自运转，内化成保险力量 —— 步骤6：形成传统
├─ 第2周期：校验模式，迭代你的组织基因
│   ├─ 方法可行吗? 反复验证，跑通模式
│   │   ├─ 校验行为，做到动作不走形
│   │   ├─ 校验结果，积极改善不停滞
│   │   └─ 校验价值观，方向正确不偏航
│   └─ 打磨手艺，形成自己的生存模式
│   ├─ 找到秘方
│   ├─ 下笨功夫
│   └─ 做到99%
└─ 第3周期：传承模式，实现飞轮效应
    ├─ 跨越巅峰，做时间的朋友
    │   ├─ 找到自己的高绩效生态型组织飞轮
    │   └─ 形成飞轮效应
    └─ 做"传灯人"，实现社会价值
        ├─ 才高八斗
        ├─ 筹建队伍
        └─ 做好接力

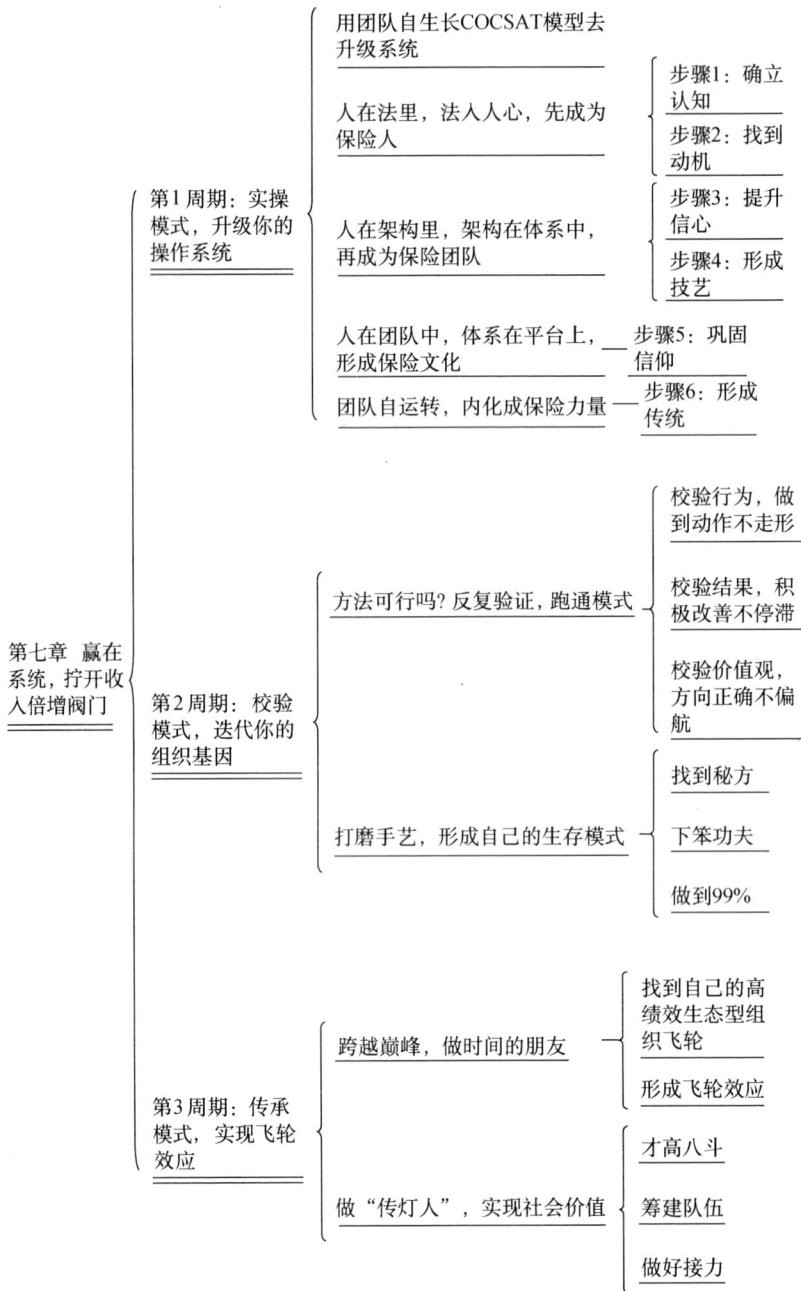

图 7-16　本章思维导图

参考文献

[1] 王秀梅. 组织罗盘 [M]. 杭州：浙江教育出版社，2023.

[2] 彼得·L. 伯恩斯坦. 与天为敌：一部人类风险探索史 [M]. 吴翌，童伟华，译. 北京：机械工业出版社，2020.

[3] 张瑞敏. 永恒的活火 [M]. 北京：中国财政经济出版社，2023.

[4] 丹尼尔·平克. 全新销售：说服他人，从改变自己开始 [M]. 闾佳，译. 杭州：浙江人民出版社，2013.

[5] 罗伯特·西奥迪尼. 影响力（原书第5版）[M]. 闾佳，译. 北京：北京联合出版公司，2019.

[6] 蒂芙妮·艾莉希. 重复做对的事 [M]. 康家欣，译. 北京：中信出版社，2023.

[7] 菲尔·巴登. 顾客为什么购买：顾客购买行为背后的秘密 [M]. 孙晓燕，译. 北京：中国青年出版社，2024.

[8] 毕思建，华俊武. 客户成功的力量 [M]. 北京：机械工业出版社，2023.

[9] 邱伟. BEST 高能经验萃取：将优秀经验转化为绩效成果 [M]. 北京：电子工业出版社，2020.

[10] 艾·里斯，杰克·特劳特. 定位：争夺用户心智的战争（经典重译版）[M]. 邓德隆，火华强，译. 北京：机械工业出版社，2012.

[11] 高琳. 不被定义 [M]. 长沙：湖南文艺出版社，2023.

[12] 丹尼尔·卡尼曼. 思考：快与慢 [M]. 胡晓姣，李爱民，何梦莹，译. 北京：中信出版社，2012.

[13] 丹尼尔·科伊尔. 一万小时天才理论（经典版）[M]. 张科丽，译. 杭州：浙江人民出版社，2015.

[14] 亚历克斯·弗格森，迈克尔·莫里茨. 领导力 [M]. 叶红婷，柴振宇，译. 北京：中国友谊出版公司，2016.

[15] 梅泽真由美. 财务思维：让你的决策更合理 [M]. 赵艳华，译. 北京：中国科学技术出版社，2020.

[16] 高建华. 打造销售铁军 [M]. 北京：机械工业出版社，2021.

[17] 刘润. 底层逻辑2：理解商业世界的本质 [M]. 北京：机械工业出版社，2022.

[18] 伯特·霍尔多布勒，爱德华·O. 威尔逊. 蚂蚁的社会 [M]. 刘国伟，译. 北京：中信出版社，2019.

[19] 加布里埃尔·塔尔德. 模仿律 [M]. 何道宽，译. 北京：中信出版社，2020.

[20] 王汎森 . 天才为何成群地来 [M]. 北京：社会科学文献出版社，2019.

[21] 金枪大叔 . 借势 [M]. 北京：北京联合出版公司，2022.

[22] 汤姆·拉思 . 人生最重要的问题：世界为什么需要你 [M]. 徐建平，译 . 北京：中国青年出版社，2021.

[23] 战轶，丁丛丛 . 我能做保险代理人吗 [M]. 北京：新星出版社，2023.

[24] 李璞 . 保险新趋势：做专业的保险顾问 [M]. 北京：新星出版社，2021.

[25] 伍越歌 . 1000 个铁粉：打造个人品牌的底层逻辑 [M]. 北京：人民邮电出版社，2022.

[26] 山田知生 . 最强身心 [M]. 李雨潺，译 . 长沙：湖南教育出版社，2024.

[27] 奉湘宁，顾淑伟 . 有解：高效解决问题的关键 7 步 [M]. 北京：人民邮电出版社，2022.

[28] 杰伊·J. 范巴维尔，多米尼克·J. 帕克 . 身份认同：我是谁？我们是谁？我能成为谁？ [M]. 崔学海，李娇，译 . 北京：中信出版社，2023.

[29] 刘澜 . 刘澜极简管理学：成就管理者的四大心智模式 [M]. 北京：机械工业出版社，2022.

[30] 刘润 . 关键跃升：新任管理者成事的底层逻辑 [M]. 北京：机械工业出版社，2024.

[31] 程浩 . 精益商业思维 [M]. 北京：机械工业出版社，2020.

[32] 林小桢，邹怡 . 共创对话：从头脑风暴到决策共识 [M]. 北京：机械工业出版社，2020.

[33] 莱恩·塞尔汉 . 成交闭环 [M]. 苏健，译 . 天津：天津科学技术出版社，2022.

[34] 朱莉·卡塔拉诺，亚伦·卡明 . 情绪管理：管理情绪，而不是被情绪管理 [M]. 李兰杰，李亮，译 . 北京：中国青年出版社，2020.

[35] 约翰·H. 曾格，凯瑟琳·斯提纳特 . 卓越教练：卓越领导者如何帮助他人成长 [M]. 徐汉群，译 . 北京：电子工业出版社，2015.

[36] 章义伍 . 流程密码 [M]. 北京：人民邮电出版社，2023.

[37] 餐饮老板内参 . 餐饮店铺运营从入门到精通 [M]. 北京：人民邮电出版社，2019.

[38] 宫本武藏 . 五轮书 [M]. 林娟芳，译 . 武汉：华中科技大学出版社，2019.

[39] 安德斯·艾利克森，罗伯特·普尔 . 刻意练习：如何从新手到大师 [M]. 王正林，译 . 北京：机械工业出版社，2016.

[40] Jeffrey Pfeffer. 7 Rules of Power: Surprising—But True—Advice on How to Get Things Done and Advance Your Career[M]. Penguin Random House, 2022.

[41] 勾俊伟 . 保险线上成交：新媒体营销实战课 [M]. 北京：人民邮电出版社，2020.

[42] 帕特里克·兰西奥尼 . 团队协作的五大障碍 [M]. 刘向东，栾羽琳，译 . 北京：中信出版社，2022.

[43] 刘润 . 5 分钟商学院 [M]. 北京：新星出版社，2024.

[44] 高野登.服务的细节101:丽思卡尔顿酒店的不传之秘:超越服务的瞬间[M].黄郁婷,译.北京:东方出版社,2020.

[45] 高野登.服务的细节102:丽思卡尔顿酒店的不传之秘:纽带诞生的瞬间[M].马霞,译.北京:东方出版社,2020.

[46] 高野登.服务的细节103:丽思卡尔顿酒店的不传之秘:抓住人心的服务实践手册[M].王蕾,译.北京:东方出版社,2020.

[47] 赵珂僮.极致服务指导手册:给顾客一个选择你的理由[M].北京:中信出版社,2018.

[48] 约翰·惠特默.高绩效教练[M].徐中,姜瑞,佛影,译.北京:机械工业出版社,2018.

[49] 吉姆·柯林斯.从优秀到卓越[M].俞利军,译.北京:中信出版社,2019.

[50] 史蒂文·普莱斯菲尔德.一生之敌[M].赵硕硕,译.上海:上海文化出版社,2024.

[51] 王志纲.格局[M].北京:机械工业出版社,2024.

后 记

有人问我：你花了两年的时间来写书，值不值得？

值得。写这本书对于我来说，既是一个交代，也是一种使命的召唤。王志纲老师在《格局》一书写道："中国有一个成语，'殊途同归'。在人生道路上，原来我是从南坡往上攀登，现在改成从北坡往上攀登，或者说原来走陆路，现在改为走水路，而终极目标始终没变。"

是的，30年前我遇见保险，做了管理干部；30年后，我依然没有离开保险行业，只是换了一个身份，换了一种奋斗的方式。写书就是我职业生涯的分水岭。

告诉你一个好消息，当你拿到这本书时，我已经踏上了新的征程。我和你一样，做了一名保险代理人。这本书里写的"6+1"职业发展路径，是我在实践中总结出来的，我还要把它用到实践中去，再提升、再进化。相信几年后，我们一定会再次相遇，那个时候，我不会再是孤身一人，甚至可能已经桃李满天下啦！